U0017026

1939年吳文津在成都念高中。

1940年高中時期的雷頌平在西雅圖，
攝於舅舅的照相館。

1942年吳文津在中央大學的學生證。

1945年雷頌平大學時期。

1946年在美國德克薩斯州奧斯汀市的伯格斯特朗空軍基地中國空軍訓練總部，左二為吳文津。

1946年吳文津獲得的美國最高平民榮譽「自由勳章」。

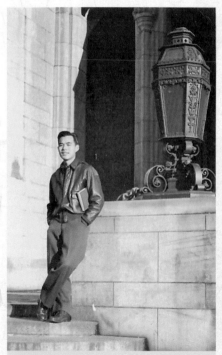

1947年在西雅圖華盛頓大學圖書館。

1950年結婚照。

1960年吳文津與胡適在台北中央研究院。

1957年在加州帕羅奧圖市。

1962年全家在雷頌平弟弟雷俊德
（約瑟夫）的婚禮上。

1963年吳文津在胡佛研究所辦公室。
（史丹佛大學胡佛研究所檔案館和圖書館提供）

1967年在波士頓的全家合影。

1975年在哈佛燕京圖書館。

1977年隨哈佛大學校長巴克（Derek C. Bok）訪問東亞，途徑檀香山訪問
哈佛大學校友。從左到右：巴克校長、何清先生、費正清教授、吳文津。

1985年雷頌平任職「華人醫務中心」期間在中國城舉辦活動。

1980年攝於波士頓。

1998年退休後在門洛帕克市。

2002年與女兒章玲、外孫女阿莉莎。

1995年與哈佛校長魯登斯廷（Neil L. Rudenstine）在哈佛校園合影。

2014年與艾朗諾（Ronald Egan）和張隆溪在艾家。

2012年第二次受邀參加馬英九就職典禮，與馬英九夫婦攝於台北賓館。

2016年吳文津94歲生日聚會。

2018年白先勇教授拜訪吳寓。

2014年與兒子一家在孫女蘿拉的高中畢業典禮上。

2019年與本書作者王婉迪初次見面。

書劇萬里緣

吳文津雷頌平合傳

九十叟夷康柴時敬題

王婉迪

著

目次

推薦序一

　　我認識吳文津先生已半世紀了。他很風趣很隨和，但辦事認真，做學問一絲不苟，對圖書館業以及美國漢學的進展很有貢獻。當年哈佛大學研究古代中國和現代中國的教授們很多分歧，本地學者和亞洲來的學者交流不多，但他和大家都合得來，贏得大家的信任，因為他深信學問沒有古今中外。我後來認識吳太太雷頌平，發現她竟和吳先生非常相似，也沒有任何文化偏見。

　　吳先生的一生相當離奇，兩歲時在四川當官的父親便去世，由兩個母親帶大；抗日期間替空軍做翻譯曾被土匪槍擊死裡逃生；戰後留在美國到餐館和罐頭廠打工繼續學業，因偶然在圖書館工作，結果成了亞洲書籍文檔收藏的世界權威，前後任史丹佛和哈佛大學的遠東圖書館館長。吳太太廣東出生，是第三代基督徒。祖父清代便到西雅圖開麵廠，幼年在紐約市度過，因經濟大蕭條跟家人回台山。她十五歲又到美國時父親接管了祖業家境已很優渥，入境卻因排華法案被監禁盤問，英文也得從頭學起。吳夫婦相知相愛結為連理七十多年，吳太太除長期主持家務外有自己的事業，熱心公

益，帶大兒女後再帶大兩個孫女。

王婉迪一年來常採訪吳夫婦，另不斷和他們通電郵，以21世紀留美學生的眼光審視吳夫婦的心路歷程。吳夫婦向來很少談自己，許多有趣或非凡的事經她一再追問才逐漸透露。這些珍貴資料得以付諸文字出版，和更多的人分享，很值得慶幸。

史丹佛大學東亞語言與文化系終身教授
前美國東方學會會長
艾朗諾 Ronald Egan
2020年5月於史丹佛大學

推薦序二

　　吳文津先生是繼北美東亞圖書館華裔第一代領導階層裘
開明、錢存訓之後、眾望所歸的第二代領軍人物，他執掌哈
佛燕京圖書館和斯坦福大學東亞圖書館近半個世紀之久。他
的個人傳記見證了中國近代的政治和軍事的歷史側面，而且
回憶了參與引領美國圖書館東亞研究典藏的發展與轉型。作
為吳先生及妻子雷頌平合傳的作者，王婉迪女士文筆清新，
尤在讀者面前展現了兩人長達七十年的豐富多彩、美滿幸福
的婚姻生活。

　　孔子曰：「仁者壽。」吳氏夫婦現已白壽之年，又適值
七秩白金（Platinum）婚慶，老而彌篤，康健如故。此不但
為天恩祖德、儷福百益之緣故，更是二老仁風永著、美意延
年的彰顯。王婉迪立意修傳，行文流暢，恰如兩位老人現身
說法，若萬水之朝東也。

現任美國史丹佛大學圖書總館顧問
邵東方

推薦序三

《書劍萬里緣》是記述吳文津先生和雷頌平女士人生故事的合傳。吳伯伯和吳伯母是我從小尊敬的長輩。吳伯伯曾經在最著名的史丹佛東亞圖書館和哈佛燕京圖書館擔任館長，我父親李天民教授的很多研究都是在吳伯伯的支持下完成的，父親和我們全家也見證了吳伯伯對歷史的熱愛和貢獻。吳伯伯在兩間頂級圖書館任職48年，收集了海量的歷史文獻，在動盪的時代，留下了紀錄，不但對歷史負責，也留給了後代最珍貴的禮物。他在燕京圖書館大力推動數據化和高科技的應用，極度強調館員要有豐富的專業知識和跨領域思考的能力，並能夠構築人與人之間的信任。他的高瞻遠矚在當時未必能被所有人理解，但是今天我們可以看到他的遠見卓識結合了古老智慧和現代科技，也結合了嚴謹的治學精神和深切的人文關懷。在中國研究方面，史丹佛大學和哈佛大學是世界頂尖的學府，育人無數，也影響了整個世界。如我父親一樣的廣大學者、教授、學生都受惠於吳文津先生的情懷和貢獻。我推薦年輕人讀《書劍萬里緣》，從吳伯伯、

伯母身上學習為人的道理和處事的態度。

創新工場董事長兼首席執行長

李開復

圖書館館長吳文津，我說沒有，一向講話很苛薄的他讚嘆說；「此人非常urbane！」這個詞中文大概可譯為「風度翩翩」。我不久便找到別的工作，平常很少進哈佛校園，後來在一個大型晚會上遠遠見到吳先生，果然風度翩翩，對趨前和他打招呼的無論華人或白人，都怡然自得地應付裕如。

七〇年代哈佛教中國文學和歷史的教授們分成好幾個陣營，幾乎老死不往來：才華橫溢的學者大都有點憤世嫉俗，加上有些人深感懷才不遇，鬧起意見來局面很容易便僵化了。在吳文津的領導下，哈佛燕京圖書館卻秩序井然，氣氛安寧平靜，人人流連忘返，成了一個大家擦身而過即使不願意也互相點個頭的地方；遠道而來的訪問學者們更有賓至如歸之感。朗諾在哈佛做研究生，教書，當《哈佛亞洲學報》編輯，共十六年，從沒聽過有人對吳文津發過一句怨言。他所雇的職員都是一時之選，在校內校外也都備受尊崇。

2012年朗諾從加州大學聖塔芭芭拉校區「退休」移席到史丹佛時，該校圖書館的前中文部主任彭松達知悉我們將會成為吳夫婦的鄰居，囑咐我說：「你寫了《洪業傳》，也該寫個《吳文津傳》！」

我們搬來灣區不久，有一天見吳先生正在外頭修剪玫瑰，我便奔出去問他：「吳先生您有空的話，我把您的回憶錄下來好不好？」他感到有點突兀，說：「我現在正忙，以後再說吧！」我當時不知道他是不是真的沒空，還是婉轉地推了這件事。一直到2016年厚厚一本的《美國東亞圖書館發

展史及其他》出來了，他送了我一本，才確知他不是哄我的。

　　然而等吳先生有時間，又輪到我沒時間了。因2016年春朗諾應國立臺灣大學「白先勇人文講座」之邀到台北一個學期，我跟了去。適逢白先勇的《細說紅樓夢》新書出版，我們談起《紅樓夢》這本書為何始終在西方沒有廣大的讀者，結論是看這部有四百多位人物而多層次的小說，連中文讀者都需要「導讀」，何況是處處都會碰到文化障礙的西方讀者？大家慫恿白先生寫英文導讀，我衝口而出說：「白先生，我幫您！」這是個須全神專注的工作，替吳先生作傳的計畫只好擱置了。吳先生此時年齡近百，雖然身體非常健康，頭腦比我還清楚敏捷，但我不免有點焦慮，怕他的事蹟不趕快記下會來不及，便力勸他把一生特別有歷史意義的事，如抗戰時期當中國空軍翻譯官被派到美國學習機密儀器的操作，五〇年代在胡佛研究所搜集中國共產黨早期資料，六〇年代代表圖書館同業環球考察各地與中國有關的收藏等，整理出來，在「澎湃‧私家歷史」和《上海書評》上登載。

　　真是無巧不成「書」，王婉迪是朗諾在史丹佛的碩士生，來自北京，發表了數篇關於美國漢學家的文章，文筆生動，很受讀者歡迎。2019年初，她問我有沒有其他學者值得寫，我提了幾人，又說：「你可寫寫我們的鄰居吳文津，他對學術很有貢獻。吳太太也相當有意思，她祖父十九世紀就

來了美國，是老華僑，她家的經歷反映了美國華人史。」於是約了吳夫婦和婉迪到我們家一起吃茶喝咖啡。不料相見後，婉迪對我說他們太有趣了，可寫成一本書。怎那麼巧？我正煩惱不知什麼時候才能動筆替吳先生作傳，婉迪居然自告奮勇，而且她要到加州大學聖塔芭芭拉校區念博士，離入學還有一段時間，正有空做這件事。真是天時地利人和，彷彿冥冥之中自有安排。

替他們兩人作合傳的構思非常好，不但因雷頌平也非常值得寫，而且吳夫婦自從在華盛頓大學相識而成婚已七十多年，吳文津深深受到了雷頌平的影響，尤其是她「凡事感恩」的態度。沒有雷頌平，吳文津的人生軌道必然不同。何況寫歷史的人向來都有意無意地磨滅了女性的事蹟和貢獻，現在不能再遵循這個壞習慣了。

我跟朗諾說：其實婉迪替他們作傳，比起由我來做恰當多了。一來我們做了這些年的鄰居，熟得像親人一樣，已經沒有了傳主和作傳人之間應有的距離；二來替吳夫婦作傳，主要是介紹他那一個時代，譬如第二次世界大戰，對我們這些七十歲以上的人尚耳熟能詳，對二、三十歲的讀者而言就恍如隔世了，也許對美國那時是中國的敵國還是盟友都不甚清楚。因此應以年輕人的角度回顧才對。

從2019年二月至八月，吳夫婦和婉迪幾乎每個星期三下午兩點鐘都到我家聚會，我負責泡茶煮咖啡，婉迪帶點心來。她準備好錄音機，然後提問，吳夫婦回答，我旁聽，偶

爾插幾句，四點鐘準時散會。婉迪非常勤快，過了一兩個星期便擬好初稿，看有什麼地方需要補充或澄清，和吳夫婦再討論。我略替她看了初稿，定稿前又看了一遍，提了些建議。這期間有個為當地週刊*Palo Alto Weekly*撰稿的朋友，想帶攝影師去採訪吳夫婦，經吳夫婦和婉迪的同意，也利用星期三下午這個檔期來了。語言這東西就是那麼微妙，用英語交談，吳夫婦的往事又有了另一種風貌。

　　稿件有了眉目後，婉迪便開始和吳夫婦商討書名。副書名當然要表明這是一本合傳，但主書名應怎樣強調書裡不但講述吳先生如何投筆從戎及獻身於圖書館事業，還涉及吳太太不平凡的身世，以及他們兩人如何在美國相遇而共度幸福的大半生？婉迪提出「書劍萬里」四個字，取自陸游詩〈憶荊州舊遊〉，恰可概括吳先生的跨國生涯。吳先生很喜歡，我們便竭力冥想如何把它延伸到吳太太，若再加四個字又恐書名太長。適逢二月裡美國國會圖書館亞洲部主任邵東方來訪吳先生並敘舊，吳先生邀我過去和他相見。東方聽說有人替吳夫婦作傳非常興奮，他不久之前曾請余英時題字，說倘若這本書能請到余先生題簽書名最好，但他也沒能想到一個恰當的書名。婉迪去信詢問余先生願不願替這本仍無書名的書題簽。余教授欣然應允，並提議用「書劍萬里緣」。吳先生聽了大嘆：「真不愧是大師！」只添一字，問題便全解決了！

　　不久吳先生來了個電郵，說他正在思考「書劍萬里緣」

這幾個字能不能用英文表達，想了幾個譯法都不滿意。這可難倒我了。吳夫婦有緣相識，是因吳先生從戎萬里迢迢來到美國，戰爭結束後留下讀大學；而他們結成連理後，生活都圍繞著吳先生的圖書館事業，要用區區幾個英文字傳達，怎可能呢？朗諾和我一邊吃晚飯一邊討論。我說「劍」這個字不能直譯，否則時空錯置了（anachronistic）。他說怎麼不行？就提出六個可能。我飯後立即傳給吳先生，並表示我最喜歡的是比較直白的An Abiding Love Shaped by Books and the Sword；怎知吳先生選中的是A Lifelong Romance Rooted in Books and the Sword，可見和我相比，他心境較年輕，更有詩意更羅曼蒂克。

婉迪很喜歡聽吳夫婦談往事，每次來錄音，欣喜之情溢於言表。相信吳夫婦一起回味他們各自在四川成都和廣東台山的童年與成長，在美國的事業與家庭點滴，也是一種享受。他們所提到的人與事，不少是我本來就知道的，有些洪業向我提過，還有些和周質平合作用英文寫胡適與韋蓮司的羅曼史時遇到過，經他們談起，像是他鄉遇故知，引起一陣陣驚喜。盼望讀者們讀這本合傳，增廣見識之餘，也能感受到我們的喜悅和享受。

2020年12月於北加州灣區

陳毓賢

我是怎樣認識
吳文津雷頌平夫婦的

一

　　2013年，我正在史丹佛大學東亞語言文化系讀碩士，老師艾朗諾（Ronald Egan）教授也剛從加州大學聖塔芭芭拉分校（University of California, Santa Barbara）到史丹佛大學（Stanford University）任教不久。他是北美首屈一指的漢學家，圓眼鏡後一雙和善而清澈的藍眼睛，私下一口字正腔圓的普通話，溫文爾雅，頗有儒者之風，很受學生喜愛。我第一次聽說哈佛燕京圖書館老館長吳文津先生，就是在他的課上，他把吳先生稱為「my beloved neighbor」（我親愛的芳鄰），言辭滿含敬重之情。艾朗諾教授1970年代在哈佛大學東亞系讀博士，研究中國古代文學，幾乎每天都會在圖書館和吳先生打個照面，沒想到兩人幾十年未再見，後來竟成了鄰居。

　　第二次聽這個故事，是在那一年的感恩節，艾朗諾教授和師母陳毓賢（Susan Chan Egan）女士請學生們去家中吃傳

統火雞大餐。他們住在史丹佛大學附近的門洛帕克（Menlo Park）市，從校園騎自行車前往只需十幾分鐘，卻果真如教授所預告的那樣「不太好找」。從車水馬龍的大街拐進一條樹蔭濃密的小路，再拐進一條窄窄的巷子，巷子走到頭，往左轉藏著兩棟白牆紅瓦的二層小樓，較裡面的是艾朗諾教授家，較外側幾乎一模一樣的那一棟便是吳寓。

初次見到作為知名作家和學者的師母，發現她開朗活潑，與艾朗諾教授的平和沉穩形成鮮明對比。因為平時課堂上師生都需用英語，私下聚會可以聽教授說說漢語，大家覺得特別輕鬆親近。教授說：「2012年我們找住處時對這裡比較滿意，但這房子要和鄰舍合用車道，蘇珊（師母的英文名）說那她要認識一下這家人。於是她就要過去敲門，我讓她別去打擾人家，她還是去了，平時總是這樣的——我說話，她不聽。唉……」當時我們都聽得很樂，尤其是教授的語氣裡有一種對師母風風火火、想什麼就做什麼的無奈，但這種看似無奈又流露出顯而易見的愛慕。

師母搶著說：

我們在聖塔芭芭拉的家，窗戶外就能看到大海，朗諾準備到史丹佛來的時候，我就說，你得找到一個我喜歡的地方住。後來看中了這個房子，我想問問旁邊這家人，住在這裡開不開心。敲門之後，吳先生和吳太太出來應門，我問他們住在這裡感覺怎麼樣，他們說：「棒極了！」我指著站在一

旁的朗諾對吳先生說，我們可能會搬到這兒來，因為我丈夫
要到史丹佛教書，他也會說普通話。

　　於是吳先生走下台階去問朗諾：「你現在在哪裡教書?」
朗諾說：「聖塔芭芭拉。」吳先生說：「我有一個很好的朋
友在聖塔芭芭拉教書。」朗諾說：「他叫什麼名字?」吳先
生說：「Ron Egan。」朗諾一愣，指著自己說：「我就是Ron
Egan。」

　　我們大笑，師母接著說：

　　我記得很清楚，吳先生笑咪咪地把手搭在朗諾的肩
膀上，慢條斯理地說道：「Ron，我是Eugene Wu！」兩人
二十五年沒見面，都比以前胖了，頭髮也少了許多，所以互
相都不認得了。

　　我們又哄堂大笑。
　　那時我完全沒有想到，六年之後，我會有機會真正認識
吳文津先生和雷頌平女士，並每週聽他們夫婦講述自己近百
年的人生經歷。
　　從史丹佛畢業後，我曾陸陸續續寫過一些介紹美國知名
漢學家的文章，師母看後就鼓勵我寫寫吳先生和吳太太的故
事，並把他們介紹給我認識。初次見到吳夫婦，是2019年春

2014年吳文津夫婦和艾朗諾夫婦在艾家共進晚餐，最左和最右分別為陳毓賢、艾朗諾。

天的一個午後，第一印象是他們兩個人的面龐都粉撲撲的，衣著整潔，全身帶著清新的氣息，雖然已經九十七歲高齡，卻完全沒有一絲「遲暮」的味道。人們常用「矍鑠」形容年紀老邁而精神健旺，似乎這是一種不合常理的現象，但吳先生和吳太太卻神采煥發得自然平常，讓人很難相信他們的實際年齡。吳先生面容慈祥，說話時聲音洪亮，彎彎的壽星眉露著笑意，圓潤飽滿的耳垂引人注意，正合中國人所形容的「福相」。聽師母說他直到2016年下半年才停止自己開車，近來才用拐杖。吳太太嬌小玲瓏，看起來只有七十來歲，面容依然可見昔日的清秀靈動。她出身僑領之家，舉手投足間有大家閨秀的風範，和師母一來一往熱烈地講著廣東話。我一下子想起師母曾和我說，艾朗諾教授的中文啟蒙老師白先勇先生曾到吳家作客，見過他們後大叫：「哎喲，這對夫婦怎麼那麼可愛！」

　　若把吳夫婦跟他們的籍貫——四川和廣東聯繫起來，會一眼發現他們鮮明的地域特徵，二人的差別是吳先生舉手投足間沒有洋味，一口純正的北方官話，可知他來自中國大

陸，如果不是在無名指上戴枚婚戒，我幾乎認為他就是一位地道的中國老人。吳太太說話時常自然地夾雜一段流利英文，偶爾聳聳肩或攤攤手，神態很西化，便可知是在此地長大的華僑了。不過她還是常常顯露出中國人特有的思維方式。我發現人的生活習慣也許可以全盤接受另一種文化，但審美往往很難改變。一次，談論起親戚的孩子，她很感慨地大聲告訴我們：「好可愛啊！長得好好啊！又——肥——又——白！」美國人誇讚小孩外貌時形容詞不會是「肥」和「白」的，看她樂呵呵、美滋滋地讚美著大白胖小子，儼然是如假包換的中國老祖母了。

　　和兩位老人結識的初衷，是想作篇文章，寫寫世界知名圖書館學家吳文津。然而和這兩位老人的密切接觸，讓我深深被歲月在他們身上醇厚的積澱所吸引，感到他們史詩般的傳奇人生，很難用一篇小文容納，於是萌生了為他們作傳的想法。師母陳毓賢女士曾經用幾年的時間採訪哈佛的老教授、著名學者洪業（William Hung），她在八〇年代用英文所寫的《洪業傳》由哈佛大學出版後，其中文版2013年在中國重刊時，曾被多家媒體評為「年度十大好書」。可以說是《洪業傳》啟發了我寫傳記的想法，於是我與師母商量，她不僅對這一想法極力支持，還建議我們每週在她家相聚。

　　決定採訪吳夫婦並為他們作傳，有這樣幾個原因：首先，作為在美國進行中國文學研究的中國學生，我非常敬重吳先生作為世界級的圖書館學家為推進學術發展所做的貢

獻，也很想知道他是怎樣做出了如此出色的成績；其次，吳夫婦已經年近百歲，依然身體健康、思維敏捷，他們夫婦二人近七十年的感情歷久彌堅，我很想知道其中的奧秘和智慧。另外，他們的人格魅力與氣韻風度令人仰慕，我很願意多和他們接觸，沾染一點他們的氣質。還有特別重要的一點，如今在世上，他們的同齡人已經不多，而他們可稱為「傳奇」的人生經歷是值得保存下來的珍貴歷史。

最後一點是有關我個人的。

我很喜歡師母陳毓賢女士在其《洪業傳》再版自序中所說的話：「我成長中受到各種文化潮流的滋潤，這些潮流差不多也都滋潤過洪先生，不同的是這些潮流對他是一波逐一波來的，而對我則同時沖湧而來，讓我有點招架不住，我很想知道他怎樣接受挑戰。」這句話深深地觸動了同樣去國懷鄉的我，因為今天的我也有類似的迷惘。

我生長在九〇年代初的中國大陸，受到傳統文化的浸潤和當代中國各種潮流的裹挾，離開生活二十多年的北京赴美求學，對西方文化既有距離感也有新鮮感。而在海外生活近十年後，忽然發現已經無法認同或適應自己國家的一些價值觀和生活方式，但也沒有完全融入到美國社會中。「逆文化衝擊」讓我徬徨，「我的中國」好像已經過去，而「我的美國」似乎不會到來，對於兩種文化，我和它們的衝突似乎都多於認同，在時間和空間上，我好像永遠都是夾層中的迷失者。

　　在吳先生和吳太太身上，我看到了中國文化斬不斷的紐帶，也看到了他們扎根在美國的從容與自信。兩種文化和生活在他們身上奇妙地和解了，或者說，他們自身已經與兩種文化水乳交融，而我想知道他們是如何做到這一點的。

二

　　每個週三的下午，我們齊聚在師母家，四個人，一壺清茶，一碟點心，再續一壺咖啡，談上兩三個小時。我常常想，我和師母的年齡相差40歲，而師母和吳夫婦的年齡差接近30歲，我們四個人的年紀分布在近一百年間，而我們的血緣又分布在廣袤的中國大地上：吳先生來自四川成都，吳太太來自廣東台山，師母是祖籍廣東中山的菲律賓華僑，我則是土生土長的北京人。如今我們共坐在一張小小的桌子邊，窗外加州明媚而又柔和的陽光透過樹影，讓瓷茶碗的邊緣有種潤澤的光，師母家小小的餐廳將我們生命中的一段時光親密地攏在一起，而讓我們彼此吸引的，是共同的華人血緣，是人生經歷中彼此交叉的部分，還有我們同樣熱愛和珍視的東西——共同的文化、厚重的歷史、人與人之間至真至純的情感。

　　我們四人的確是個有意思的組合：吳太太和師母都是廣東人且都是海外第三代華僑，而我和吳先生則來自中國大陸。吳先生曾多年擔任美國大學東亞圖書館的館長，而我則

是美國大學東亞系的學生；但我本科時讀的是比較文學，這又和師母一樣。吳夫婦和師母都是基督徒，他們的德行時時令我感動。我們四人，都曾經在西雅圖華盛頓大學念書，而吳先生工作過的史丹佛大學，也是我的母校。因為這些「緣分」，我對他們所談起的許多人和事，常常都有親切感，即使是聞所未聞的，也有濃厚的興趣。

吳先生談話一貫嚴謹認真，每述說一事，時間、地點、人物、前因後果都極為清楚，像極了新聞寫作的五個「W」──who（何人），what（何事），when（何時），where（何地），why（為何）。我每次提前發給他的問題提綱，見面時自己尚要再掃一眼備忘錄，而他卻往椅子上一坐，拐杖立在身前，雙手交疊放在拐杖柄上，逐個複述我提的問題，朗朗回答，記憶力之驚人，思維之清晰，令我自慚形穢。他有輕微的耳背，再加上聽不慣我的京腔，有時需要我大聲緩慢地講話或是由師母重複。不過即使聽不太清我的問題，只由其中幾個關鍵詞生發開來，也能講得頭頭是道，把我心裡的疑問解答清楚。吳先生雖然一絲不苟，但言談不乏幽默。他常常逗我們笑，自己也瞇起壽星眉下一雙炯炯有神的眼睛笑起來。吳先生的文章非常謹嚴凝練，其文集由台灣聯經出版公司出版，取名《美國東亞圖書館發展史及其他》，是極好的專業讀物，卻讓一般讀者有點望而生畏，可是如果面對面，就會發現他是一個說話很生動的人。

吳太太是廣東人，在西雅圖長大，退休之後才開始練習

說普通話。採訪之前我們曾經約好，吳夫婦用什麼語言談話都可以，由我事後整理翻譯，但他們照顧我，絕大多數時間都說普通話。吳太太有個別詞想不起來，會用廣東話說，再由師母翻譯。一次，美國當地一位記者來採訪他們，我也在場，看到吳太太講英文流暢優美而不假思索，比講普通話輕鬆太多，心裡暗暗覺得對不住她。

　　吳先生談圖書館學頭頭是道，但生活家事方面就處處需要吳太太這位賢內助補充，比如吳先生說當年從西海岸的史丹佛搬到東海岸的哈佛，房子賣了某某價，吳太太就在旁邊比手指頭，以示糾正，誰掌握財政大權一目了然。吳太太常給吳先生的談話補充些感性細節，我們都聽得津津有味。她說住在波士頓時，家裡有隻漂亮的貓，那時吳先生上班開一輛較小的汽車，吳太太要帶孩子所以開的車大一些。吳先生每天開車回家，貓兒都跑來迎接他，他到車庫門口必停下，把貓抱進車，再開進車庫。吳太太並不知道這件事，有一天她開著吳先生的車回家，貓兒就照常到車前等，她毫無察覺，竟然撞到了等在車前的貓。

　　那天我開著他的車回家，根本不知道貓會在車庫門口等，一下子撞上牠，只聽牠嗷的一聲，跑進院外的樹林就不見了。房子後面是好幾畝的森林，他們都進去找，也沒有找到。那幾天我成了家裡的「敵人」，根本沒有人跟我說話！後來我女兒挖了一個坑，給貓立了個小小的墓碑。就只有我

一個人哭，他們都不理我！

　　吳太太邊說邊朝吳先生的方向翻翻白眼，用手摀住臉，一副往事不堪回首的樣子，我實在顧不上哀悼那隻還有個「衣冠塚」的上個世紀中葉辭世的貓，忍不住咧嘴笑了起來。

　　從前介紹吳先生抗戰經歷和學術貢獻的文字並不少，但鮮有觸及他的家庭。能在這本書裡講述他們七十年相濡以沫的婚姻生活，是我一點「不務正業」的私心。他們幸福的「秘訣」，從兩人如何回憶往事就可見一二。我總結了三點：

　　首先是對彼此的了解和興趣。我發現即便聊到兩人生活中完全不交叉的部分，關於對方，他們也有很多話要講。例如吳先生抗戰期間作為空軍翻譯官的經歷，又或是吳太太童年移民美國的經歷，他們雖然沒有參與對方那一段人生，但常常可以替對方講上一大段，可見他們多年來有極多的交流，而對彼此的人生經歷抱有極大的興趣。

　　其次是相互的欣賞和尊重。吳太太曾說她總覺得吳先生的事就是最重要的，因此即使有時要一人操持全家，也從不覺得辛苦委屈；而吳先生的言語之間，從不掩飾他對吳太太在事業和生活上無所不能、獨當一面的信任和欣賞，因為他們各自都有獨立的成就，在對方的眼中才分外可敬可愛。

　　最後就是他們對往事的珍視。一張學生時代的老照片，

兩個人閉上眼睛就能準確說出誰在第幾排第幾個，足見他們都是極重感情的人。雖然他們的回憶我是第一次聽，但對當事人來講都是一些熟悉的過往了，可他們依然會一同大笑、唏噓，有時眼睛還會濕潤。回憶的根鬚已經深深扎進時間的土壤，七十年共同經歷的風風雨雨，將他們的感情澆灌成了一棵枝繁葉茂的大樹。

　　生活中的他們 —— 用現在年輕人的話說 —— 真的很「黏」。之前說要採訪他們二人，吳太太就說自己不必來，經不住師母再三「勸駕」—— 理由是吳太太可為吳先生說的話做補充，而且吳太太講講話，也讓吳先生休息一會兒，以免說得太累 —— 吳太太每次必到，兩個人在一起，你說我聽，互相補充，偶爾調侃，十分默契，讓人感到他們彼此真是缺一不可。師母給我講過一件特別可愛的事情：「吳先生要去補牙，吳太太問：『要我陪嗎？』吳先生模稜兩可，她就去做自己的事了，結果臨出門吳先生說：『你不和我去嗎？』原來還是想她去！」快百歲了還這麼甜蜜，真是羨煞旁人啊。

邵東方（左）、吳文津（中）、陳毓賢（右）2015年在史丹佛東亞圖書館。

　　無論工作時

還是退休後，吳先生作為著名圖書館學家一直被追訪，因此對於作傳，他總是謙虛地說不必了，但我想他的人生故事不應該只局限在一兩個篇章裡，而是值得有更全面、完整、詳細的紀錄。許多人對為吳文津作傳這一想法不會驚訝，之前師母陳毓賢女士也曾有過這一想法，但是對我來說，這本書從一開始就應該是一本「合傳」，因為吳先生絕不僅僅是一位傑出的圖書館學家，還有許多其他人生角色，而他的人生歷程，又與七十年的婚姻密不可分，離開吳太太雷頌平敘述他的人生，就怎麼都不會是完整和圓滿的。

三

我非常感激吳先生和吳太太的分享，近七十年的年齡差讓我們在知識、閱歷、思維方式等方面都有巨大的差異，但他們親切而毫無保留地接納我進入他們的世界。師母曾經記下艾朗諾教授對吳夫婦的一個評價，這話是他講給著名學者張隆溪的，我認為十分準確：「吳文津和雷頌平最棒的地方就是他們總能跟上你的思想和話語，你和他們談話時完全不用因為他們已經是九十多歲的人了，而在說話方式和內容上遷就他們。」此言不虛，現在的人們總說五年的年齡差距就可以形成「代溝」，但我與年齡相差七十多歲的吳夫婦卻從無時間隔閡感，他們不僅屬於他們年輕時的時代，也確確實實地活在當下，與周圍的人和事物打成一片。

　　採訪吳夫婦給我最大的震動，是他們樂觀超然的人生態度。從前我並不覺得自己是個非常悲觀的人，但自從開始採訪吳先生和吳太太，忽然覺得自己和他們相比想事情總是很「負面」，有種為賦新詞強說愁的生澀。

　　當年吳先生在美國參加中國飛行員的培訓，結束之後，國民政府承諾這些為參加抗戰而投筆從戎的青年可在美國把大學讀完，由政府資助學費。後來內戰爆發，國民政府自顧不暇，承諾自然泡了湯，於是昔日的少校翻譯官，也要到餐館裡打雜，在工廠裡做工，去賺一點曾經不屑一顧的小錢。

　　我問：「從前做翻譯官時，地位高、待遇好，突然要打零工，心理落差大不大？」吳先生回答說：「年輕時不在乎，也不覺得苦，別人還有更苦的啊！」

　　後來又聽吳太太講到他們剛結婚時，在西雅圖租一間小屋，房間只能放下一張床，小得不能再小的廁所，洗澡時忘了拿肥皂，一步就可從廁所邁出來，拿了肥皂，再一步跨回去。

　　我問：「您結婚之前是僑領富商家庭做闊小姐的，這樣因陋就簡的生活是否過得慣？」吳太太笑笑說：「沒關係啊，當時也知道這樣的情況不會持續太久。」

　　又比如吳太太說起吳先生曾出差到全世界周遊一年，考察各地圖書館的情況，她一個人在家籌備賣房子搬家，照顧一雙兒女。在我聽來這是一個有點淒涼無助的故事，但她津津樂道，分明是在講年輕時的驕傲事。吳先生說起在哈佛的

最後十年，圖書館要面臨自動化變革，常要到世界各地募款——「對中國人來說，伸手向別人要錢，大抵都是不願意的」，我正心裡替當初的他發愁，他緊接著說：「不過既然有這個需要，也是一種挑戰。」

吳先生和吳太太身上有種對一切人生苦難的雲淡風輕。或許有人會說，經過如此長的時間洗禮，一切不愉快的記憶都可以變得無關緊要，但從他們的敘述中，我能感到他們的釋然不是在描述當下的感受，而是在回憶當時的心境，並不是時間讓他們豁達，而是豁達讓他們走過了悠長的歲月。

相比他們的達觀和從容，我覺得自己的格局要小很多，我們從小被教育要「刻苦」，可當長大成人，發現世間之苦與眾生之苦根本「刻」不動的時候，我們感到無力和徬徨。在喧囂的時代洪流裡，急於想要證明的那個自己是如此渺小，於是我們終日生活在焦慮中，用放大鏡端詳著壓力和困難，而忽視了擁有的時間和健康。我們總覺得自己應該和什麼「戰鬥」，於是終日被假想敵弄得身心俱疲。曾經以為從戰爭中走來、在異國他

2019年6月作者與吳文津、雷頌平共同慶祝吳氏夫婦結婚69週年。

鄉打拚的人老去之後，都會有一個如「抗爭史」般鬥志昂揚
的過往，或者提供教會我們「戰勝」困難的「人生指南」，
但他們的故事卻是那麼平和從容、安詳美好。

四

　　在這本書的一開始，我要特別感謝我的師母陳毓賢女
士，在我提出為吳夫婦作傳後，她不僅積極促成此事，奉獻
時間精力為我們每週的談話提供場地，還將她在2012至2018
年間收集的有關吳夫婦的材料無私地供我使用，其中包括這
些年來兩位老人的生活點滴和嘉言妙語。這些自然而然的流
露，是在短時間內再密集的採訪也無法快速捕捉的。

　　師母總說吳先生和吳太太如今仍然身體健康、思維敏
捷，而我對他們的人生經歷也充滿興趣，替他們作傳可以說
是天時地利人和，但如果沒有她的提議和幫助，沒有她的敏
銳識察和促成此事的熱情，就沒有今天這本書。

　　《禮記‧學記》中說：「善待問者如撞鐘，叩之以小者
則小鳴，叩之以大者則大鳴。」吳先生吳太太性格恬淡，不
愛主動宣揚，須得有我和師母這樣的叩鐘之人，而他們的答
語，總像是叩鐘之後，發出悠揚悅耳的迴響，裊裊餘音，沁
入心田。

第一章

從「四書五經」到〈蓋茲堡演說〉：
吳文津和四川成都

　　認識年近百歲的吳文津、雷頌平夫婦後，我特別愛聽他們回憶往事。每次見面前，總央求他們帶些從前的照片和資料給我看。有天吳先生拿出一張歌詞，那是1997年他從哈佛大學退休時圖書館同仁唱給他和吳太太的歌，其中有一首是改編的〈高山青〉，原歌詞是：

　　高山青，澗水藍。
　　阿里山的姑娘美如水呀，
　　阿里山的少年壯如山。

　　圖書館的同仁們把這一句改成：

　　高山青，澗水藍。
　　台山縣的姑娘美如水呀，
　　峨眉山的少年壯如山。

雷頌平祖籍廣東台山，吳文津則來自四川成都，兩人在美國相識相知，多年來伉儷情深，是眾所周知的一對幸福佳偶。這改編恰如其分又別致有趣，所以那天他把這張舊歌詞找出來，我們看過後一同大笑。

吳文津是土生土長的成都人，不過他說一口標準的北方官話，聲音洪亮有力，舉手投足間有種天然的大氣，也很有北方人的豪放。除了標準的普通話之外，他不僅英語流暢，廣東話也會講，倒是未聽出巴蜀的語音腔調，這可能與他離開家鄉近80年有關。不過相處久了，的確能從吳先生身上感受到四川人直爽的性格和蜀地悠久文化的薰陶。

身世與童年

吳文津於1922年（民國十一年）陰曆七月十二日出生於成都，他的祖父是在清朝「湖廣填川」時從湖北麻城孝感鄉（與今孝感市無關）移民四川的。明末清初時蜀地飽經戰亂，人口大規模減少，清代張烺撰寫的《爛餘錄》記載：「今統以十分而論之，其死於獻賊（張獻忠）之屠戮者三，其死於搖黃之擄掠者二，因亂而相殘殺者又二，饑而死者及二，其一則死於病也」，清朝政府鼓勵外省移民，吳家祖上最初從湖北遷到四川樂至縣，後來定居成都，因為念舊，吳家人從前都說自己是樂至人。

吳文津的父親吳榮本（1874-1924），字紹良，曾任四川

省警務處處長、四川省政府軍法課課長等重要職務，與當時四川省督軍劉存厚（1885-1960）關係甚密。對於父親早年的經歷，吳文津了解不多，只知道他家境清寒，卻從中國兩所最著名的軍事學校畢業。

> 我父親可能是唯一一個從中國兩所著名軍事學校畢業的學生，一個是朱德就讀過的雲南陸軍講武堂（又稱昆明講武堂），一個是蔣介石就讀過的河北保定軍官學校。那個時代交通很不方便，從四川到外面難乎其難，去雲南讀書還算容易，翻過山就到，河北那麼遠，祖父早逝，父親是寡母一人辛苦帶大的，家裡不可能有錢把他送去讀書，他為什麼能夠先後在雲南陸軍講武堂和河北保定軍官學校讀書，我也不知道，也沒問過我媽媽。他學成回到成都，當時的四川省督軍劉存厚就派他去做四川省警務處長。我想他上學也許是劉存厚補助他去的。[12]

吳父任軍法處處長期間頗得劉存厚的信任，掌握生死大權，許多著名的軍閥將領，包括鄧錫侯、劉文輝和田頌堯等

1　雲南陸軍講武堂，又稱昆明講武堂，原是清朝為編練新式陸軍，加強邊防而設的一所軍事學校。建立時與天津講武堂和奉天講武堂並稱三大講武堂，後與黃埔軍校、保定陸軍軍官學校齊名。

2　（保定）陸軍軍官學校簡稱保定軍校，是中國近代史上第一所正規陸軍軍校，校址前身為清朝北洋速成武備學堂、北洋陸軍速成學堂、陸軍軍官學堂。

都曾是他的手下。[3]

　　小時候逢年過節，雖然父親已經過世，家裡還是要張燈結綵地把一些他在世時部下送的對聯掛起來，其中有一副紅緞子是為我已故的婆婆（我們稱奶奶為婆婆）作壽宴時的對聯，我記憶中上聯是「吳老太夫人壽辰志慶」，下聯是「屬鄧錫侯 田頌堯 敬賀」。

　　有些描寫軍閥混戰時期的小說中提到過吳父的名字，但內容均為臆造，不可以史料視之。1992年甘肅人民出版社的《中華民國時期軍政職官志》記有全省警務處長兼省會員警廳長「吳本榮」，應為「吳榮本」之誤，不過吳父以字行，多稱「吳紹良」。

　　吳文津1960年到台灣時曾拜訪同為四川人的國民黨元老張群（1889-1990，字岳軍），竟然發現岳軍先生知道自己的父親。這是他一生中唯一一次與認識自己父親的人交談，至今想起，仍覺得「是一個很大的震撼」。

　　中國人見面時，特別是年長者見到年輕人，總是要問一

3　《四川文史資料選輯（第十四輯）》中鄧錫侯和田頌堯所回憶的《1917年成都羅劉戴劉之戰》，記有「護國運動」期間，吳榮本代表劉存厚與時任滇黔聯軍右翼軍總司令的戴戡（1880-1917）進行軍事會議，還有「護國運動」期間時任護國川軍總司令部上校聯絡參謀的楊思義回憶的《劉戴成都巷戰親歷》，也記有劉存厚派吳榮本代表自己安撫楊的事。

些有關家世的問題。所以岳軍先生就問我是四川什麼地方的
人、家裡是做什麼的等問題。當我說到父親吳榮本早逝，
他立刻就問：「吳榮本是不是吳紹良，當時擔任過四川全省
警務廳廳長？」我非常詫異，說：「是的，你怎麼知道？」
他笑了一下，說：「我是接他的事的！」我也不好多問，只
好壓住好奇心說了一句：「哦，你原來知道他！」後來經查
證，才發現岳軍先生參加了孫中山先生1917年發起的「護法
運動」，於1918年隨剛就任四川靖國軍總司令的川人熊克武
（1885-1970）推翻了當時四川省長劉存厚，我父親為劉存厚
指派的人，因之下台，遺職遂由岳軍先生繼任。

　　吳父卸任四川省警務廳廳長以後，曾經做過成都新津縣
的縣長，在他上任的那一年（1922年），家中第五個孩子降
生，吳父就為這個兒子取名「文津」。[4]

　　我父親為子孫定下的字輩是「文章華國、禮讓傳家」，
算命的人和我父母說，我們兄弟姐妹命中缺水，所以第二個
字都和水有關，不是三點水作偏旁的字，就是和水關係密切
的字。我們兄弟姐妹從大到小是吳文潔、吳文潤、吳文泉、
吳文春、吳文津。我還有一個妹妹，因為是另一位母親所
生，因此名字中不帶水，叫吳文錦。

4　新津縣隸屬於四川省成都市，位於四川盆地西部，成都市南部，為川西重要的物
　　資集散地和交通樞紐。

　　很多人以為吳文津的名字取義與書相關，因為清代「四庫七閣」（指收藏「四庫全書」的七大藏書閣）其中之一就是承德避暑山莊的文津閣。藏書樓最怕起火，起名都選有三點水的字。民國二十年，文津閣內的《四庫全書》移入北平圖書館新館（今為中國國家圖書館古籍館），館舍門前的大街因此定名。雖然吳文津的名字與此無關，源自他出生時父親正做新津縣縣長，卻似乎冥冥之中，一生與書結緣。

　　父親在吳文津兩歲時因肺病英年早逝，因此他沒有任何關於父親的記憶，唯一的印象是掛在家中牆上父親的大照片──燕尾服、大禮帽、金絲眼鏡、小鬍子。1979年，時任哈佛燕京圖書館館長的吳文津在闊別三十餘年後回到家鄉，母親早已去世，他問親人一直掛在家中的父親遺照在哪裡，可否印一份給他，才知道照片已經在文革時毀掉了。因此吳文津沒有任何父親的遺物，在我們的談話中，吳文津常常談起父親，但也遺憾自己對父親所知不多：

　　我的兩位母親從未提起任何關於我父親的事情。我想她們也不知道。當時做妻子的只是管家務，對丈夫的公事都是全然不知的。

　　我在《新津文史資料選輯》中的〈建國前新津份縣長二三事〉裡，找到一段有趣的資料 ──「吳榮本責打城隍」。當時新津縣有座建於明代的城隍廟，香火極盛，信眾

很多，每年城隍生日出駕時都鳴鑼開道、旗幡如雲，不僅有人粉墨登場扮作侍從陪同遊街，還有數不清的善男信女和看熱鬧的觀眾前呼後擁，排場甚大。吳父新上任縣知事，卻當眾將這位威風赫赫的「城隍老爺」狠狠打了四十大板。原來，新津縣的龍馬寺（今龍馬鄉）有個姓董的富戶，其父母為女兒擇婿時「翻山」（四川方言裡指女方擇婿時高不成低不就，致使女兒過了嫁齡還未找到人家），後來其女精神錯亂，常說：「城隍老爺要抬花轎娶我當城隍娘娘啦！」此女因病去世後，其家人辦了一場「冥婚」，將女兒送到城隍廟，不僅在廟中修了新房，置辦了全套嫁妝，還塑了「城隍娘娘」的像。逢年過節或董老太太生日，都要用八人抬的大轎將「女兒」、「女婿」的木偶像抬到董家過節、拜壽，縣人稱為城隍老爺走「老丈屋」。

根據《新津文史資料選輯》的記載：

民國十一年（1922年）七月，吳榮本被委來新津任縣知事。時在九月，他為一樁疑難命案，順應當時民間習俗，也來城隍廟抽籤祈禱。當他到大殿時，發現神座上城隍的木偶像不見了，傳來廟祝問詢，才知道城隍老爺陪同城隍娘娘到龍馬寺老丈人家去了。吳知事登時大怒，立命差役急將城隍木偶像追回，並責城隍擅離職守，有負民望！還命差役取下大殿上站班鬼役手中毛頭大板，將城隍木偶像翻撲在地，狠狠打了四十大板。

　　事後，吳知事怒猶未平，還特製楹聯一副懸掛於殿前柱上以諷之。上聯是：「襲河伯娶婦之狂，問大王何以輔德！」（城隍又稱輔德大王），下聯可惜已無人能夠回憶了。

　　此楹聯表面嘲諷城隍娶妻的荒謬狂悖，實則警示那些借著裝神弄鬼而作威作福的人。書中還記有吳父在廟中的另一副楹聯，是用縣令的口氣與城隍對話——「本是我同寅，恐氣味不同，先笑倒兩廊鬼判。亦須君助理，使姦邪早敗，再拿交十殿森羅。」上聯說的是自己與城隍本是同僚，但「氣味不同」，並非一路，下聯則說城隍也該幫助自己辦案，而所有的姦邪之輩不僅要在塵世受到懲罰制裁，也終逃不過陰司的審判報應。這兩副楹聯體現了吳父尊重當地民俗文化，但仍堅持「以民為貴」的思想，絕不將所謂的「城隍老爺」和其附庸凌駕於百姓之上。

　　吳父到新津縣剛上任，趁此機會讓老百姓知道他連城隍老爺都不怕，果敢、機智、幽默，可見一斑。吳文津第一次聽聞此事也感到非常有趣。

　　因吳文津幼年時父親病故，有個不太親近的叔叔也早早離世，母親楊淑賢（1890-1959）是一家之主，和父親的另一位妻子蔡佩蘭（1892-1978）在大宅子裡撫養六個孩子。兩位母親的出身和家世，吳文津並不十分清楚，但一家人在一起時的溫暖，依然歷歷在目：

我母親是雲南人，是父親在雲南講武學堂時期成婚的，小時候交通不便，家中和母親的娘家沒有來往，也不知道母親家裡的景況。我的另一個媽媽蔡佩蘭，我們叫她「新媽」，是河北人，是父親在河北保定軍官學校時娶的，生了我的妹妹吳文錦。新媽和我的媽媽一樣，跟父親回四川後，就再沒有回過娘家。在我的記憶中，新媽一直都講很地道的成都話。我的哥哥姐姐也把新媽當作自己的媽媽，全家人在一起非常和睦。

在吳文津的印象裡，母親雖然不識字，但遊刃有餘地操持著一個大家庭，他稱讚母親精明能幹，這種敬重之情與他後來對妻子雷頌平的欣賞很相似。他開始在圖書館界工作後，和素有「女強人」之稱的鐵娘子芮瑪麗（Mary Wright, 1917-1970）合作也十分愉快融洽。談到人生中這些重要女性，吳文津從不吝惜感激和讚美之情，也許是兒時的耳濡目染，讓他對所有自強自立的女性懷有敬意。

吳文津的母親楊淑賢和二姐吳文潔。

我的婆婆（指祖母）很早就去世了。她早年

守寡，用做手工活把我父親帶大。她在家用來搓蠟燭芯的一塊又大又圓的木頭砧板，使用多年後中間已經陷下去了。那塊砧板一直留在家裡作為紀念。媽媽常常用砧板提醒我們，祖母如何辛苦把父親帶大，我的父親又如何在貧困中掙扎，才有了後來的成就。所以我就不敢再偷懶，要勤力讀書了。

吳文津的童年時代，中國和世界正發生劇烈的變化。第一次世界大戰結束不久，新思想和新文化如一陣清風吹進古老的國土，然而更加沉重的戰爭陰霾也似乎在漸漸逼近。儘管如此，在他的回憶裡故鄉成都依然是個寧靜美好的城市，處處瀰漫著歷史文化的氣息，只是記憶裡的成都風物，許多已經不復存在了。

我小的時候成都還比較古老，分東、西、南、北四個城門，我們還在寬寬的城牆上放風箏。城裡有東大街、西大街、南大街、北大街。那時成都還有個皇城，東較場、西較場、南較場、北較場則是練武的地方。[5]家裡書院南街的大宅子有好幾進院落，門房裡的房梁上掛著很多轎子，那是從

5　成都皇城原位於成都市中心，位於今天府廣場、四川科技館處。當地百姓稱之為「皇城壩」，1655 年前，皇城一直名符其實的被蜀王和地方割據首領所占據。清朝時期蜀王府改為四川省每三年一次科舉考試的地方，稱為「貢院」。民國時期曾先後被用為軍政府和其他民政機構，四川大學也曾在此辦學。1949 年後隨著城市的改擴建工程而被逐漸破壞。

前父親出門拜客用的。後來我們在東珠市街的家，印象最深的是門口有兩個大石獅子，我離家後1979年第一次回成都。書院南街的房子已經拆掉了，東珠市街的房子還在，只是門口那一對獅子搬走了，院子裡一共住了六家人。

父親留下了田地和產業，家境還是不錯的。記得秋天的時候，佃戶會把一斗斗米送到家裡，我還跟母親到城裡收過租。我們的大宅子有三進院落，家裡有幾位傭人：廚房有位個子很高的陳婆婆，裹著小腳；家裡還有個幾十年的老媽媽，晚年不能做什麼事了，還住在我家；我和妹妹有過一個奶媽，帶大我們的則是一個保姆，還有打雜、看門的共三四個人。每年春節前裁縫就會到我家來住上一個月，給每個小孩做一套新年的衣裳。

吳家氣氛融洽，母子、主僕之間都可以叫綽號：

我大概兩三歲的時候，不知道怎麼把一個玻璃釦子塞到鼻孔裡去了，大人也不知道，過了一段時間，竟然發臭了！那時候沒有知識，也沒人帶我去醫院看，搞了一兩年都是這樣。除了我媽媽和奶媽，沒有人願意接近我。大家都叫我「臭鼻子」！最後它自己掉出來了，鼻子終於不臭了。

我小時候還有一個別號叫「老哥子」，因為我雖然人

小，但是行為舉止很老氣。我那時候還不到十歲，不僅傭人這麼叫我，連我媽媽都叫我老哥子。

吳文津漸漸長大，可以履行一些家中兒子的責任。他家有間很大的堂屋，裡面設有祖父、祖母和父親的牌位。吳文津的哥哥（他稱「三哥」，因為那時吳家還是大排行，要和叔伯的子女排在一起）是家裡的長子，每天早晚都和吳文津去堂屋上香，他不在家時，祭祀祖先牌位就是吳文津的任務。他還記得家裡有個年紀很大的老傭人，慢慢地走著，帶他去上香。逢年過節時家裡也會上供，過年時磕頭拜年就有紅包。除了這些傳統的規矩，吳家也有新派的生活場景——安電燈。吳文津至今記得家裡點亮第一盞電燈時，那種激動雀躍的心情：

我們小時候家家戶戶點的還是油燈，三〇年代的某一天，我家安上了第一盞電燈，雖然只是一個裸露的電燈泡，但點亮的那一刻，還是很激動人心的！

少年時的記憶大多是歡樂的，他記得中秋節時，要吃一種麻餅，薄薄的外皮又香又酥，裡面裹著棗泥。中學時他和同窗們一起騎車到新都的桂湖玩耍，湖邊開滿了金色的桂花，遠遠就能聞到撲鼻的香氣，平日還常跟家裡的傭人去茶館。

　　起初我幾次想請吳先生談談兒時成都的風土人情，他都一帶而過，大概是記憶遙遠，不知從何說起。2019年我從成都旅行回到美國，給吳先生帶了老字號「陳麻婆」的麻婆豆腐料包作為禮物，吳先生才眼睛一亮，說起自己小時候就喜歡吃「陳麻婆」親手做的麻婆豆腐。經我追問細節，他終於打開話匣子：

　　似乎是我在上小學的時候，母親初次帶我去陳麻婆那裡，後來我的哥哥姐姐也帶我去過幾次。那個地方就在城牆外，是個小店，我記憶中陳麻婆是個身量挺高的中年婦女，臉上長著麻子，纏著足。如果想點麻婆豆腐，只要告訴她幾塊豆腐、幾兩肉，她就可以現場製作，又香又辣，價錢只要幾個銅板。那裡的豆腐最出名，也有其他小菜。

　　1987年，吳文津的朋友歷史學家埃倫・施雷克（Ellen Schrecker）和約翰・施雷克（John Schrecker）夫婦共同出版了一本四川食譜，其中「麻婆豆腐」一欄專門提到了吳文津對故鄉美食的回憶。埃倫・施雷克1969年同丈夫在台灣學習時遇到一位姓「Chiang」的女士（應當是「姜」或「蔣」），她來自四川鄉下富裕人家，與一位軍人結婚後輾轉定居台灣，既是好廚師、又是美食家，能做上百種美味佳肴。其時施雷克夫婦正在哈佛大學讀博士，對她的廚藝不勝傾倒，就請她到美國擔任家庭廚師並幫忙照顧孩子。這位中國女士很

快適應了美國的廚房和原料，烹飪出了美味的川菜，也最終促使這對夫婦出版了一本食譜。在每道菜的前面都有一段文情並茂的介紹，麻婆豆腐食譜特別提到了哈佛燕京圖書館的吳文津是四川人，曾經吃過「陳麻婆」本人所做的豆腐，只不過施雷克夫婦在書中將麻婆豆腐翻譯成「Pock-Marked Ma」，那就是「馬麻婆」而非「陳麻婆」了，他們可能沒弄清楚，「Ma」是指這位婆婆臉上的麻子而非姓氏。

七〇年代的美國，正宗中餐十分匱乏，施雷克夫婦的這本食譜被譽為「美國第一本正宗的四川食譜」，流傳甚廣，八〇年代還再版過一次，他對川菜的回憶也因此飛進千家萬戶。2019年吳夫婦接受當地報紙《帕羅奧圖週刊》（*Palo Alto Weekly*）的採訪發表之後，還有人在這家報紙的網站上留言，說記得吳文津就是《四川食譜》裡介紹麻婆豆腐的那一位。當然，吳文津記憶裡的故鄉還不只麻婆豆腐——

除了陳麻婆那裡，我印象中常去的還有「竹林小餐」、「邱鬍子紅油辣子豆花」和「皇城壩牛肉館」，我愛吃的是「盤餐市的滷味」，那時候大街上賣的鍋盔也很好吃，裡面可以放滷肉和粉蒸牛肉。

平時家裡常吃回鍋肉，臘肉、香腸都在自己家裡做。那時候家裡用灶，灌製好的肉腸塗上鹽在燒柴冒煙的地方掛幾個月，味道非常好。家中一年四季都有自製的肉掛在那裡。

以前雞肉比豬肉牛肉都要貴很多，雞都是自己養的，殺隻雞是件大事，我們小孩過生日的時候才給煮一個雞蛋。因為不是人人都有，所以過生日的小孩要去門後吃，免得別人看著眼饞。

我最美好的回憶之一是每天早晨街頭小販會沿街兜售「蒸蒸糕」，是用米粉做好後蒸熟的，裡面有糖或豆沙。小販的叫賣聲在家裡都能聽到，於是小孩子都跑出門去，等著糕蒸熟現買現吃。我和所有的小孩一樣喜歡吃甜食。

因為太愛吃甜的，吳文津還鬧過「喝醉酒」的笑話：

小時候家家用糯米發酵釀酒，我們成都叫醪糟，據說吃了對身體有益處，最受歡迎的作法是醪糟雞蛋。做好的醪糟放在像泡菜罈子一樣的小罈子裡，我們家房子很大，有一間專門擺雜貨，醪糟罈子就在裡頭。我那時候大概七、八歲，很喜歡吃醪糟，沒事就跑去偷偷吃一點，很甜，很好吃，有一次吃太多，醉了，就睡在旁邊，家裡人怎麼找也找不到，最後看我睡在醪糟罈子邊。他們可憐我，也沒罰我。

多年以後雷頌平陪吳文津回鄉探親，把吳文津帶大的四姐還講起這件事，說他小時候除了「偷酒喝」之外都很乖，雷頌平聽得津津有味。

吳文津夫婦與女兒吳章玲和吳文津的四姐吳文潤在洛杉磯。

吳文津兒時的另一美好回憶是看電影，這是當時成都的時髦娛樂。給吳家看大門的傭人有個兒子在電影院賣花生，常常帶孩子們去看免費電影。這個年輕人後來又做了電燈匠，吳家的第一盞電燈就是他裝的。吳文津記得小時候最喜歡看的是武俠片《火燒紅蓮寺》，[6]那時候電影很少有特效，《火燒紅蓮寺》開此先河，精采的特技鏡頭取得了爆炸性的效果。吳文津至今提起還很激動，他眉飛色舞地說著，還少見地搖頭晃腦起來，手上模仿著電影裡的動作，像是回到了少年時代：「《火燒紅蓮寺》一上映就引起了轟動，當時覺得太好看了！看到人伸出手指一點，就有一道光，好精采啊！」他印象深刻的還有電影院中播放的無聲外國電影，有一個人站在電影院裡拿著話筒給觀眾解釋。吳文津至今提起還哈哈大笑：「電影一邊放他就一邊講，也不知道他說得對不對。」我問他抗戰後做翻譯官是否多少受這個經歷的影

6　《火燒紅蓮寺》取材於二〇年代在中國流行一時的武俠小說《江湖奇俠傳》，帶動了中國電影史上第一次武俠神怪熱。

響，他連連說：「沒有，沒有。電影院裡那個人，大家根本不知道他說得對不對啊！」一邊說一邊又笑出聲來。

抗戰以後重慶成為陪都，四川作為大後方也得風氣之先，各行各業都從東南沿海搬到內地，電影公司也在成都招考演員，吳文津的哥哥相貌頗為英俊，想要前去應考，因那時演電影並不是什麼受人尊敬的職業，受到母親嚴厲的懲罰。

電影公司一招人，哥哥要去報考，媽媽聽見了，哎呀，大發雷霆，不准他去，還叫他去堂屋裡跪著！

吳家五個兄弟姐妹都受到良好教育，除了嚴格的家教外，也得益於成都當時濃厚的文化氛圍。清末民初時，有大批文人學士彙集成都，其中不乏狀元進士、知府翰林，曾有「蜀地文風盛漢時」的盛況。吳文津在成都上的私塾是當時著名的「大成中學」附屬小學，由當時成都「五老七賢」中的主要人

1979年吳文津第一次從美國回鄉，與哥哥吳文泉、嫂嫂譚培之合影留念。

物徐炯[7]所創辦，規模不大，每班有一、二十人，雖然已是民國，但依然尊孔讀經，每天上學念的是《三字經》、《百家姓》、《千字文》和四書五經，後殿供著「大成至聖先師孔子之牌位」，每逢農曆朔望和孔子的誕辰所有學生都要去上香。週一到週六上學，週六那天要檢查背書，背不出來老師打手心。在私塾讀書的經歷讓吳文津打下了中國傳統文化的扎實功底。

　　無憂無慮的少年時代過去後，迎接吳家兄弟姐妹的卻是多舛的人生。吳文津的哥哥後來上了專門學校，做了會計師，1949年後在多次「運動」中被整肅，工作一降再降，後來只能做站櫃檯的營業員，1980年於痛苦中去世。嫂嫂譚培之，樂山人，成都樹德中學和重慶女師畢業，曾在銀行及學校工作，大煉鋼鐵時代，每天熬夜不能睡覺，終於昏倒，不能繼續工作，後被強勸退職。他們的女兒文革後在四川大學圖書館工作，成為了吳文津的同行。吳文津的大姐（依大排行叫「二姐」）由人作媒嫁給一位商人周紹庚，在家裡做太太，先生很早就去世了。二姐（依大排行叫「四姐」）畢業於成都女子師範學校，在四川和貴州擔任教書和教務工作，1952年隨姐夫邱仲廣去瀋陽，次年在東北音樂專科學

7　徐炯（1862-1936），字子休，號蛻翁，別號霽園，華陽縣（今成都市）人，早年設帳於江南會館，清末改稱「澤木精舍」，又創辦「孔聖堂」（即後來的「大成中學」），他還開辦「四川通省學堂」，任四川省教育會長，對四川教育事業貢獻良多。

校（後更名為「瀋陽音樂學院」）附屬中學執教，1969年文革中退休。姐夫邱仲廣1923年畢業於清華學校（清華大學前身），是著名音樂家黃自的同班同學，畢業後和黃自都拿到了庚子賠款的獎學金，到美國歷史最悠久的奧伯林音樂學院（Oberlin Conservatory of Music）留學，1925年畢業，1928年在哥倫比亞大學教師學院得到音樂教育的碩士學位，回國後曾在國立中央大學和成都東方美專教書，1952年受聘至遼寧錦州師範，次年轉瀋陽東北音樂專科學校執教。因「右派」問題全家被下放到農村，1979年「落實政策」後才返回瀋陽。三姐（依大排行叫「五姐」），念成都華英女子學校，隨姐夫謝顯明回他的老家內江，先後擔任教師和會計工作。姐夫曾是一位公務員，在縣政府服務，後轉派街道企業做勞工，在拉車運送生產原料時，連人帶車滑下河堤過世。妹妹在成都南虹藝專畢業，妹夫吳惜聞抗戰時期曾任重慶行轅政工大隊副隊長，後在成都中央軍校任音樂教官，1949年後回到家鄉岳池縣，被打為「反革命」。當時妹妹在岳池中學教音樂，逼得和他「劃清界線」並離婚。他後來被槍斃，妹妹因他受苦多年，文革被下放

2005年吳文津與妹妹吳文錦。

後，復返岳池中學任教，等「海外關係」已不再是「罪狀」時，被派為岳池縣僑聯負責人。

在戰時的成都上中學

1934年，從私塾畢業的吳文津考上了四川省最好的「省立成都中學」。這是一所新式的寄宿制男校，除了走回家過週末之外，每天清晨6點起床，升旗、出操，7點吃早飯，上午8點至12點、下午1點至5點上課，7點至9點是晚自習。學生睡上下鋪，須整理內務，包括每天早晨把床鋪按要求鋪整齊，臉盆擺在床下，沒有自來水。每週六要大掃除，由學生負責把教室內外打掃乾淨。吳文津家裡條件好，從小傭人稱他為「少爺」，但從初中就開始住校，「從來沒要人來伺候」，後來抗戰爆發，大家都覺得應該吃點苦，他也從未有過任何不適應。這所學校不僅在管理上是新式的，課程也十分現代化，有數學、英文、歷史、地理、體育等科目。課本是商務印書館和中華書局的，後來也有開明書店的教材。吳文津還記得那時候的歷史課基本上只涉及中國歷史，並沒有太多世界歷史的內容。但這樣的新式教育依然開闊了吳文津的眼界，從那時開始，他接觸並且喜歡上了英文。

初中的時候，我們開始念A、B、C、D，學一些例如「This is a book」這樣的簡單句子。高中以後課程難度加強，

我記得第一次要求背誦的是一篇高難度的課文，就是林肯的〈蓋茲堡演說〉。至今我都記得這篇演說的開頭「Four score and seven years ago, our Fathers brought on this continent a new nation conceived in liberty and justice for all.」（八十七年前，我們先輩在這個大陸上創立了一個新國家，它孕育於自由之中，奉行一切人生來平等的原則。）和結尾「that government of the people, by the people, for the people, shall not perish from the earth.」（這個民有、民治、民享的政府永世長存）。[8]

對英語的熱情也讓吳文津對基督教有了一點了解：

那時我十二、三歲，對英文有興趣，所以一有機會就想跟外國人接觸。正好離我家不遠的一條街上有間基督教堂。從那裡經過心裡總是有很多好奇，不知道裡面究竟在搞些什麼名堂。特別是看見教堂外面布告板上寫出什麼時候有「聖餐」的時候，更是莫名其妙，想這大概是他們用吃飯來吸引人作教徒的花招罷。但這些對我都不重要，當時最重要的是想找一個可以讓我學英語的地方。於是我就大膽地走進了那

8　此為第 16 任美國總統亞伯拉罕．林肯最著名的演說，也是美國歷史上為人引用最多之政治性演說。1863 年 11 月 19 日，也就是美國內戰中蓋茲堡戰役結束的四個半月後，林肯在賓夕法尼亞州蓋茲堡的蓋茲堡國家公墓（Gettysburg National Cemetery）揭幕式中發表此次演說，哀悼在長達五個半月的蓋茲堡之役中陣亡的將士。

個教堂。果然那真是一個學習英語的好地方，因為傳道的是
兩位加拿大人。但是我並沒有去參加他們的主日崇拜，第一
是我當時對基督教沒有興趣，第二是他們的主日崇拜是由這
兩位傳教士用相當生硬的四川話來舉行的。不久之後，他們
一定要我參加主日崇拜，我看情形不對，就決定不再去那個
地方了。這是我第一次和基督教會接觸的經驗。

　　後來報考大學時吳文津決定念外文系，或許對於少年時
代的他來說，英語並不僅僅是一種語言，在當時貧弱落後而
深陷戰爭陰霾的中國，它所帶給青年人的是通向外面世界的
視窗，也是嶄新的思想和希望，這個熟背〈蓋茲堡演說〉的
少年，也在長大後踏上了美利堅的土地。

　　吳文津初中畢業後全家搬到有很多名人宅院的成都東
珠市街，其中包括巴金家的「李家大院」。李家與吳家很
近，只是大門對著不同的街道。後來吳文津讀了巴金的小說
《家》，書中的生活場景讓他感到很親切。

　　吳文津升入高中之時，正值1937年盧溝橋事變，中日戰
爭爆發，南京陷落，重慶經常受到空襲。因為日軍的猛烈轟
炸，城裡修了很多防空洞，政府也鼓勵老百姓在家裡修。吳
文津家挖了一個地窖，牆上塗一點灰泥，裡面非常陰暗潮
濕。有一次敵機對重慶的轟炸使山體滑坡，堵住了一處防空
洞口，幾百人因此喪生。成都因為有機場，也成了日軍轟炸
的目標。他曾親眼看到108架日本轟炸機遮天蔽日地呼嘯而

過，那是一種切切實實的戰爭恐怖。只要空襲警報一響，學生們就從課堂裡跑出去躲警報。為了躲避日軍轟炸，學校疏散到鄉下一座寺廟，住了大半年才回到城裡。多年之後吳文津在一篇英文回憶文章說：

　　那時候的條件顯然非常艱苦，但物質條件的不如人意沒關係，也不會影響我們的學業，那時有一個口號：「抗戰必勝，建國必成。」我們堅信戰爭會過去，中國一定能夠勝利，這個信念從沒有動搖過。

　　我注意到每次提起抗戰時的艱苦和危險，吳先生都會說到「信念」這個詞。每一次說起「信念」，他就會舉起右手的食指，在自己的眉心處指向上天。每到這個時候，他身上抗戰老兵的氣質就格外明顯。他的驟然嚴肅讓我感到信念是一種能夠讓人堅定的力量，而這種信念也改變了吳文津的人生軌跡，讓他投筆從戎的選擇顯得順理成章。

　　儘管時局艱難，高中生活依然給吳文津留下了一些快樂的回憶，至今講起來，他的眼神裡還常常帶著一點孩子般的頑皮：

　　我們當時有一位教英語的上海老師，大概是光華大學或復旦大學畢業的，在抗戰時到內地來教書，名字叫畢馥真，學生就給他取了個外號叫「beef」，他也不在乎。有位成都

很有名的代數老師，姓饒，大家都叫他『饒代數』。那時學校疏散到鄉下，地方很小，師生住得很近，晚上他改卷子的時候，我們就悄悄跑到他的窗戶外面，偷看他給學生打分。記得高中美術課，擺一盤水果要同學寫生，我沒有畫畫天賦，為了遮醜，就畫得特別小，只在紙的中央占了一點點地方。等到作業發下來的時候，發現老師在上面批了三個字——「畫太小！」

這個「畫太小」的故事，在吳家很是經典，吳文津曾經講給孫女們聽，她們都笑得很開心。似乎天性非常嚴謹的人都不擅畫，因為繪畫在一定程度上需要想像而非求真。如果性格特別認真仔細，容易在筆觸上「放不開」。而吳先生在我看來就是一個極其注重細節準確的人，我們聊到一件事的時候，時間地點、前因後果，他都會反覆核對，力求毫無差錯，如果一件事不能100%確定真實性和準確性，他寧可放棄紀錄這部分，我想，這種嚴謹就是他「畫太小」的可愛之處。

吳文津所讀的高中特點是非常重視國文，其中一位國文老師就是後來非常著名的哲學家唐君毅（1909-1978）。唐君毅曾師從梁漱溟，20世紀五〇年代後成為「新儒學」的宣導人之一，後來在香港中文大學歷任哲學系系主任、文學院院長。

　　唐先生是四川宜賓人，教我們的時候還很年輕，剛從北大畢業不久，給我們講的也是淺顯的國文，並不是後來他所搞的「新儒學」的內容，所以沒有什麼特別的記憶，只記得他上課完全講家鄉土話。時隔多年之後，我才發現唐先生這麼出名了！

　　1940年，吳文津高中畢業，在當時成都的郵政儲金匯業局工作了一年，存了一點錢，準備上大學。他笑稱聯考時數學分數很低，但是英文分數很高，因此順利進入了第一志願——中央大學。1941年，19歲的吳文津第一次離開家鄉成都，去重慶中央大學念書，沒想到一離開成都就是數十年，直到1979年才回鄉探親。

　　吳先生曾經給我看過一張黑白的「全家福」，是吳文津高中畢業那年照的，上面有他的兩位母親、兄弟姐妹、還有二姐的兩個兒子。其中小兒子周厚澤後來參加了中國人民解放軍，抗美援朝時在朝鮮戰場上犧牲。照片中只缺他的四姐吳文潤，因為她那時已經隨丈夫邱仲廣到瀋陽音樂學院任教。這張照片上的人除了吳文津以外都已作古。有一天他對我說：

　　有時候你不問，我都想不起過去這麼多事，昨天晚上一下子想起來這張照片上的十個人，僅自己在世了，心中一驚。

1939年吳文津全家合照（前排從左到右：姐吳文潔、外甥周厚澤、母親楊淑賢、侄子吳章麟、新媽蔡佩蘭、外甥周厚基。後排從左到右：嫂譚培之、哥吳文泉、妹吳文錦、吳文津、姐吳文春）。

第二章

生長在僑鄉：雷頌平和台山

　　雷頌平於1923年（民國十二年）陰曆正月十日出生於廣東台山。如果說吳文津的家鄉四川成都是個山明水秀、具有歷史文化氣息但卻曾「難於上青天」的腹地古城，雷頌平的生長環境則完全相反，台山毗鄰港澳，處在和外界交往頻繁的東南沿海，深受海外影響。這裡人們世代以經商為業，是遠近聞名的「僑鄉」。直到今天台山旅居海外的華僑仍有130餘萬，各地的唐人街都可以聽到台山口音。

基督教家庭的女孩

　　台山富庶，雷家是台山的大家，子孫眾多，互報名字就知道對方的輩分。如今遍布世界各地的溯源堂，就是雷、方、鄺三姓的祖祠，這三姓本屬一家，在廣東台山、開平尤其人丁興旺。雷頌平老家在台山縣的公益埠，祖父雷家協19世紀八〇年代去美國的時候還梳著清朝人的辮子，他在美國信了基督教，因為那時信教的中國人很少，他的小名叫

「盼」，別人就給他起了個綽號叫「耶穌盼」，後來美國人知道了，就把這個綽號翻譯成英語，叫他「Jesus Pan」。他初來美國時學裁縫做西裝，不久看到義大利人用手搖機器做義大利麵，具有生意頭腦的他就向那義大利人買了一部機器來製作中國麵條，供應中國人，並在西雅圖創立了一家後來規模相當大的麵廠，至今仍然在營業。

那時中國人出洋就是為了賺錢，一般只有家裡的男人去，因為一去就不知道多久才能回來，所以通常結了婚、生了孩子才出洋，至少在家鄉留下血脈。雷頌平的祖父雖然在美國經營麵廠，祖母並沒有去過美國，她的父親雷法賢（1900-1994）是家裡唯一的兒子，上面有兩個姐姐，姐

雷父（前排坐左一）在中國城舞獅的照片（攝於二〇年代）。

弟三人都是在台山出生的。公益埠深受基督教的影響，地方雖小卻有三個教會，雷法賢在教會裡認識了伍愛蓮（1902-1986），她是教會學校裡的老師，雖然家境一般但是聰穎能幹，後來兩個人成婚。

我外公曾經是個賣衣服花邊的小販，他去世後家裡不是很有錢，我婆婆（外婆）很能幹，開了鞋店賣繡花鞋，媽媽就幫著店裡繡花，她想要上學，婆婆說：「你不能出去，要在家幫我。」媽媽說：「我做完了再去怎麼樣？」婆婆也不馬上說可以還是不可以，就說：「最好還是不去。」媽媽說：「你給我一個月，試試看看能不能兩邊都做好。」後來她做得很好，婆婆也就准她讀書，所以我媽媽15歲才上學，上的是教會學校，學校的名字叫如柏女子師範學校，因為辦學的老先生叫許如柏。媽媽畢業後就留在教會學校做老師。

雷父成婚後於1922年到美國，美國的排華法案（Chinese Exclusion Act, 1882-1943）已經生效，他來美國用的是學生簽證，但只上過學習英文的學校，然後就在西雅圖的中國城裡謀生，那時候西雅圖中國城規模很小，大概只有一兩百人。

雷頌平出生於1923年，還不到一歲時，她的母親決定到美國去跟丈夫團聚，那時妻子跟著丈夫去海外的不多，但雷母卻執意如此。雷頌平說：

　　我母親沒有說她為什麼一定要去美國，我想因為她是基督徒，所以不願說明原因，其實是因為當時中國人總想要個傳宗接代的男孩，而她生的兩個孩子都是女兒，她想到美國生個兒子。

　　雷母1924年帶了兩個女兒來美國。雷家的麵廠當時還是祖父的侄子主理，因為他懂英語而雷父當時還不會說英語。雷父對國外的情況不了解，暫時不能勝任麵廠的工作，決定帶了妻女到紐約闖天下，起初他在中國餐館打工，後來到一家中國人的教會做工友，所有電工和土木的活計他都能勝任，原本需要專門的執照才能上崗，但他心靈手巧，自學成才，人家也就放心把活都交給他。雷母也找到可以在家裡做的手工，用以補貼家計，一年以後，雷頌平的姐姐過世，雷父離開了教會的工作，又回到中國城的中餐館打工。上世紀二〇年代初的美國物價很低，25美分就可以買足夠一家人吃的肉，全家生活不成問題。

　　雷父的美國朋友給雷頌平取了英文名字Nadine（娜丁），意思是「希望」，這個名字很脫俗，在一群「海倫」、「瑪麗」中鶴立雞群，後來弟弟出生。一家人的生活原本平靜快樂，不料雷頌平的姐姐得了肺炎，在當時是不治之症，不久就去世了，離開那天正好是美國新年（New Year's Day）。姐姐去世的時候8歲，一向心思細膩的雷頌平對她卻沒有什麼印象，也許在潛意識裡，她一直很想逃避這件傷心

往事：

　　我那時並沒有覺得她是我的姐姐，因為她就像是大人一樣，什麼都會，會講英文，還會寫曲子。媽媽出門買東西要靠她幫忙翻譯，家裡有什麼事都是她。有關那段時期我什麼都記得，除了不記得她，也許是我不想記得，只知道她病得很重的時候，在一個單獨的房間。爸爸跟我們說不能再提姐姐的名字，因為媽媽接受不了。我記得媽媽為她很難過，我就很小心，還和小我兩歲的弟弟亨利說：「不能再提她的名字了！」姐姐的英文名字叫莉莉（Lily），中文名字叫雅璧，我的名字原本是雅頌，後來媽媽給改了頌平。

　　因為雷母每每叫「雅頌」就想起自己失去的大女兒雅璧，所以她把二女兒名字中的「雅」字去掉了，改為了有「平安」之意的「平」字，這就是雷頌平現在名字的由來。

　　雷家「重男」不假，「輕女」卻未必，多年來雷頌平一直記得父母痛失愛女的傷心，而她自己和妹妹也一直深受父母的疼愛，絲毫不遜色於弟弟們。姐姐去世後父母十分悲痛，她的葬禮卻沒有一個熟人來參加，這一點讓雷頌平終生難忘。因為那時層級觀念很重，工友社會地位比較低，並沒有人關注，幼年的雷頌平第一次在異國他鄉感到世態炎涼。

　　我感到非常難過，我對自己說，以後絕不做這樣的事。

雷頌平發誓從此要做一個有愛心的人，而「有愛心」正是許多人對她的評價。她後來從事社會福利工作，利用自己的醫學背景為背井離鄉的海外華人解決疑難，一生在教會中幫助別人，做志願者給臥床不起的病患餵飯擦洗，握住他們的手，給他們安慰和溫暖，大概都與小時候這段刻骨銘心的經歷有關。除了早逝的姐姐，雷頌平家成年的兄弟姐妹共有五人，她成了這五人中最大的，也是唯一一個出生在中國的孩子，她說他們五個「一個比一個高，因為晚出生的孩子能喝到牛奶」。

1928年雷頌平5歲，美國經濟大蕭條[1]已經開始，股市崩潰、農業歉收，還沒有任何社會福利保障制度，不少人因為股票賠光了而跳樓，還有很多人餓死，中國城裡的華人更是艱難。雷父在餐館裡打雜，後來做侍應生，身體也不好，就決定帶全家回家鄉，先把妻兒留在中國，自己重回西雅圖的家族麵廠工作。大蕭條時期很淒慘，大條的麵包，三個銅板都沒有人買，麵廠僅能勉強維持，因為買不起白米，父親每天都吃自家麵廠裡生產的麵條，所以到了晚年儘管自己經營著很大的麵廠，都不肯再吃一口麵食了。

席捲西方世界的大蕭條對當時經濟仍舊相當封閉的中國影響不大，對於雷頌平來說回到中國八年是最開心的時光，因為能夠和祖父、祖母、外婆三位老人在一起。家裡的老房

1　大蕭條（The Great Depression），是指1929年至1933年之間發源於美國，並後來波及整個資本主義世界的經濟危機。

子共三層樓，底層是她祖父先前回國開的「洋服店」；二樓住著雷頌平的母親、孩子們和外婆；三樓住著祖父祖母。因為雷頌平的外公很早就去世了，舅舅也去了美國，她的祖父母就很好心把親家也接來同住，相處得很是和睦，別人都認為二樓的「二婆」和三樓的「三婆」是姐妹。

雷頌平管祖父叫「公公」，管祖母叫「阿嬤」。公公上過私塾，寫的字很漂亮，別人家孩子在外面跑來跑去的時候，公公就教家裡的小孩子讀唐詩和《論語》；她很愛聽公公禱告，因為他的禱告文謅謅的，一張口就說「天父歟」、「我等」如何如何，都是小孩子似懂非懂的文言。阿嬤是纏足之後又放開的，雖然不識字但也信教，人很和善樂觀，什麼都「聽其自然」，不太管小孩。在雷頌平的回憶裡，那是一段無憂無慮的歲月，「很太平，並不知道是美國最困難的時期」。

雷頌平的祖父是出洋多年回國

雷頌平的祖父母和外祖父母（攝於三○年代）。

的，信仰了基督教，回來時剪掉了清朝人的辮子，還喜歡吃牛排。祖父每隔幾個月會買牛排回來讓傭人做好，平時都是全家一起吃飯，唯獨祖父吃牛排的時候是他先吃完大家才開動，當時吃牛排是新鮮事，小孩子就圍在祖父身邊看他怎麼吃：

那時候覺得很有趣。他拿出美國的刀叉，牛排還搭配馬鈴薯。他一邊吃，我們就在旁邊看。他說：「來！每人一塊！不要吃多了！」就分給我們每人一塊。但我們並不很喜歡那塊牛肉，只是喜歡番茄醬的味道。

雷頌平的祖母很善良，台山的家裡由祖母負責購置吃的東西，做菜有傭人，生活很舒適。家裡常吃的有清蒸魚、鹹魚肉餅、蒸蛋、冬瓜湯等廣東口味，祖母常對孩子們說：「吃飯要吃飽，不要挨餓。」滿懷關心和愛意。有個小乞丐每天都到雷家來，等大家吃完飯，就把剩的帶回家。祖母一看到他就讓做蒸蛋的傭人多加幾個蛋，於是總有剩餘的飯菜給那個乞兒。雷頌平至今還記得小乞丐的名字叫「阿能」，阿能每到吃飯時間就到雷家門口等，別的乞丐來要飯，他就對他們說：「你們不要在這裡等了，都是我的！」孩子們都很喜歡看祖母怎麼把食物給阿能。清蒸的東西，祖母親手給加上調料，拌好了才給他。阿能用小竹籃帶來一個椰子殼，食物就放在椰子殼裡帶走。

吳文津小時候要躲在門背後吃的雞蛋，在雷家並不算珍貴之物。相比於有舊式大家庭排場的吳家，雷家因為信奉基督教，非常平等。家裡雇了個年輕女傭做飯洗衣，但她向雷頌平的媽媽學讀書寫字，還和主人同桌吃飯，星期天還穿上雷頌平媽媽的衣服一起到教堂去。除了這個住家的傭人，還有一個偶爾來幫傭的。這個幫傭原來也住在雷家，後來出嫁了，雷家有需要的時候，會請她來幫忙做些擔水洗衣之類的活兒。

雷頌平童年「最好的朋友」是外婆，雷母從教會學校畢業之後把外婆也帶到教會去，外婆四十多歲時成為基督徒，和雷頌平的關係很親密，對她的性格發展有很大影響。

我最喜歡外婆，她也最喜歡我。她的本名是張錦棠，信教之後因為很悔恨沒有早一點信教，就把自己的名字改成張恨遲，所以大家都叫她「恨遲姑」。是她教會我禱告、給我講《聖經》裡的故事，後來我就住在她的房間裡，她不僅是我的好外婆，也是我的好朋友。外婆本來不識字，她說：「我要人給我念《聖經》，不如我自己學」，我們1937年離開的時候，她告訴我：「我已經把《聖經》從頭到尾念了五遍。」

我小時候把東西亂擺，要的時候找不到，我就大哭，在回美國之前她送我一本《聖經》，上面寫著「勤讀獲益」，

還寫著「基督徒不亂發脾氣」。我看了很慚愧。我最近還想著要把她當時送給我的《聖經》找出來，那是我最寶貴的東西。

　　雷頌平的性情溫潤如玉，待人接物都極有耐心，她做了妻子後打理事情井井有條，家裡也收拾得整潔乾淨，想必她多年來一直在心中記著外婆的話。

　　雷頌平一回到中國就去上學了，她的大弟弟亨利只4歲，但她覺得自己去學校有點害怕，就想讓弟弟和她一起上學，母親同意了，結果姐弟倆同班。

　　我說：「亨利不去（上學）我也不去，因為我不敢一個人去。」於是我媽媽說：「那讓他去，看看怎麼樣。」結果他每年都能跟上。媽媽對他說：「為什麼每年姐姐都是第一名，你第二名？」他說：「那你叫她去旁的地方我就第一名了！」

　　雷頌平喜歡自己支起小黑板，扮演老師給年幼的妹妹講故事，故事都是聽來的，有《聖經》裡的，也有《二十四孝》裡的，她的祖父很喜歡在一邊聽。

　　公公在旁邊不出聲，我以為他沒有聽，後來他把我說的內容又講出來，我才知道他一直在聽。他誇我說：「你講得

很好啊！」

　　祖父承諾雷頌平的弟弟，好好讀書就帶他去茶樓喝茶，她是女孩不能去，祖父就從茶樓帶東西回來給她吃。因為雷頌平性子沉靜，十分聰慧，祖父稱讚她是「靜則生靈」。

　　把《聖經》和《二十四孝》裡的故事一起講，讓我覺得很有意思，就好像吳先生小時候既學習四書五經，也背誦林肯的講演。和吳夫婦接觸久了，發現他們的思想和生活習慣都是「中西合璧」的，相比於泡茶，他們更習慣喝咖啡，日常講英文的時候也比講中文的時候多，但是喜歡吃中國飯菜，也保留著許多中國習慣和思想。他們出國的時候華裔並不受重視，很難進入美國主流社會，但他們都很自然地與國外的環境融合，也有很多美國朋友，相信這與他們在幼年就開始同時接觸傳統思想和新式教育有關。

抗戰爆發之後

　　上初中的時候，雷頌平的弟弟到了著名的教會學校培正，雷頌平則到了廣州的協和女子中學，每天穿著媽媽做的棉布旗袍上學。協和中學在水邊，有空便和同學划船，還一起去教會，遇到不少從家鄉搬過去的朋友，大家都很照顧她，日子過得很開心。當時教會學校也受教育部管理，課程和普通中學並無二致，有一門課是「三民主義」，上課時學

初中時代的雷頌平（攝於三〇年代中期）。

生不好好聽講，都在笑，因為用廣東話念「三民主義」聽起來像是「閂門煮魚」，所以學生們上課「笑的時候比聽的時候多」。她那時期的照片是典型的「民國女學生」，留著齊劉海，文文靜靜的樣子，眼睛亮亮的很有光彩。

那段無憂無慮的日子，不到一年就因開始打仗而中斷了。協和女中搬到雷頌平的家鄉台山公益埠，公益埠有一所胥山中學，校園很大，協和女中就借用胥山中學的地方開課，校址離家只有五條街，雷頌平可以走讀回家。作息是「朝九晚四」，早晨上課兩個小時後回家吃早飯，下午上課兩個小時後又回家休息，吃一點小點心又回到學校，四點回家吃晚飯，再回學校自修。因台山有鐵路，日本飛機也常來轟炸，大家都很害怕：

差不多天天早晨都要到鄉下避難，晚上才回家睡覺。這樣過了一段相當長的時間，也就不能上學了。一直等到離鄉去香港來美國。

雷頌平15歲時，全家又回到美國和父親團聚，雷父已正式接手祖父創建的聚昌麵廠（Tsue Chong Noodle Factory），

在西雅圖買了房子等他們去。因為戰事關係，雷頌平一家走後，祖父祖母就隨雷頌平的姑姑到香港居住，外祖母則和舅媽留在了台山，有個短暫的時期到鄉下避難。祖父祖母在香港去世，外祖母則在台山去世。雷頌平後來再未見過祖父、祖母、外祖母，這個大家庭自此星流雲散。

聽吳夫婦回憶他們的童年，自然繞不開共同的記憶——戰爭。雖然在他們身上看不到戰爭的沉重和滄桑，但也許正因為他們都經歷過戰爭的恐怖和殘酷，如今才顯得淡泊超然，我曾問吳先生，作為戰爭的親歷者和歷史學家，如何看待戰爭，他思忖片刻告訴我：

戰爭是很可怕的事情，無論勝敗，從根本上來講是沒有贏家的，中國與日本打仗，日本投降了，沒有得到什麼，中國的犧牲更大，大家受苦受難，建設沒辦法開始，人才沒辦法培養，戰爭是無一可取的，沒有一點點正面的作用。面對邪惡的東西，應該奮起反抗，但不能主動發動戰爭，凡是主動發起戰爭的，像當時的德國、日本，都沒有什麼好下場。所謂水漲船高，一個國家從發展中國家變為發達國家，對整個世界都有利，就像是今天中國的發展。但這樣的進步，需要和平。

吳太太在旁邊靜聽，微微地點著頭。

我和吳先生的談話，是先從他的圖書館事業和翻譯官經

歷談起，再慢慢回溯到他的童年生活的，對於在成都的日子，吳先生的講述雖有細膩的片段，但大體簡單而概括，很多事情都需要追問，這一點與吳太太不同，她的敘述是從台山家鄉講起，回憶充滿了大段鮮活而豐富的細節，造成如此差異可能是他們思維方式更偏理性還是感性的天然不同，也可能是因為人生經歷使然：吳先生隻身一人遠渡重洋，從他離開成都的那一刻起，與故鄉的聯繫基本已經斬斷，正如他所說的那樣，離家以後成都話就被他放進大腦中的「冰箱」，四十年後回鄉探親才得以重新使用；而對於吳太太，與她血緣聯繫最緊密的親人都和她一同來到了美國這片一度陌生的土地，因此她身邊的人和事往往是連貫的，從而讓她在近百歲高齡時仍能對寥寥幾年的台山生活如此親切熟悉，在海外移民這一群體中，這兩種情況都具有典型性。不變的是無論他們懷念的是故人還是故土，這種情感都為他們的人生打上了深深的烙印。

第三章

空軍翻譯官與華埠女學生

　　1940年吳文津高中畢業後參加大學聯考，成績優異的他成功進入第一志願——當時在重慶的中央大學。中央大學起源於清末劉坤一、張之洞前後兩位兩江總督在南京籌建的三江師範學堂，1911年辛亥革命後，三江師範學堂相繼改編為南京高等師範學校、國立東南大學、國立第四中山大學和江蘇大學，1928年正式成為國立中央大學，是當時全國一流的高等學府，中國抗日戰爭爆發後，中央大學在1937年西遷重慶，向重慶大學借了一點地方，在郊外的沙坪壩辦學，因為地方不夠，新生都在柏溪，來往沙坪壩需要坐船。[1]

　　戰時的蜀地交通閉塞，離開成都去重慶要坐「木炭車」，顧名思義就是燒木炭的公共汽車，這種車用固定在車廂上的特製爐子燒木炭，利用煤氣運轉，抗戰期間汽油匱乏，交通主要依賴這種常出毛病的木炭車。吳文津乘這種車從成都到重慶用了近兩天的時間，中間在內江休息一晚，到

1　抗戰時期沙坪壩是全國的學術教育重鎮，彙集了多所學校，其中包括國立中央大學、重慶大學、上海醫學院等 20 多所高等院校。

1941年入學時辦理的重慶中央大學學生證。

了重慶先到沙坪壩報到，再坐一兩個小時的船到柏溪。

吳文津在校的時候，正值學生鬧「學潮」，蔣介石親自兼任校長整頓，有傳言說蔣任校長時曾對學校進行「軍事化管理」，這一點吳文津並無感覺，蔣雖然掛名校長，但並不常到學校，做學生時他只是遠遠見到這位在上面訓話的「蔣校長」。那個時候大家都很崇拜「七君子」，就是沈鈞儒、章乃器、鄒韜奮、史良、李公樸、王造時、沙千里，因為「他們的理想很堅固，不是捧國民黨的，也不是捧共產黨的」。

重慶中央大學是當時中國高校中規模最大、院系最多、門類也最為齊全的一所大學，教授中彙集了一批中國頂尖的專家學者。吳文津當時就讀於文學院的外文系，當時的院長是研究莎士比亞的學術泰斗樓光來（1895-1960），他畢業於哈佛大學，被公認為東方的莎士比亞權威。在外文系吳文津記得他上過著名學者范存忠（1903-1987）和俞大綱（1905-1966）的課——

范先生當時大概是教英國文學入門之類的課，俞先生教

會話。他很嚴肅，是外文系系主任，大一新生對他很尊敬，不敢隨便和他交談，所以印象不深。當時中央大學女教授不多，俞大絪和她的姐姐俞大縝都是外文系出名的教授。俞大絪教的英文會話很受歡迎，因為當時教會話的地方不多。俞先生很循循善誘，態度也很溫和，所以大家都很喜歡她。

吳文津記憶猶新的老師還有著名翻譯家、英語教育家許孟雄（1903-1994）。

我在中大一年多，給我印象最深的是大學一年級時教我的許先生。他是福建人，雖然沒有留過學，但是對英文的造詣很深，他所翻譯的周立波的《暴風驟雨》和茅盾的《子夜》均聞名於世。許先生上課很認真，外文系的學生每天都要上兩個小時的課，其中一小時是他志願教授的。他教一年級英文的辦法很特殊，我們不用教科書，用的是一部字典。他的方法別出心裁，我們從字典的字母A開始，一路下去找出常用的字，學習發音，造字，非常有用。這樣一來，一年內一部字典裡多數的字都接觸到了。這個辦法對自修英文也很有用。二戰後他曾短期任中國駐馬來西亞吉隆坡總領事，1950年代中期被打為「右派」，1980年代方得平反。

在柏溪一年後，升入大學二年級的吳文津回到位於重慶的校址沙坪壩，那時的中央大學條件很簡陋，圖書館不大，

能看書學習的地方也不多，但是當地有茶館，很多學生一早就到茶館泡一碗茶，在那裡看書學習，茶館體貼學生，早晨買一碗茶，一整天都可以在茶館裡自習。學校裡面有電，但是沒有自來水，每間宿舍裡有四張上下鋪，床墊是稻草的，食堂裡沒有椅子，所有學生站著吃飯。吳文津不是養尊處優長大的，從中學開始住校便一直過著集體生活，但畢竟自幼家境比較富裕，上了大學之後才看到同學中有不少人生活很困窘：

我上大學的時候帶了一雙皮鞋，但是在中大差不多兩年間都不好意思拿出來穿，因為學生中有很多家境不是很好，周圍的同學都是穿草鞋的。不過那時候大家心氣很高，「抗戰必勝」的信念很堅固，並不覺得有什麼苦。

1943年，吳文津剛開始大學二年級不久，中國為配合英美盟軍對日作戰，急需英文翻譯人員，國民政府教育部到四川、雲南、貴州徵調大學生做翻譯官，只要身體和英文考試通過，參加簡單的軍訓就可入伍，吳文津所在的班裡有五、六人報考，都被錄取了，不過那時學校的英語教育並不重口語，大家口語考試的考試分數都不太高。入伍以後他們被派進國民黨軍事委員會下面的外事局（Foreign Affairs Bureau，簡稱FAB），每個人都配了一個號碼，吳文津的號碼是912。他1941年秋季開始求學於中央大學，1943年初夏離開，自此

投筆從戎，開始了他的翻譯官生涯：

> 有人問我，你去參軍，家裡不反對吧？我說我已經離開家了，生米已經煮成熟飯，後來他們知道我不是到前線去打仗，就安心一點。

這批抗戰翻譯官人才濟濟，其中不乏名家後代，包括清華大學校長、中國著名物理學家和教育家梅貽琦之子梅祖彥，還有中國著名哲學家馮友蘭的兒子馮鍾遼等，國難當頭，都響應號召參軍入伍。吳文津被派到昆明「步兵訓練團」（美方稱Infantry Training Center，簡稱ITC）任翻譯官，後調往桂林服役。當時的翻譯官都是各個大學志願從軍的熱血青年，起初翻譯工作相當困難，因為初來乍到的翻譯人員軍事方面知識特別缺乏。對此吳文津回憶道：

> 一部重機關槍，拆開之後一百多個零件，每個零件都有名字，剛去的時候全然不知。於是帶了一本小書《步兵操典》在身上時時翻閱，學習其中的軍事術語和武器相關的名稱，幸好受訓的軍官，都有豐富的經驗和專業素養，可以為翻譯人員解決問題。

1943年昆明步兵訓練團胸章。胸章藍色邊緣為尉官級。三個三角為上尉。

除了軍事知識，英語口語也是一個重要的問題，當時中國的英文教學並不十分注重會話，吳文津被指派跟從一位來自田納西州（Tennessee）的美國少校，很多事情都需要適應：

> 那位老兄的美國南部口音很重，一開始交流起來很困難，不過當時年輕，學習得很快，語言方面的問題很快就克服了。

根據吳文津回憶，他們接觸的美國教官和中國受訓軍官都非常認真，美方教官態度親切，受訓者的回應也十分熱烈，雖然條件艱苦，但是教學環境非常和諧融洽，下課之後，翻譯官也經常有機會與美方教官和受訓軍官接觸。他在昆明的Post Exchange（美軍的軍中福利社，簡稱PX）第一次吃到正宗的漢堡，覺得非常美味。

抗戰時期死裡逃生

1941年蘇聯和日本簽訂了《蘇日中立條約》保證互不侵犯，隨後日本抽調駐東北、華北的大量兵力向湖南、貴州、廣西發起進攻。1944年，中美合議在桂林另成立一個步兵訓練團，吳文津被派往桂林招考翻譯人員，報考的大多數都是大專學生，英文程度不高，難以勝任翻譯任務。當時香港被

日軍占領，很多香港大學來的流亡學生都到了廣東、廣西，這些學生英文程度很好，但只會廣東話。因為訓練團開班在即，他們決定除了錄取那幾位英文和普通話都合乎標準的，也全部錄取香港大學那幾位學生，再給他們惡補普通話。這是不得已的辦法。但是他們學習得很快，不久就能夠勝任翻譯的任務了，吳文津說，抗戰時很多事情都是「make-shift」（權宜之計），但大家團結一心，也能做好事情，那些香港學員後來也成為了吳文津的朋友，多年以後仍然保持著聯繫。

該年初秋，日軍發動了在華的最後一次攻勢。大舉進攻長沙、衡陽，繼而直逼柳州、桂林。廣西方面中國軍隊實力弱，不敵裝備完善的日軍部隊。日軍占領柳州後，步兵訓練團的中美官兵積極投入桂林當地部隊執行「堅壁清野」的「焦土抗戰」任務，那就是盡量破壞一切日軍可以利用的資源、建築和設備。步兵訓練團協助炸毀了道路、橋梁、飛機跑道，並把一些發電機推下灕江，10月底從桂林撤退，11月初日軍即占領桂林。

吳文津在撤離桂林時途中在貴州中彈，死裡逃生，這段經歷，在他的回憶文章中有詳細的紀錄，後於2017年發表在澎湃新聞的「私家歷史」欄

1944年桂林步兵訓練團胸章。胸章黃色邊緣為校官級。二級翻譯官為少校。

目，題為〈著名圖書館學家吳文津：抗戰時期死裡逃生的故事〉：

　　從桂林撤退的步兵訓練團隊伍包括所有美國軍官軍士及翻譯官約50人。分乘大卡車和小吉普車共11輛，向昆明進發。因車輛在途中需要前後彼此照應，並須攜帶汽油，而路面多崎嶇不平，所以每日最多只能行500公里左右。早上8點啟程，下午約5點在宿營地集合過夜。每日有一縱隊領先出發，前往尋覓可以作為當晚適當宿營的地方，並負責豎立帳篷等宿營事宜。飲食使用美軍供應的乾糧。從桂林撤退時，領隊的美方軍官給我們作了一個彙報，說明去昆明的路線和需要注意的地方，其中有一項說，從廣西去雲南必須經過貴州。根據當時的情報，貴州常有土匪沿途搶擊的事，需要特別警惕。因之，每人都發了一支卡賓槍（Carbine rifle）。

　　我和十餘位翻譯官乘一大卡車，坐在車後面，司機是兩位美國上士兵。出發頭兩天，一切平靜無事。第三天早上，我們所乘的那一部卡車在路上頻頻拋錨，結果就落隊了。本來下午5點以前得到達宿營地，但是到了8、9點我們還在路上。那時，突然聽見有朝天放的槍聲。司機本能地立刻煞車。就在那一刻，路旁埋伏的土匪直向我們的卡車撲來，企圖上車。我們看情況不對，雖然都有卡賓槍，但是我們坐在卡車後面，又被卡車的綠帆布蓋住，目標太大，不敢開槍。

於是大聲叫前面的司機「Let's go！」（「我們走吧！」）幸運的是那部當天常常拋錨的卡車，立刻就開動了。但是我們的車開動之後，後面槍聲不斷，向我們射擊。我們坐在卡車後面的人都立刻躺下。刹那間，我意識到有什麼東西從我的身上擦過，但是沒有感覺到任何疼痛。過了一兩分鐘，已經聽不見槍聲了，我才覺得左腹部有些熱呼呼的感覺，同時開始疼痛，我才知道我受傷了。於是我叫：「I am hit！I am hit！」（「我中了！我中了！」）不久我們就到達宿營地。同車的人都下去了，叫我不要動。有兩位美軍軍醫立刻上車，用他們的手電筒照著我。那時我才發現我用來按住腹部的左手全是血，軍服左邊的褲子也全被血滲透了！一位軍醫說：「我們要把你的褲子剪開。」同時給我打嗎啡針，之後我就完全不省人事了。等我醒來的時候，發現自己好像是在郊外，因為我看見天上的星星。原來我是躺在一張擔架上，擔架擺在一部小卡車後面，兩邊各站了一位荷槍實彈的美國兵。他們見我醒了，立刻向坐在駕駛室的軍醫報告。軍醫過來問我感覺如何。我說我非常疲倦。他說我流了很多血。他們等我醒了，帶我到附近一個地方再仔細查看我的傷口。原來我們出事的地方就在貴州出名的黃果樹大瀑布附近，該處有一間中國旅行社的辦事處，那就是他們那天晚上要帶我去看傷口的地方。路程大概不遠，但是路面不平，又是晚間，雖然開得很慢，那部小卡車顛簸得很厲害。當時我的傷口疼痛異常，大約半小時的路程，對我來說可以算是永恆了。到

了目的地之後，我記得很清楚，他們早已派人到那裡佈置一切，把辦事處的一間小屋轉變成臨時的野外手術室。大門開著，大門後面擺了一張長桌子，我的擔架放在長桌上，腳朝著大門。房間裡只有一盞光線微弱的煤氣燈，所以他們把小卡車開到大門前，打開車燈，照進房間，然後由一個人拿一把鏡子，站在我頭部的後面反射卡車的燈，這樣光亮差不多足夠，軍醫再度給我打嗎啡針，我再次失去知覺。

我醒來的時候，已經是第二天早上。軍醫們非常高興。他們告訴我說，你流血過多。昨天晚上我們盡一切可能替你止血，但是我們完全沒有把握你今天會不會醒過來。你醒了是一個好徵兆。我們打聽到附近一個叫安順的地方有一家中國軍醫院，大概有半天的路程。我們要帶你去那裡做一次徹底的檢查。你現在感覺如何？我說我非常疲倦。他們看我的手指甲完全是白的，立刻給我輸了一大袋血漿。之後我感覺好多了。去安順前他們給我好些止痛藥，雖然在路上還是感覺疼痛，但是跟前天晚上相比要好得多了。

到了安順，我才第一次知道自己受傷的詳細情形。子彈從我的右大腿下打進，穿過小腹，然後從我的左手臂下面擦出去。因為是「開花彈」，子彈進口的地方很小，出來的地方特大。子彈從我的小腹出去，所以那裡的傷口特別大，流血也特別多。軍醫們給我檢查時，我看見他們從我小腹傷口

裡把一疊一疊被血浸透的紗布拿出來。大概是紗布用完了，最後還拿出一只動手術時用的乳膠手套！戰時物資缺乏，安順的軍醫院設備也非常不理想。所以美國軍醫對我說，我的情況暫時穩定，但是需要相當長期的治療。回昆明的團隊在這裡已經等了一天，第二天必須啟程。他們很願意讓我跟他們一起走，但是還有大概三、四天的路程，萬一我在路上有什麼事故，就比較麻煩。軍醫說，另一個辦法就是回頭送我到貴陽的中央醫院，那裡的設備比較好，已經有幾位美國軍官在那裡住院，還有一位軍官照顧他們。我如願意去那裡，他也可以照顧我。究竟怎樣，由我自己決定。我說我願意到貴陽去。

到貴陽中央醫院之後，中國醫生給我身體前後左右都照了X光。他們非常詫異，經過這樣嚴重的槍傷，竟然沒有傷到任何致命的器官。他們說只要傷口不發炎，好好靜養，兩三個月也許就可以出院了。那位美國軍醫和我告別的時候，留給我一瓶100粒當時僅供軍用的消炎特效藥磺胺嘧啶片（Sulfadiazine）。有了它，我的傷口從未發炎。有趣的是，在中央醫院時，中國醫生在給人動手術以後，也來向我要幾粒這個藥片，幫助動手術的病人消炎！我主要的傷口是在左下腹，每逢伸直左腿，就會繃到傷口，不但疼痛，而且不利於傷口的癒合。所以我的左腿總要彎起來。在醫院兩個月，大部分都是仰臥、彎腿。等到傷口痊癒之後，我竟然無法伸直

左腿。經過好些時候的物理治療，才慢慢恢復原狀。從病床起來後，竟然還需要些時候學習走路！在中央醫院時，昆明曾來電報，問我何時可以出院回昆明報到，隨一批遠征軍去緬甸參加後來稱為「密支那戰役」的戰爭。照顧我的那位美國軍官覆電說，我無法回昆明報到，因為我還躺在床上，無法行動。這樣，我就錯過了去緬甸作戰的機會。

　　1992年接受《台灣光華雜誌》採訪時，被問及這段經歷對人生的影響，吳文津說：

　　那次受傷，讓我深深感覺：很多事既無法估計、也無法預先安排。我很偶然地受了傷、很偶然地留住一條命、很偶然地沒有到緬甸，後來又偶然地到了美國，像中國人講的「差之毫釐，失之千里」，只要差一點點，結果可能就大不相同。這跟我後來讀歷史的心得很相近：不論是大時代或小人物的命運，都是由一連串偶然事件，發生決定性的影響。

　　近三十年又過去了，我問如今將近百歲的吳文津，現在是否還是這樣的看法？他說：

　　我受傷復原後，確實有那種想法，但是後來我的宗教信仰建立後，才明白世間的事看起來好似偶然，實則一切均有註定，非人力所能挽回。

這段中彈的經歷，和平年代的人聞之色變，吳文津卻笑稱並沒有什麼，因為子彈從大腿打進去，從左手臂下面擦出，雖然穿過腹腔，居然無一重要器官受到嚴重損害，也沒有留下後遺症，因此他只感到自己的幸運。吳太太在旁邊說，兩個人認識不久後，吳文津告訴過她自己曾經中彈，但並沒說得很詳細，以至於很多細節她都不知道，後來吳先生就不再提起，她甚至已經忘記了這件事。

吳先生談起圖書館事業，細節絲絲入扣，敘述滔滔不絕，但在個人經歷方面，無論多麼驚險萬分的事情也只是輕描淡寫，戰爭時期乘軍用飛機飛越喜馬拉雅山的劇烈顛簸，對人的身心都是極大的考驗折磨，與他同行的翻譯官在回憶文章中多有提及那次飛行的驚險萬分，他卻根本記不得，而中彈的經歷，也並不十分放在心上，也許這種對苦難的「健忘」，和他的健康長壽有很大關係。

歷盡艱險赴美執行任務

傷癒的吳文津回到昆明，被派任「參謀幹部學校」（General Staff School）補前任首席翻譯官的職務，前任朱立民（1920-1995）[2]是中央大學外文系吳文津同班同學，與吳

---

2 朱立民，祖籍江蘇省沙川縣，生於哈爾濱，中央大學外文系畢業，後來在加州大學洛杉磯分校（UCLA）取得英美文學碩士和杜克大學（Duke University）博士學位，曾任國立臺灣大學文學院院長和淡江大學副校長等職。

文津同時從軍，後派到緬甸中國遠征軍服役。不久後，美國陸軍部（現國防部的前身）要求國民政府立即選派100名翻譯人員來美「離職另役」（detached service），那時候還不知道具體任務是什麼，後來才知道是為留美空軍訓練項目服務。抗戰時期中國的空軍使用的全是美國飛機，但在中國沒有訓練和維護的設備，所以中國全部空軍人員都在美國受訓。最初翻譯人員都由中國航空委員會派遣，因為人員不夠需要另加100人。這一百個翻譯人員後來被稱為「FAB-100」（FAB是英語「外事局」的縮寫）。吳文津經過考試，成為被首批錄取的50人之一，並成為這50名翻譯官的領隊。

離開之前，吳文津在昆明賣掉了自己的兩套軍服和一些零碎東西，僅帶著換來的20美元輕裝上路，和其他翻譯官一同在昆明登上三架美製雙螺旋槳引擎C-46運輸機，踏上了遠渡重洋的旅途。他將這次西行經歷寫成了英文回憶文章 *Journey to the West*，中文可以翻譯成「西遊記」，而那一次「西遊」也是吳文津在美國度過後半生的開端，對於這一重大人生轉折，日記裡的他顯得雲淡風輕，在離開的那一天他寫道：

> 這是我22年的人生中第一次離開祖國，但奇怪的是我並沒有多愁善感，也許在真正要離開的時候，激動的心情已經過去了。

　　由於太平洋戰爭激烈，飛機只能捨近求遠一路向西，不僅需要繞路、飛越危險地帶，還得頻繁降落加油，整個行程共5天4夜，沿途降落計11次，對人的身體狀況和心理素質都是一次考驗。飛機在1945年4月17日下午一點起飛，先從昆明飛過所謂的「駝峰」（喜馬拉雅山）到印度，吳文津寫道：「一路除了看到一些積雪的山峰，沒有什麼特別風景，起飛前被告知飛過喜馬拉雅山的時候，飛機高度將要達到18,000英尺，而機艙沒有調節氣壓的設備，果然有幾個人因為不適而嘔吐了，而自己沒有什麼特別的感覺。」吳文津的翻譯官朋友們回憶，當時遇上了一次風暴，飛機經歷了猛烈的顛簸，許多人嚇得魂不守舍，而吳文津對此卻沒有什麼印象，他只說當時被告知此行沒什麼危險。

　　事實上這條著名的「駝峰」航線凶險萬分。太平洋戰爭爆發後美國參與對日本的作戰。日軍切斷滇緬公路這條戰時中國最後一條陸上交通線後，中美兩國被迫在印度東北部的阿薩姆邦和中國雲南昆明之間開闢了一條空中通道，航線需要飛越被視為空中禁區的喜馬拉雅山脈，因受山峰高度及飛機性能限制，只能緊貼山峰飛行，因而飛行軌跡高低起伏狀似駝峰，故此得名，是世界航空史和軍事史上最為艱險的一條運輸線，被稱為「自殺式的航程」，又被稱為「死亡航線」，據美國官方統計，美國空軍在駝峰航線上共有超過500架飛機墜毀，超過1,500人在這條航線上喪生，昆明駝峰航線紀念碑下的紀念櫥窗中有這樣一段文字：「在天氣晴朗

時，我們完全可以沿著戰友墜機碎片的反光飛行，我們給這條灑滿戰友飛機殘骸的山谷取了個金屬般冰冷的名字——『鋁谷』。」

但吳文津從未恐懼憂慮過，並且在後來的旅途中收穫了諸多的見聞。他的日記《西遊記》和他本人的談話一樣，嚴謹清晰、注重細節，沒有什麼情緒化的內容，但隱隱透出一種樂觀的心態，體現出年僅22歲的他已經具有極強的心理素質和穩健豁達的性格，以下是我從吳文津的《西遊記》中摘錄和翻譯的部分內容：

C-46運輸機載油量有限，沿途停下來加油的地方很多。飛機先到達印度的查布亞（Chabua），當地時間是下午四點半，五點的時候吃過午餐，五點半開始乘坐C-47，相比於只有窗邊硬座的C-46，C-47是客機，擁有軟座和空調，十分舒適，飛往目的地喀拉蚩（Karachi）。[3]

晚上八點半的時候降落在印度的Lolmandirbat，清風明月之下的棕櫚樹給夜色帶來了浪漫的氣息，吃過晚飯之後在十點十分再次起飛，中間經停加雅（Gaya）、雅格拉（Agra），終於在4月18日到達喀拉蚩，最後一段旅程十分舒適，飛機上有乘務員，還供應熱咖啡和口香糖。

　3　喀拉蚩當時屬印度，1947-1959 年曾為巴基斯坦首都。

在喀拉蚩，他們被准許在PX（Post Exchange，美軍的福利商店）買東西，我用4安那（印度舊時的貨幣單位，等於1盧布的1/16）買了一包菸，2安那買了一盒火柴，又用2安那買了一大塊糖，價格非常低廉。

飛機在印度的傍晚起飛，飛行約5個小時後，於次日凌晨到達伊朗的阿巴丹（Abadan）。

4月19日，飛往開羅，起飛後看到阿巴丹的夜景非常美麗，那些燈火來自於油田，一路都是荒漠，被告知飛過了耶路撒冷，但是在空中並沒有看到。到達開羅後吃了離開昆明最好的一頓飯，也終於有機會洗澡、刮鬍子，並且參觀了金字塔、獅身人面像和尼羅河。

在埃及紀行後面，吳文津在自己的日記本上留了很大的一塊空白，大概是想事後補寫參觀埃及名勝的感想，但也許受到的震撼很難用文字描述，也許是太過忙碌疲乏，這段空白始終沒有補上，但他在後面寫到，因為太過疲勞，他睡了離開昆明後最好的一覺。後來我問他當時看到另一文明古國埃及有什麼感觸，他回答：

當時眼見金字塔、獅身人面像、尼羅河的感受只有用「震撼」二字來形容，因為在那以前只是在教科書裡見過照

片，當真正來到它們面前時，那完全是一種夢幻般不可思議的感覺，特別是對一個在國內時連萬里長城都沒有見過的鄉巴佬！

從開羅沿著北非海岸飛行，到利比亞的首都的黎波里，然後到摩洛哥的卡薩布蘭加，在那裡停了一個晚上，這是吳文津離開昆明後第一次睡在床上過夜，住的地方就是羅斯福、邱吉爾和戴高樂1943年發表「卡薩布蘭加宣言」堅持軸心國家必須無條件投降的安法宮酒店。他們橫渡北大西洋乘的是較大的4個引擎C54運輸機，先在亞速群島（Azores）加油，然後直飛紐約，於4月21日到達拉瓜地亞（LaGuardia）機場。有意思的是到了美國之後，吳文津的日記從英文變為了中文，我問他是不是為了保密起見，他否認了，但也想不起自己當時為什麼轉換了語言，我猜想是有些想家的緣故吧。

在美國任空軍翻譯官

吳文津和同行的翻譯官到了紐約市附近的托騰堡（Fort Totten）軍營，才知道來美國的任務是協助訓練中國空軍。除辦理一切手續外，他們被帶領去紐約市觀光。第一次乘地下鐵，參觀了帝國大廈、廣播城音樂廳、自由女神像，並去了拉丁區夜總會參觀舞蹈表演，回憶起那段經歷，他幽默地

說：「真好像是劉姥姥進大觀園！」三天辦完手續後，他們被送上火車去德克薩斯州（Texas）的「聖安東尼航空學員中心」（San Antonio Aviation Cadet Center）報到。當時有規定，凡是從外國到美國受訓的空軍學員必須去該處隔離兩個星期，以免病疫的傳染。其後翻譯官們被分派到了不同的地方，因互相通訊不便，基本只能打電話，因此需要一個人負責聯絡工作，吳文津就自告奮勇做這件事。

聊到這裡，我曾忍不住問吳先生，他如何做到一直具備極好的「領導能力」（leadership），從昆明「參謀幹部學校」時期的首席翻譯官，到美國空軍翻譯官中的領頭人，後來到西雅圖華盛頓大學中國同學會的會長，再到胡佛研究所東亞圖書館和哈佛燕京圖書館的館長，他似乎很擅長「做領導」。師母陳毓賢女士還好奇地問他，上學的時候有沒有做過班長。他笑著說班長沒做過，在翻譯官時期和學生時代「做領頭的」，都是「大家感覺有這個需要，卻沒有人願意出來，因此自告奮勇」的，對於我所問到的領導能力，他是這樣解釋的：

做領導應該有使命感，沒有這個感覺就不會去做，做了就要有耐心，要能夠包容和寬容，不能只顧自己，要為了大家考慮。做領頭的人就是負責協調不同意見，讓大家達成共識，需要處理人際關係，不要太順服人，也不要太得罪人，不能太霸道，也不能太和軟，應該融合大家的意見。在一個

團體中，領頭的人不能做所有的事情，不可能什麼細節都管，要知道怎麼分工合作，做領頭的人就確定這個方向，然後再把權力分散到各個地方。

　　吳文津等人到達「聖安東尼航空學員中心」時，德國已於當年5月初正式投降，但因為盟軍對日戰爭還在繼續，中國空軍的訓練仍然照常進行。5月上旬吳文津和另兩位翻譯官從聖安東尼航空學員中心被派至科羅拉多州（Colorado）丹佛市（Denver）的洛瑞空軍基地（Lowry Field）服役，那裡是訓練中國空軍轟炸員和空中照相員的地方。

　　空中照相的訓練工作比較輕鬆，轟炸員的訓練則大不相同。當時美國發明了一種列為戰時機密的「轟炸瞄準器」（Bomb Sight），它的使用不但增加了對轟炸目標的高度準確性，更進一步保證了轟炸機的安全。在這以前，轟炸機到達轟炸目標上空時，必須下降扔擲炸彈以保證轟炸的準確性，但是因為飛行的高度下降，轟炸機就容易被地上的高射砲射擊，

1945年在美國科羅拉多州丹佛市洛瑞空軍基地與中國空軍受訓人員合影。右二為吳文津。

危險性很高。使用轟炸瞄準器以後，轟炸機到達目的地上空時不必下降，扔擲炸彈時可以保持飛行高度，這樣高射砲的威脅就大大減少了。轟炸瞄準器屬於戰時機密，所以在授課時就有很多防止洩露機密的措施。所有課程和實際操作都是在地下室進行，去地下室時必須搜身，不能攜帶筆記本或任何錄音的器具，一切都憑記憶，從地下室出來，也會照樣再一次搜身。

日本於1945年8月15日無條件正式投降後，中國空軍在美國的各種訓練項目就開始準備結束工作了，但仍有一部分人員在美國繼續接受訓練，主要訓練駕駛和維護運輸機，因戰後有大量的人員和機械迫切地需要調動。在此之前訓練是在不同的基地進行的，戰鬥機的訓練都安排在天氣晴朗的地方，如美西南部的亞利桑那州等地，每一地人數都不多。但是到後來運輸機訓練都集中在德克薩斯州首府奧斯汀市（Austin）的伯格斯特朗空軍基地（Bergstrom Field），受訓人員和翻譯人員共500餘人，包

1946年在美國德克薩斯州奧斯汀市的伯格斯特朗空軍基地與中國空軍受訓人員及翻譯官在該基地軍官俱樂部合影。前排正中持啤酒瓶者為吳文津。

括吳文津和他同僚的100位翻譯官，吳文津仍被推舉為這一大群人的領袖。他和翻譯官同仁許芥煜被派至該地訓練總部辦公室工作，兩人後來成為摯友。當時他們的工作主要是筆譯，沒有參加課室或飛行的口譯工作。

中國空軍在美國訓練的項目於1946年夏天結束。當年5月美軍駐華總部發布命令稱：「奉總統指示，依據總統行政命令9586號（1945年7月6日）為協助美國對敵作戰立功之下列人員頒發自由勳章（Medal of Freedom）（銅棕葉）。」「自由勳章」與國會金質獎章並列為美國最高的平民榮譽，二戰期間由美國總統杜魯門（Harry S. Truman）設立，頒發給協助第二次大戰勝利有功之美國平民以及外國盟軍人員。1946年獲得這一獎項的包括26名中國將官，56名翻譯官（22名為FAB-100成員），吳文津名列其中。1963年甘迺迪總統（John F. Kennedy）將其更名為「總統自由勳章」（Presidential Medal of Freedom），這一獎項的知名獲獎人士包括史蒂芬・霍金（Stephen Hawking）、麥可・喬丹（Michael Jordan）、老虎・伍茲（Tiger Woods）等。

訓練項目結束後受訓的空軍人員陸續返國，100個翻譯官得到國民政府的允許，可以留在美國繼續學業。當時有50多位翻譯同仁選擇留在美國求學。1946年秋，吳文津在西雅圖華盛頓大學插入二年級攻讀歷史，這樣就結束了將近4年服役任翻譯官的生涯。

2006年7月，在已改名為奧斯汀—伯格斯特朗國際機場

（Austin-Bergstrom International Airport）的購票廳有一個永久性的「FAB-100展覽」揭幕儀式。這個關於FAB-100在美服役前後的展覽，贊助者是奧斯汀市戴爾（Dell）電腦公司資深副總裁兼法律總顧問、哈佛大學法學院畢業的杜建善（Larry Tu），他是FAB-100成員杜葵之子，杜葵是吳文津的翻譯官同仁，曾在伯格斯特朗空軍基地服役。展覽揭幕時邀請吳文津等曾受封自由勳章中的6位FAB-100成員參加典禮，吳文津代表FAB-100致謝詞。

2020年底，中國大陸的「盟軍譯員研究室」托人在美國國家檔案局找到一份資料，上面寫明吳文津已經在1945年升為「一級翻譯官」，但當時吳文津並沒有收到通知，因此一直認為自己是「二級翻譯官」。這份文件有「declassified」（解密）的字樣和解密的號碼，上面的「美供應處」不知具體所指什麼機構，但可以肯定是美國軍方駐華機構，我問吳先生年近百歲得知自己當年又升職了，是種什麼感受，他在回信中說：

這是75年前的事，現在才發現，確實是非常驚詫。當時升官了，都不知道。但是事過境遷，和現在的我好像沒有什麼關係，只是我生命的一個小註腳而已。

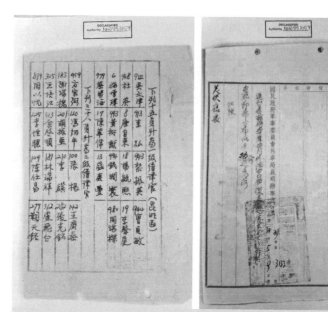

1945年5月9日，國民政府軍事委員會外事局昆明辦事處轉給美國駐華軍方的「外事局獎懲名單」，其中「一級翻譯官晉升名單」中有吳文津的名字。

從台山移民到西雅圖

　　與吳文津的軍旅生涯相得益彰的是同一時期雷頌平的人生經歷，她的回憶展現出華人生活的另一面——背井離鄉、種族隔閡、漂流海外。1938年15歲的雷頌平和母親、妹妹一起去美國和父親團聚，那時兩個弟弟已經和家裡一位堂叔先到了美國，這次和她們一起赴美的還有雷頌平的堂弟和堂妹。他們在美國出生後隨著父母回到中國，在中國父母有了年幼的弟妹，不能全家一起再回到美國，雷頌平的媽媽就對

堂弟堂妹的父母說：「如果你們相信我，我願意把他們（在美國出生的兄妹）帶回美國去。」到美國後，他們在雷頌平家長大，與雷頌平家的孩子如親生兄弟姐妹一樣，雷母也將他們視為己出。

他們先坐船到達廣州，再從廣州坐船到香港，在香港停留了近三個月，等雷父把辦好的簽證等文書寄過來。雷頌平的妹妹在美國出生，是美國籍，媽媽有配偶在美國工作，辦手續都相當容易，雷頌平只有15歲，還是未成年人，所以手續也不是很麻煩，等待時間這麼長，主要是申請簽證的人太多。

最初我們在旅館住了一個星期，後來媽媽又拿著報紙出去找房子。找了幾天都沒有合適的地方。幸好爸爸在美國有一位好朋友家住香港，歡迎我們到他家暫時寄住，我們也不客氣，就搬去了，但是床鋪不夠，他們的兩個女兒晚上要睡在桌上。這樣一直等到兩個多月簽證下來後，全家才離開香港坐郵船到美國。同時媽媽答應要帶到美國去的堂弟和堂妹也從台山趕到香港一起啟程。

從香港上船後先到上海，然後途中停泊在日本長崎，有日本海關人員和士兵上來檢查，雷頌平對日本兵感到厭惡且恐懼，「我當時看都不想看他們。」因為《排華法案》還沒有廢止，她們一到西雅圖就被關在市中心一個與外界隔絕的

地點。雷頌平的堂弟和堂妹因為有美國出生證，所以入境時就放出去了。但雷頌平是在中國出生的，她和媽媽都是中國籍，妹妹雖然出生在美國，但帶回中國時只有兩個月，美國移民局無法確認這個八歲的小女孩就是當初那個新生兒，所以一直盤問她們一家。那時候許多華人移民都是通過購買出生證明冒名頂替別人的孩子進入美國的，所以一家人一進入移民局，就被單獨審問，看每個人所說的話是否一致。

移民局的人考問十幾歲的雷頌平好多問題，其中一個是關於她台山家裡房子的：「你老家的房子裡，媽媽陽台的門是木頭的還是玻璃的？」雷頌平說：「是玻璃的。」對方說：「不對。」雷頌平平靜地說：「我記得是玻璃的，因為光線很好。但我很少在家，因為那時我在台山城裡上學，而這房子是我爸爸從美國回去時新建的，我沒有住過。」那時拿著假出生證明的人，大多已經把被頂替者家裡的情況背得滾瓜爛熟，雷頌平的回答雖然不見得完全正確，但卻句句誠實。妹妹貝西天真活潑，雖然被反覆盤問一個多鐘頭，沒有一絲膽怯，移民局官員一本正經地問她，回答問題的時候必須「講真話，講全部的真話，沒有半點虛假的真話」（tell the truth, the whole truth and nothing

1938年雷頌平和家人在爸爸買的房子前。

but the truth），你聽懂了嗎？」妹妹翻翻眼睛說：「聽不懂。」美國人拿她也沒有辦法。

　　後來我們問她（指貝西）移民局的官員問她什麼問題。她說：「他們問我什麼，我就答什麼。他們後來一直在笑，也沒有講有什麼不對的！」

　　移民局關人的地方酷似監獄，到處都是鐵門，出去吃飯要十個人一組走出來，每出一道門，鐵門都要上鎖，廁所和洗澡堂也都沒有門，在這像是「集中營」的地方吃的是中國菜，不過都是鄉下人吃的那種鹹魚、豬肉，大概是美國人以為中國人愛吃的東西。雷頌平的兩個弟弟每天放學以後都要到她們被監禁的地方來探望，但是不能進去，她們只能透過窗戶看看他們在下面玩耍而已。多年以後，雷頌平的弟弟在美國FBI（聯邦調查局）工作，拿到一份當時口供的材料，裡面入境的情形，寫得十分細緻，雷頌平看了之後笑了很久。移民局官員在材料上寫道：「我想他們是真的一家人，因為孩子們每天放學後都要跑來看他們的媽媽和姐妹們。」

　　這次再來美國，家裡的境況好了很多，雷父已經在西雅圖打理家族麵廠，祖父最喜歡這兒子，只是以前他不懂英文，所以當時不能把麵廠交給他。這次團聚，已經執掌麵廠的爸爸買了一棟小房子給全家人住。

　　一大家子人定居異國，茶米油鹽是頭等大事。雷母從前

二戰期間雷頌平的配給證和配給券。

在教會學校教書，婚後家裡有傭人，不會煮飯，到了美國後，孩子們每天三餐都要她一個人準備，還要洗衣服和做清理，忙不過來。家裡最會煮飯的父親要在麵廠工作，幫不上忙。

只有在他不用上班的時候，才可以做很好的晚餐給我們吃，有白切雞和蒸排骨。他做的豉汁魚尤其好吃，有時候他也做我喜歡的炸雞和牛排等西菜。後來我們都學會了自己做早餐，也會做些三明治。

雷頌平一直生活在華人的世界裡，完全不會說英語，這次再回來已經是中學生，所以從ABCD開始，從頭學習英文，當時西雅圖的公立中小學都有個英文補習班，讓不懂英語的學生有機會惡補語言，但十分簡陋，十幾個學生從5歲到18歲全部在一間大教室裡，除了中國人還有猶太人和日本人，老師只有一個，帶著念些英語兒歌

1940年代雷頌平（左二）和妹妹貝西（右一）在自家麵廠的花車上參加西雅圖著名的「海洋節」。

等。雷頌平覺得自己和日本人有「不共戴天之仇」，心裡暗想：「如果不是因為日本人，我們也不需要到美國來！」但轉念一想，戰爭和同班的日本孩子沒什麼關係，也和他們用漢字「筆談」。

一年之後，她就被送到西雅圖著名的公立高中富蘭克林高中，起初什麼都聽不懂，只能發憤用功，學校裡還有很多其他中國學生，但都是美國出生的，不會講中文。當時沒有專門針對「以英語為第二語言」（English as a second language）的課程，只有靠自己去琢磨，她只好每天一有時間就拿著字典看，憑藉著天資聰穎和勤奮努力，高中畢業的時候，雷頌平的英文已經「沒有任何問題」。她放學後還要上中國城的中文學校，那時候在美國的華人社會中廣東話是通行語言，中文學校裡都是講廣東話的，雷頌平家裡講廣東台山話。當時中國正在抗戰時期，雷父很愛國，請了西雅圖中國領事館裡的一位領事先生，作為家庭教師到雷家教普通話，一個禮拜一次。這位先生來自杭州，國語很好，因此雷家人都學會講一點普通話，卻沒有什麼地方可以用，如今雷頌平會講流利的普通話，是因為退休後搬到美國西海岸加入中國教會，跟教會朋友和親友們練出來的。她還記得父親很有遠見，說以後大家都會講普通話，所以一定要懂。

對於海外移民，身分是個大問題。雖然已經全家定居美國，雷頌平有綠卡（永久居民身分）就覺得已經夠了，「我那時候就想，我是大中華民國的國民，才不要入美國國

籍。」大學畢業和吳文津結婚以後，吳文津仍是學生身分，每三個月要到移民局報到，不去的話會被遣返，十分不便，所以雷頌平申請了入籍，夫妻一起變為美國國籍，入籍還須通過口試，要等兩年的時間，手續十分繁瑣。雷頌平的父親一直到九十多歲還沒有入籍，只有綠卡，後來進出海關很麻煩，才申請入籍。入籍考試會問很多有關美國憲法和政府組織的問題，他便很認真地做了準備。美國考官看他如此高齡，並且已經在美國生活了這麼多年，考試的時候只問他：「雷先生，林肯美分（美國的一分錢硬幣，因為上面有美國總統亞伯拉罕・林肯的頭像而得名）上面是什麼人的像？」他覺得很受冒犯，心想我花這麼多時間念美國憲法，你居然問我林肯美分上是什麼人的像？！

最初雷父買的房子只有三個臥室，三個男孩一間，三個女孩一間，雷頌平16歲那一年，雷父看見兒女都已長大，大家需要多一點地方，於是就買了一棟兩層樓、六個臥室、兩個洗手間的大房子，各人有自己的房間，後來這個寬敞的家裡，也經常請背井離鄉的中國學生前來吃飯。父親還買了一台縫紉機，雷頌平無師自通，起初做了些簡單的東西，如新居的窗簾，後來學會了做衣服，從那時開始，她母親、妹妹和她自己的衣服都是由她做的。她的堂妹也喜歡學做衣服，所以她們常一起琢磨、互相幫忙。

1941年12月珍珠港事變後美國對日本宣戰，符合年齡的男性都被徵調入伍，工廠、商店的工作都由女性接班。雷頌

高中時雷頌平在自家書房，她開照相館的舅舅抓拍了這張看書學習照。

平也想去看看有什麼工作可以做，存一點錢上大學。她所打聽到的第一份工作是電話公司接線生，每小時工資37美分，食品雜貨店也需要人，每小時25美分，去電話公司來往需要搭乘公共汽車，很費時間，同時下班也很晚，所以她就選擇可以走路去的雜貨店工作，沒想到苦不堪言：

　　每天什麼都要做，主要是貨品的上架和下架，還要負責掃地和整理雜物。我的同伴是老闆的女兒，個子比我高大，工作時不需用梯凳，但我非用不可。老闆經常頤指氣使地叫我：「雷！去！把門口掃乾淨！」我最不喜歡別人只叫我的姓，聽起來很兇。說是有午飯吃，只給一根玉米，也沒有休息的時間，做了5天就做不下去了，老闆給我5塊錢，叫我不必上班了。直到現在我都不知道那家店的廁所在哪裡，因為上班時間根本連上一次廁所的空閒都沒有。

　　雷頌平最後還是聽爸爸的話到麵廠的辦公室幫忙管帳，每月工資80美元，於是可以用自己的錢買東西了，尤其喜歡

買漂亮的鞋子。雷頌平的妹妹在西雅圖高檔連鎖百貨商場諾德斯特龍（Nordstrom）打工，這家商場至今遍布美國。從前電梯裡都有個聲音甜美的年輕女性幫客人按鍵加報層數，妹妹做這個工作可以賺一點零花錢，但是上大學還需要爸爸付學費，雷頌平賺的錢則夠付大學學費的。

雷家人都很有愛心，生活氣氛很融洽。家裡有隻狗叫埃里克（Eric），是雷父在報紙看到有人不要收養來的大丹麥犬（Great Dane），站起來像人一樣高。雷頌平第一次看到時嚇得不行，大家還開她玩笑說，這狗最喜歡戴圍裙的女孩，嚇得雷頌平趕快跑上樓去，可是習慣後非常疼愛牠。埃里克很聽爸爸的話，爸爸說：「該吃晚飯了。」牠就自己把碗和水盆叼到爸爸前面。有一次爸爸回中國去，埃里克三個禮拜不吃東西，後來撐不住了，就只喝一點點水。牠雖然體型特別大，卻不喜歡吠。弟弟們還是小孩子時，有時候不聽話，爸爸一喊叫，埃里克就立刻跑過來，歪著頭看爸爸會不會站起來，怕爸爸打小孩。其實爸爸不打小孩，他很和藹，只是要口頭教訓他們而已。

弟弟們小的時候，爸爸每星期天下午習慣把他們三個都叫到放雜物的「柴屋」去，我後來問弟弟他們在裡面做什麼，有沒有打他們，他們跟我說只是訓話而已，爸爸告訴他們哪裡做得不好，下次不要做了。在我們家的所有孩子裡，爸爸對我最客氣。

聚昌麵廠今日景象（本書作者攝於2019年）。

雷頌平這個長姐在家中很有威信，能夠幫助父母管家：

> 我可以做很多的事情，家裡都是我打理的，媽媽要去麵廠幫忙，我一個人在家裡什麼都管，每週六上午，媽媽不在家，我就給他們分派工作，讓他們清理飯廳、廚房、自己的房間。弟弟妹妹都很聽我的話。

少女時代的雷頌平不僅練就了出色的理家才能，自己為人母以後也和父母一樣，很少打罵孩子，她還和父親一樣喜歡動物，結婚以後，家裡也養過不少寵物，她對牠們都很有耐心。

聚昌麵廠百年

聚昌麵廠2017年已成立一百年，規模很大，產品銷往美國西北部各州。2019年我在西雅圖見到了麵廠經營者、雷頌平的侄子雷基立先生，不僅在他的帶領下參觀了麵廠，還和

他一起談了談家族往事。那天是一個典型的西雅圖陰雨天，空中飄著濛濛細雨，我們先在麵廠的門市等待，看到了冰箱裡整齊擺放的鮮麵條、雲吞皮，還有貨架上各種口味的幸運餅乾（fortune cookies）。幸運餅乾這東西很奇妙，是烘焙出的圓形薄餅乾在熱呼呼的時候折起來的，冷卻後就呈元寶形狀，裡面放有一張小小的紙條，上面用英文寫著「失敗是成功之母」等人生箴言，也有「你將會遇到一位人生知己」之類的預言，是誰發明的已無法考證。在西方國家吃中餐一定會附送幸運餅乾作甜點，在西方人眼中被視為中餐甚至中國文化的象徵。聚昌麵廠是美國最早用機器製造幸運餅的廠商之一，現在每天都生產約八萬個。

我看到一位金髮女孩笑咪咪地走進麵廠門市，年齡打扮像是個大學生，她感興趣的是貨架上一大袋一大袋不那麼「幸運」的「幸運餅乾」，因為在製作的過程中略有瑕疵，這樣的餅乾只要9.35美元就可以買到5磅的一大袋，對於省吃儉用的學生可能是一個禮拜的早餐了。我看她笑嘻嘻地拿起手機拍了張照，心滿意足地付錢離去。隨後出現的是一位衣著整齊的華人中年婦女，她撐著傘走過來，進門時衝我們和氣地點了點頭，似乎與售貨員相熟的樣子，很快買了十幾袋雲吞皮，也是微笑著離開了。她們的腳步都很輕，好像是怕打擾雨天午後的寧靜。

雷基立先生在工廠門口等著我們，他有著雷家人典型的不高的身材，也有著雷家人一樣天生的親切感，他熱情地帶

我們參觀了生產線，麵粉、雞蛋、鹽和水是麵條唯一的配料，絕無其他添加成分，面團軋成薄片以後有的做成麵條，有的做成雲吞皮，麵條放在木架子上晾乾，一位女工把麵條掛在木架上形成的那個彎鉤敲碎，就成了整整齊齊的筆直的乾麵條，鮮麵則是乾麵蒸過以後恢復柔軟再裝袋的。雷基立先生給我們展示了麵廠裡的一台老機器，是他的祖父——雷頌平的父親雷法賢先生和同事親手製作的，至今仍然在使用，幸運餅乾的機器是從大阪進口的，食譜則是他的祖母——雷頌平的母親伍愛蓮精心設計的：麵粉、雞蛋、糖、香草香精和椰子油。

雷基立先生陪著我們穿梭在廠房裡，他邊介紹邊爬上爬下地查看著機器，口裡講著話，手上也從不閒著，把巨大的推車從這一層推到下一層，快速走動著和工人們打招呼，那種自然而然的工作熱忱，讓我看到他不知疲倦的勤勞認真。他的身影和我想像中雷法賢先生的身影重合又融為一體。談起他的家人，雷基立先生說，小時候自己在祖父祖母膝下長大，他們總教導他中國傳統的道理，例如「己所不欲、勿施於人」，對待別人要誠懇善良等，他們撫養他長大的時候，總和他說廣東話，希望他以後仍然會講中國人的語言。他說他的父親——雷頌平的大弟弟——現在也已經九十多歲了，就和「娜丁姑媽」一樣，雖然在美國這麼多年，但總還遵循著中國人的傳統。他的子女都對經營麵廠沒興趣，因此幾個月前剛剛把麵廠賣掉了，新的經營者希望他再工作幾個月，

完成交接後退休，他說自己退休以後也想在社區裡做志工，幫助身邊的人，而他家也繼承了祖輩的傳統，每逢年節就會請中國學生到自己家裡吃飯。

　　陰冷的天氣，麵廠裡很溫暖，空氣中麵條散發出濕潤而溫暖的氣息，走出來的時候，頭髮上都有股幸運餅乾柔柔的甜香，想到從前無數的中國人，背井離鄉到這裡打工，在麵廠做事比餐廳裡打雜要好，不需要熬夜，雷家一直善待工人，給他們合法的身分和有保障的工資。正是因為麵廠一直信譽良好，因此當年擴大規模需要貸款時，由西雅圖政府親自出面擔保。因為腦海中浮現出一代代中國移民辛勤的身影，我對這裡充滿一種親切的感情。

第四章

在西雅圖華盛頓大學讀書和戀愛

　　吳文津參軍時是重慶中央大學二年級的學生，1945年8月日本投降後，中國空軍在美國的訓練於1946年夏天結束，國民政府考慮到很多翻譯官都是從學校裡自願從軍的，沒有讀完大學，因為他們抗戰有功，所以通知他們可以留在美國繼續念書，由政府補助學費。在100位翻譯官中，有50人選擇回國，還有50人留在美國繼續學業，吳文津就是其中之一。中國翻譯官們完全不知道如何申請美國大學。空軍基地裡有個美國軍官充當「文化官」，任務是每星期放電影給大家看，還管理一間圖書室。他們就一起去找這位「文化官」，由他幫忙要到了幾所大學的申請表，再在他的幫助下填好寄出去，空軍都已經撤離，基地裡空空蕩蕩、冷冷清清的，不復訓練時熱烈的場面，讓吳文津有種「無家可歸」的感覺，他收到的第一份錄取通知書來自西雅圖華盛頓大學（University of Washington，縮寫為UW，中文簡稱「華大」），他見華大不僅錄取他，還接受他在中央大學時的學分，准許他插入二年級讀書，很高興地接受了。

119

　　重返校園的吳文津決定選擇歷史專業，在親身經歷一場戰爭後，他認為只有從歷史的經驗和教訓中學習，才能在未來避免戰爭的發生：

　　經歷過戰爭的恐怖，我想知道為什麼會有戰爭，怎麼能避免戰爭的發生，因此想從歷史中找到答案。學術研究本身不一定能避免戰爭，很多主張戰爭的人，也是很聰明的人，但他們沒有把才智用到正確的地方，懷有野心、一心想去征服，他們沒有歷史的觀念，不會去反思過去，所以戰爭發生的機會就增加了很多。歷史是活的，即使過去千百年，對現在依然有參考價值。

　　當時同去華大的還有四位翻譯官朋友：程道聲（Tommy Cheng）、鄒國奎（Leslie Tsou）、范道釗（T. C. Fan）和杜葵（Duke Tu），四人身上沒有多少路費，就搭了空軍的飛機去西雅圖。可入學後本來由國民政府承諾提供的獎學金，卻因抗戰結束不久內戰即爆發，國民政府自顧不暇，吳文津和他的同仁們「一分錢也沒拿到」，立馬面臨生計問題。其實做翻譯官的時候薪水並不低，只是二十出頭的年輕小夥子們都不懂得存錢：

　　做翻譯官時薪水是一個月275美元，咖啡只需要5美分一杯。在空軍基地時可以在軍士飯廳吃飯，早中晚一樣都是

25美分一餐，那時候很foolish（愚蠢），偏不去軍士飯廳，一定要去軍官俱樂部吃，因為那裡可以玩slot machine（老虎機），軍官俱樂部一頓飯要一兩美元，再加上一直拉slot machine，所以沒有留下什麼錢。

獎學金泡湯之後，大家只好四處打工：

那時候年輕，辛苦一點也無所謂，就到餐館裡洗盤子、掃地，移民局的規定很嚴格，外國學生要註冊為「全日制」（full-time）學生，才能得到工作許可證，所以平日要和別的學生一樣上課，晚上和週末做工，深夜回來還要念書，生活很苦，成績也不是很好。打工所得的錢馬馬虎虎可以應付日常生活費用。

有一個暑假，我晚上在一間義大利餐館做工，從我住的地方轉一次公共汽車，一路從西雅圖城的東邊趕到西邊，要一個多鐘頭才能到達。餐館的師傅是個義大利太太，很會做菜，我要吃什麼都給我做，吃得很舒服。但是義大利人也吃辣椒，可能辣的和奶油不能一起吃，兩個星期之後胃受不了了。老闆娘看我不舒服，就每天給我煎雞蛋吃。在一個有名的餐館只能吃煎蛋，是一件非常遺憾的事。義大利餐館廚房裡用到的小鍋小碗很多，用了之後馬上就要洗乾淨，還要打掃廚房。每天下午5點離開住處，回來的時候總是半夜，相

121

當辛苦，也很有意思。那時候年輕，不在乎。

上學的時候找一些零活，放假後他們就去工廠做工：

> 有一年暑假，我到華盛頓東部斯波坎市（Spokane）城外一個名叫「綠巨人」（Green Giant）的罐頭廠打工，因為田裡的蔬菜拿來要立刻裝罐頭，才能夠保持新鮮，工廠24小時運轉，一天分為兩班，一班是從早上八點做到晚上八點，一班是從晚上八點一直做到第二天早晨八點。日班工資是一小時一美元，夜班則是一美元零一角，我們就都選做夜班，可以每小時多賺一角錢，晚上八點開始，到半夜十二點之前有半小時吃飯，然後一直做到第二天早晨。住在罐頭廠提供的宿舍，有上下鋪，睡的墊子也是草的，床單床罩全沒有，也沒有水管，要到田裡拿水用。年輕的時候都不在乎，那是很好的經驗。

回憶起那一段打工糊口的學生生活，吳文津用得最多的詞是「年輕」、「不在乎」和「有趣」，大概是因為年輕，「少年不識愁滋味」，所以對生活的艱辛「不在乎」，也許是因為不在乎，所以什麼辛苦的事情都覺得「有趣」，聽著他幽默地講述，我腦海中總能浮現出一群年輕帥氣的小夥子，在光鮮亮麗的軍官俱樂部抽著雪茄、喝著咖啡，一轉眼又在餐廳工廠裡麻利地幹著雜活，也許一邊掃地刷盤子還一邊哼著

英文歌呢。

這樣過了一段時間以後，華大成立了一個「外國學生獎學金」（Foreign Student Scholarship），吳文津前去申請，每個學季[1]得到75美元可以用來付學費，可謂雪中送炭。但是學校宿舍太貴了，很多學生住不起，就租人家房子裡空閒的臥房。對於亞裔學生來說，別人家裡的房間也不好租，吳文津第一次感覺到「種族歧視」就是在華大找房子的時候：

> 當時到處找地方住，拿了招租的廣告找上門，問人家這裡是不是有房間出租，對方上下打量了我一番，說對不起，我們已經租掉了。但我可以感覺到，他只是不想租給亞洲學生。

一個行動不便的老太太家裡有四、五個房間租給中國學生住，可以用她的廚房，學生們須給她做家務、打理花園抵房租，既實惠又省事，吳文津和幾位中國同學就住了進去，談到這些經歷，他不覺艱難，反而說：「外國人到美國要融入當地的環境，這都是很好的經驗。」

吳文津所就讀的華盛頓大學創建於1861年，是全美著名的公立研究型大學之一，既是美國西岸最古老的大學，也

1　相比於一年兩個學期的「學期制」（semester system），華大等大多數美國西海岸高校實行的是一年三個學期的「小學期制」，以一個季度為一學期，也稱為「學季制」（quarter system）。

是最優秀的大學之一，不僅學術水準聞名，還以秀麗的風景著稱，校園裡種滿了櫻花樹，每到春天雲蒸霞蔚，落英繽紛。天氣晴朗的時候在校園中可以遠眺美麗的雷尼爾雪山（Mount Rainier）。正對著學校紅磚廣場的蘇薩羅圖書館（Suzzallo Library）是華盛頓大學的主圖書館，也是令華大學生們引以為豪的地標。這座美麗的圖書館是典型的哥德式建築，雄偉壯麗的門廊上雕刻著繁複精美的花紋，陽光透過二樓的彩繪玻璃窗，在閱覽室投下斑斕璀璨的色彩。提到華大，吳文津總有一份深厚的情感，因為他在這裡選定了畢生所追求的事業，也邂逅了自己的人生伴侶。

與圖書館事業結緣

吳文津入學後不久的1948年，華大籌備建立「遠東和斯拉夫語言文學系」（Far Eastern and Slavic Languages and Literature），也包括對中國語言文學的研究，那時華大圖書館裡有一兩千本無人問津的中文書籍，是三〇年代洛克菲勒基金會（Rockefeller Foundation）捐錢購買的，華大沒有東亞圖書館，這些書籍未編書目也無人管理，沒有發揮任何作用。這個新的系成立後，便決定整理這些圖書，吳文津前去申請了這份工作。之前他能夠用來外出打工的都是週末和晚上的零碎時間，不僅勞苦奔波，還只能做一些體力上的雜活，圖書館這份穩定的兼職讓他免去了四處打零工之苦，因

此格外珍惜。

他們雇我在蘇薩羅圖書館的東方研討室（Oriental Seminar Room）裡寫卡片，整理這批中文圖書，把書名、作者、出版時間和在圖書館裡的位置登記下來，再理出一個清單。他們對我很好，任何時候有連續兩個鐘頭的時間，就可以來工作。我每個星期可以做20小時，每個月給我75美元，30美元用來付房租，30美元在學校食堂吃飯（一天兩餐），還有15美元作為零用，那樣的話就不必去學校外面打工了。晚上、週末都有自己念書的機會，讓我能夠用1947年到1949年的三年時間把書念完。

吳文津是第一個在華大整理中國書籍的人，這份工作他做起來興致盎然，徜徉在書籍的海洋裡，有如魚得水之感：

我當時在圖書館工作時覺得這份工作可以看到各種各樣的書籍，雖然不能從頭到尾閱讀，但有機會得到很多知識，我覺得圖書館工作和自己的歷史專業比較接近，可以一邊工作，一邊增長自己的知識，所以對圖書館工作產生了濃厚的興趣。

吳文津是這間東方研討室裡唯一的學生助理，當時沒有電腦，所有工作都是手工完成。後來「遠東圖書館」成立，

這批圖書被轉移到遠東系的湯普森大樓（Thompson Hall）後面一間建於二戰時期的臨時木房子，那座簡陋的木房暱稱「shack」，就是英語裡「窩棚」的意思，吳文津也就隨著書一起從蘇薩羅圖書館遷到「窩棚」繼續工作。「遠東圖書館」正式成立後，第一任主管是露絲・克拉德（Ruth Krader），她是位研究中國問題的人類學家，在耶魯取得博士後又修了一個圖書館學位。專業人員只有原本在中央圖書館工作的陶維勳（Clinton Tao），陶維勳是中央圖書館館長蔣復璁[2]（1898-1990）推薦來的，畢業於中國第一所圖書館學高等

（從左到右）吳文津，陶維勳，露絲・克拉德（Ruth Krader），范道釗（T. C. Fan），女秘書。約1949年攝於華大校園。

2 蔣復璁，浙江省海寧人，曾任職國立北平圖書館（中國國家圖書館前身）、國立中央圖書館第一任館長，也是 1965 年在台北市國立故宮博物院的首任院長。

學府——武昌的文華圖書館學專科學校；不久又增加了兩位
學生助理，一位是航空工程系的范道釗，是吳文津的翻譯官
朋友兼四川同鄉，另一位是個日本人，後來又增加了一位女
性助理。於是圖書館從一個人單打獨鬥，彷彿一夜間變成個
比較有規模的機構。

遠東圖書館成立之後，吳文津的工作專業性更強了，他
學會了使用「四角號碼」[3]和「哈佛燕京分類法」，[4]可以為
圖書的目錄卡片進行書目編號，雖然漢字還需要手寫，但英
文書名和作者的拼音已經可以用打字機打出來，製作好的編
目卡片按照字母的順序放在目錄櫃裡。那時候圖書館還都不
開架，借書者需要填寫借書單，由圖書館的工作人員為他們
把書拿出來。

在許多人的印象裡，圖書館工作枯燥而瑣碎，而吳文津
卻能勝任愉快，不僅因為這份工作對他的生計至關重要，也
因為他對書籍的熱愛和嚴謹認真的性格與這份工作投契。在
和吳先生的交往中，我深感他時時處處都一絲不苟，說話言
之有據、做事有條不紊，這些正是圖書館專業所需要的素
質。

3　四角號碼，漢語詞典常用檢字方法之一，把筆畫分為十類，用最多五個數字來對
　漢字排序。四角號碼檢字法由王雲五發明，高夢旦則是「附角」發明者。

4　哈佛燕京分類法（Harvard-Yenching Classification），把美國杜威分類法和中國四
　庫的分類法結合起來，為哈佛燕京圖書館第一任館長裘開明創立，從 1940 年代
　一直用到 1980 年代。本書第六章有詳細介紹。

　　這段打工經歷讓吳文津對圖書館學產生了濃厚的興趣，在本科畢業以後，他成為了華大圖書館專業的第一個中國研究生。在就讀碩士期間，吳文津已經決定日後有機會到美國大學的東亞圖書館服務。碩士期間除了學習圖書館學的知識，他還仔細閱讀了許多關於現代中國圖書館發展的文獻。其中包括中國現代圖書館事業的先驅袁同禮（1895-1965）先生編輯的《圖書季刊》等專業刊物。後來他到史丹佛工作居然遇到了傾慕已久的袁先生，十分敬佩袁先生的學養和為人，[5]至今仍然記得袁先生在工作上對自己總是「有求必應、循循善誘」。

　　當時吳文津有位同班同學名叫肯尼・S・艾倫（Kenneth S. Allen），兩個人很熟，吳文津叫他肯（Ken），肯告訴吳文津，自己的兒子保羅很聰明，可是不太喜歡念書，卻對電腦情有獨鍾，他的兒子就是日後和比爾・蓋茲一起創立微軟的保羅・艾倫（Paul Allen）。肯尼・S・艾倫畢業後一直留在華大圖書館工作，後任華大圖書館副館長直到1982年。1989年，為了紀念他的父親，保羅・艾倫給華大捐款1,800萬美元建造了「肯尼・S・艾倫圖書館」（Kenneth S. Allen Library）。

　　吳文津一邊繼續在圖書館打工，一邊念書直到1951年畢業。當時他的上司是位很負責任的美國太太，一直對他非常

5　袁同禮，生於北京，曾任北平圖書館館長，著名圖書館學家與目錄學家。

照顧，然而那時候圖書館專業的學生就業前景並不樂觀，她曾經善意地提醒過吳文津，但他卻並未知難而退。

她問我為什麼學圖書館學，我說：「我對圖書館工作很有興趣。」她說：「你畢業以後，華大這裡可能沒有工作給你。」因為那時美國的東亞圖書館規模都很小，人員也不多，所以並沒有多少就業機會。我說：「沒有關係，我試一下。」

2017年，華盛頓大學東亞圖書館成立80週年，吳文津被邀請前去講話，他告訴聽眾，自己非常懷念在華大圖書館度過的時光，因為這段日子讓自己選擇了圖書館事業，得以日後在史丹佛大學和哈佛大學的圖書館中工作，圖書館生涯是他一生中最有意義的事情。

前排：露絲·克拉德（Ruth Krader）、女秘書；後排：陶維勳，范道釗（T. C. Fan），日裔工作人員Ted Yasuda。

華大學生生活

20世紀四〇年代初，美國大學中國學生極少，吳文津等

人進華大後就去「國際宿舍」（International House）尋找其他中國學生，他記得「國際宿舍」是校園附近的一棟學生宿舍，但不限於外國學生居住，有時也舉辦一些促進文化交流的活動。他們在那裡找到一個念森林學的東北人和一個念經濟的上海人，都因為珍珠港事變無法回國，這下來自大陸的中國人就有7個了。

吳文津在華盛頓大學讀書期間的另一重要收穫，就是邂逅了他未來的妻子、當時同在華大讀書的雷頌平。

因為公立大學都對本州居民有優惠，雷頌平高中畢業後選擇到華大讀書。她在自家麵廠工作每月有80美元薪水，學費每個學季不到50美元，她可自己負擔全部學費，不過為了省錢仍然住在家裡，嚴格來講不算留學生。她在大學裡讀的是「生物」專業，課程包括細菌學、病理學等，那時候這些科目也籠統地歸在「生物學」下面，在今天算是醫學專業。

他們第一次見面是在西雅圖中國總領事家裡，那時海外華人不多，中國學生常受邀去總領事家中作客，吳文津就是其中之一，他對和雷頌平初次見面的情形毫無印象，而雷頌平卻記得一清二楚，因為他當時坐在她旁邊，借她的墨水筆寫什麼東西，筆借走後，她密切注意著他的一舉一動，怕他忘記還筆。多年以後雷頌平的女兒對她說：「媽媽，不就是一支筆嗎？不值得那麼緊張。」雷頌平回答說：「墨水筆在當時可是很貴的！」

1947年到1948年間，華大的中國學生更多了，開始有自

費到美國留學的，再加上公費的留學生，一共有三十多人了，於是大家組織了一個中國同學會，稱為「華社」（Chinese Student Club），吳文津在中國學生中資格老、樂於助人，被推舉為「華社」第一任社長，中國同學會裡沒有什麼ABC（American-born-Chinese，指在美國出生長大的華人），雷頌平是中國出生美國長大的，算是半個ABC，但她也加入了華社，人緣很好，被選為副社長。華社主要的功能是將中國學生組織起來，他們的男子排球隊曾經獲得全校冠軍，當時的排球是9個人一隊，吳文津也參加了那場比賽，雷頌平等女生則是賽場邊的「啦啦隊」。學校裡華人女同學很少，「華社」中女生不到三分之一，著名經濟學家馬寅初[6]（1882-

「華社」男子排球隊，前排左一為吳文津。

6 馬寅初，浙江省紹興府嵊縣人，經濟學家、教育家、人口學家。

1982）的女兒是其中一個。華社每個月都有活動，有時候出去野餐，也用留聲機播放音樂，組織中國學生們跳舞，因那時跳舞是最普遍的社交活動。

雷家的麵廠已經非常發達。在雷頌平祖父一代，麵廠只賣乾麵，雷頌平的父親接手後開始製作新鮮麵條、炸麵條，還兼賣醬油等。雷父從日本引進了機器做「幸運餅乾」，那時一個小時就可以做6,000個，是全美最大的幸運餅乾生產商之一。雷父心靈手巧，麵廠買了新機器，他自學就能使用，在他主理的時代，不僅引進了很多先進機器，也買了不少地，大大擴大了麵廠的規模。雷家待人一向和善，雷頌平小時候在台山，家裡有一個傭人，和主人家同桌吃飯，在當時頗為罕見，後來到了美國，雷父對待麵廠工人也是如此：

爸爸總是挽起袖子先做，把工人當作朋友，每天中午都親自給工人們做飯，包括煲老火湯，別人說已經忙得很了，沒有必要，他就說「這是我喜歡的事情」。週末他總是做很多吃的，帶工人和他們的家眷到西雅圖的公園裡野餐，有時也去動物園。有人來找爸爸借錢，爸爸不能把公家的錢借出去，也不能讓他們空手回去，就把口袋裡的零錢送給他們。可笑的是我妹妹後來也學會了那一套。大學畢業後，她和我一樣也是聖約瑟醫院的化驗師，每逢週末要從家裡回醫院的時候，都到爸爸那裡去問他：「爸爸，你口袋裡有沒有零錢可以給我去買車票？」爸爸說：「零錢嘛……」，就把衣袋

雷法賢（揮手者）任中華公所的財務主管（1959年攝於西雅圖「海洋節」）。

裡的掏出來給她。不過如果有多出來的，她也分一點給我。

　　雷父為人公允慷慨，在中國城德高望重，曾任西雅圖中
華公所的財務主管，這一職位若非廣受尊敬信任者難以勝
任，麵廠裡吃飯的時候，誰碰巧在都邀請上桌。吳文津有一
次碰上了，也吃了一頓。雷家每個週末都邀請中國學生吃
飯。留學生們大多生活清苦，吳文津常常在自己房間煮麵，
再開一個牛肉蔬菜罐頭，倒進去就吃，而當年中餐館很少，
且質劣價昂，雷父常親自下廚做中國菜，學生們到雷家就可
以放量大吃一頓。大家還一起打紙牌、看球賽。雷頌平的父
母把這些中國學生都看成自己的孩子，他們也像是回家一
樣，其中有一位總自己打開冰箱拿臘鴨吃，有人告訴雷母，

133

雷母伍愛蓮在西雅圖（攝於四〇年代）。

雷母絲毫不怪他隨便，反而憐愛地說：「他們真是可憐，平時都沒有得吃。」這群學生不敢去雷家的麵廠買東西，因為麵廠裡的人認識他們，不肯收錢，雷母看他們不肯去麵廠，就對學生們說：「你們真傻。」真心把他們當成自己的孩子一樣照顧疼愛。

因為雷家熱情好客，吳文津與雷頌平漸漸熟悉起來：

我對她的印象是──為人善良、富有同情心，還很能幹，於是深深地被她吸引了。

雷家是虔誠的基督徒，很多學生也受到影響跟著去教會，其中包括吳文津，不過在一開始的時候，他是「醉翁之意不在酒」。

在空軍基地做翻譯官的時候，當地的美國教會會招待我們，也請我們去做禮拜。我們當時遠離家鄉，在一個舉目無親的地方得到他們熱情的招待，心裡非常感動。所以他們邀我們去教堂，我們也去應酬應酬，雖然我們覺得牧師所講的

棄惡尋善那一套很有意思，跟中國儒教所講的仁義道德觀念也差不多，但是並沒有任何想信教的念頭。

雷頌平家裡是三代的基督徒。所以跟她在一塊的時候，禮拜天總是要去做主日崇拜。她們當時去的地方很特別，只有一間聚會的屋子，不能算作教堂。主持人是一個年紀很大而且已經退休的、講廣東話的長老會牧師。去做崇拜的會眾，基本上只是雷家的全家人——她的父母、三個弟弟、一個妹妹、一個堂兄、一個堂妹，她自己——和有時另外一兩家人而已。因為雷伯伯、雷伯母的英文能力還不夠上美國教會去做禮拜的程度，而當時也沒有中國教會，但是由於他們一定堅持要全家在一起做主日崇拜，所以只能到這個只有一間屋子的地方去聚會了。我對他們的這種虔誠和愛主的心，雖然非常佩服，但是實在不明白為什麼他們要這樣做。我後來讀《聖經》才明白這個道理。耶穌不是說：「因為無論在哪裡，有兩三個人奉我的名聚會，那裡就有我在他們中間」嗎？這不就是他們當時的情形嗎？我雖然常常跟他們一塊去，但是我並沒有想要成為基督徒的念頭。我當時的動機很簡單：我的目標是雷頌平！但是在我信主以後才明白，跟他們一起去這個只有一間屋子的地方做主日崇拜，實實在在是神在給我領路，慢慢地讓我下意識地去認識祂。但是當時我心裡完全沒有這種感覺。

1948年除夕，我打工後一個人回到自己的住處，心裡很煩。在華大念書的經濟來源完全要靠自己打工，而又必須是全時註冊的學生才能拿到工作證，壓力很大，同時離鄉背井，當時國內的政局很壞，非常思念母親和家人，情緒複雜矛盾，有很多焦慮和苦惱，不知如何是好。那天晚上，不知不覺地跑到西雅圖大學區離住處不遠、曾經去過的長老會教堂去。他們正好有一個聚會。牧師所講的是耶穌恩友，只要信賴「祂」，「祂」就會分擔我們的憂愁、煩惱和苦悶，可以給我們指引，讓我們得到平安、喜樂和力量。信息很簡單，但是在那天晚上不知道為什麼，對我確實有莫大的安慰和啟示，牧師講完了以後，唱的聖詩是〈What A Friend We Have in Jesus〉（〈耶穌恩友〉）不知不覺我好像被放在另外一個世界裡，憂慮苦惱完全煙消雲散，心中充滿了無比的喜樂！真正是「在主懷中必蒙護佑，與主同在永無憂」了！這種一剎那間的感覺大概就是聖靈來到我們心中的感覺罷？因之就決志在1949年年初受洗成為基督徒了。

吳文津意志堅定，去了查經班（基督徒研究討論《聖經》的學習班）之後就慢慢戒掉了香菸，這很不容易，在美國軍隊裡的時候，可以到PX（美軍的軍中福利商店）買菸和各種緊俏物資，特供香菸不需要稅，很便宜，所以很多軍人菸癮很大，吸的是駱駝牌（Camel）、好彩牌（Lucky Strike）和吉時牌（Chesterfield）的高級菸。他原本每天抽一

包菸，有20支之多，在軍隊裡還抽過一段菸斗，而且啤酒喝得很多，「就像是喝可樂」，開始去教會以後，這些嗜好都漸漸地放棄了。

追求雷頌平的人很多，有兩個男青年去找雷母問：「我們應該做什麼才可以得到她的注意？」雷母說：「我們很開通，婚姻大事都是子女自己作主。但我想你們兩個都不合她的條件，因為她一定會找一個基督徒。」後來有人為雷頌平受洗，雷頌平對那個人說：「我很為你高興」，卻沒有和他交往，可見並非基督徒就一定能得到她的芳心。有個祖籍廣東的年輕人服完兵役在華大讀漁業，是個老頑固，沒人喜歡他，雷頌平背後叫他「漁夫」。這位「漁夫」對她窮追不捨，他說英語時口音很重，n和l不分，管「娜丁」（Nadine，雷頌平的英文名）叫「累丁」，他去雷家的麵廠買茶（那時麵廠門市裡也兼賣些中國雜貨），雷頌平問他要什麼茶，他回答說我就是想和「累丁」說說話，令人哭笑不得。雷頌平讓弟弟拿茶給他，他就說：「要累丁給我拿」，雷頌平的弟弟沒好氣地說：「你不會講（她的名字），就不要講了。」娜丁這個名字來源於俄語中的「希望」一詞，他就用雙關語恭維雷頌平說：「累丁，累丁，New hope of China（中國的新希望）」，只是在他的嘴裡「new」聽上去像「lew」，「China」就像是「拆啦」。「漁夫」拿著夏威夷小吉他跑到麵廠裡去給雷頌平唱〈勿忘我〉（Forget Me Not），他說not（不）聽起來像lot（好多），他一出現，雷母就不解地說：「他又來

雷頌平畢業留影。

唱什麼『don't forget me lot』了。」[7]

很多人追求雷頌平不成，有人背後議論雷母「拜金主義」，猜測她肯定是想把女兒嫁到更有錢的人家，其實吳文津是追求雷頌平的人裡最沒錢的一個，可雷家人都對他頗有好感。成為基督徒以後，吳文津和雷頌平的關係更近了一層。他很受女生的歡迎，一年一度舞會的時候，不少女生都主動來邀請他，幽默風趣的男生討人喜歡，雷頌平說吳文津那時候「講笑話第一」：

> 我們認識的時候，他頭上有幾根白頭髮。我說：「你有白頭髮啊。」他說：「是啊，我四川老家有三個兒子呢！」

> 他有一次跟我說：「你們吃東西，你沒有分給我。你們賣魚、賣魚。」我說：「什麼賣魚。」你猜賣魚什麼意思？原來是selfish（selfish是英語裡「自私」的意思，聽起來像sell fish）！他講過好多類似的笑話。

7　「Don't forget me」的意思是「別忘了我」，而「lot」的意思是「很多」，「forget me lot」是一句不通的話。

聽了吳太太的敘述，我想起錢鍾書寫過打油詩調侃他的好朋友向達——「外貌『死的路』（諧音still，意思是『沒有動靜的』），內心『生的門』（諧音sentimental，意思是『多愁善感的』）」，大概精通外語而又思維敏捷的人都愛開這樣諧音加雙關語的玩笑，聽的人一時還真解不過來呢。

四〇年代的美國社會風氣保守，在學校裡男生要穿襯衫，大部分時間還要繫領帶，女生則穿裙子，沒有像現在穿牛仔褲的。老師點學生名字只稱姓，要叫「某某先生」、「某某小姐」，直到七〇年代以後學生「造反」，社會上的習慣才完全改變。青年男女很少單獨出去，都是一群人同行。他們第一次約會時，吳文津對雷頌平說：「We will pick you up」（我們要來接你們），雷頌平就知道他會帶男性朋友一起來。約會不是坐公車，就是用家裡的車，雷頌平的大弟弟常開車接送他們。每年吳文津和他的幾個同學都跟雷頌平和家人一起去西雅圖郊外著名的雪山——雷尼爾山郊遊野餐。那時候男女確定關係，不說「男朋友」、「女朋友」，只稱對方為好朋友，但是不和其他異性出去，彼此就心照不宣了，吳文津和雷頌平就成為了「好朋友」。

吳文津談戀愛粗枝大葉，他人緣好，聚會之後大家都留他一起收拾清理，他也樂於幫忙，雖然約會後男生該送女生回家，吳文津幫人打掃，就讓雷頌平和別人一起先回家。一次我問吳先生有沒有過旁的女朋友，在一邊的吳太太突然握住身邊吳先生的手腕說：「有一個人，我從來沒問過（是

不是你女朋友）」，吳先生問是誰，吳太太低聲說了一個名字，聲音和平時說話的嗓音腔調都不一樣，好像有點緊張，吳先生聽了一笑，搖搖頭說兩個人只是朋友。聽說那一位是國民政府一位要人的女兒。我忽然覺得他們雖然已經年近百歲，但還是那麼在乎，那麼「羅曼蒂克」，甚至會有點小小的「吃醋」，真是可愛極了。

中國城的盛大婚禮

認識兩年以後，他們有天一起看雜誌，雷頌平很是喜愛有漂亮房子的照片，於是說：「我真希望哪天有一個這樣的房子。」吳文津問：「Could I share that dream with you（我可以和你分享那個夢想嗎）？」當時雷頌平趕緊放下雜誌「逃走」了，因為「那時候不敢聽也不敢講那樣的話」。吳文津的翻譯官朋友范道釗正在追求雷頌平的妹妹貝西，他是吳文津的四川同鄉，在華大學航空航天專業，人很嚴肅但有才華，平日裡沒事喜歡填詞，他打電話給雷頌平說：「你得幫幫我，沒有貝西我活不下去！」更直截了當地跟周圍人宣布：「貝西是我的，你們不許碰她！」相比之下吳文津比較含蓄，朋友都勸他趕快把戒指戴到雷頌平手上。

雷頌平父母早已像愛兒子一樣喜愛吳文津，他常在雷家，很快學會了講廣東話，剛認識的時候，雷頌平父母因為不會說普通話，就對吳文津講英文，熟悉以後講廣府（廣

州）話，非常熟了以後就講台山話，兩人結婚以後，雷頌平至今在家講台山話，兩個人基本對答流暢，吳文津聽不懂時，就讓她用英語再說一遍。到了大學三年級，持重的吳文津第一次正式提起婚事，雷頌平至今記憶猶新：

那時他自學彈鋼琴，會彈一點抗戰時候的歌自娛自樂，他常來我家彈鋼琴。那天他彈著鋼琴，問我：「我們訂婚好不好？」因為我們都知道大學畢業前不能結婚，我就說：「現在訂婚還早，媽媽不喜歡訂婚以後拖太久才結婚，不過也許快了。」後來他直接去跟爸爸說。爸爸問了他一句：「你銀行裡有沒有錢？」我不知道他怎麼回答的，不過爸爸也並不在乎。

吳文津為了攢錢，假期到工廠做工也是這一時期。他用在圖書館打工省下的錢分期付款，給雷頌平買了戒指。那年代中國城中以廣東人為主，廣東人極重鄉誼，對雷頌平要嫁給一個外鄉人頗不以為然，說是「廣東小姐嫁給北佬」。許多廣東人看不起也不信任外省人，對雷家人說：「你怎麼知道他四川老家沒有老婆？」有人對雷母說這樁婚事是「一隻雞、一隻鴨」（廣東話形容兩人不般配），雷母說，沒有的事。雷頌平大弟對姐姐說：「他是個keeper（指值得相伴一生的人，必須留住他）。」雷母叮囑女兒：「你的父母親都在此地陪你，但他沒有親人在身邊，所以你要額外對他好。」雷

頌平說：「這些我都知道。」在後來的人生中，她一直對吳文津照顧得細緻入微。我曾經問吳太太，她漂亮能幹家境又好，追求者很多，要如何選擇伴侶呢？她告訴我：「因為他很老實，老實是最重要的。而且做事情不是敷衍過去就行，而是要做到很好。」時間證明了雷頌平的判斷。

他們在認識4年後的1950年3月訂婚，6月結婚，因為吳文津的家人無法來美國，所以西雅圖的中國總領事就做主婚人，結婚典禮時華大的老師施友忠、華大「遠東研究所」創始人法朗茲・H・麥可教授（Franz H. Michael）都去了，還有胡適的老朋友、做過中央大學教育長的朱經農也來觀禮，

吳文津雷頌平和伴郎伴娘（首席伴娘是雷頌平的妹妹貝西，另外兩位伴娘是她的堂妹Annie Louie和大學好友Jean Lu，首席伴郎是雷頌平的大弟弟亨利，另外兩位伴郎是范道釗和雷頌平的二弟肯尼），花童是雷頌平的遠親Penny Wong。

他的兒子朱文長是吳文津和雷頌平在華大的朋友，老師和同學前去參加婚禮的有一百多位。雷法賢是西雅圖中國城裡德高望重的僑領，很有聲望，這是雷家在美國的第一場婚禮，辦得十分隆重，一共有六百多人參加。

雷頌平那時已是醫院的化驗師，週六舉行婚禮，她一直工作到週四，但婚紗禮服、伴娘裙和母親的禮服，都是她親手縫製的。這件美麗的婚紗後來借給過三位新娘，我問她這麼精緻的婚紗有沒有保留到今天，她衝身邊翻翻眼睛說，「有的人」不小心把放在地下室的婚紗濺上水，結果發霉了。還有他們退休後從東岸搬家到西岸，「有的人」把結婚時她最喜歡的一套瓷餐具裡的船形肉汁盤打碎了，多年來她都很小心地用它，一直用手洗不用洗碗機，得知被打碎了簡直是晴天霹靂：「我知道了站在那裡差點哭出來！」鄰居陳毓賢後來在網上找到一只一樣的買了送給她，她興奮極了：「簡直難以置信！真是一模一樣的！」我想幸福的婚姻都是這樣，小的過錯和失誤，就只當是笑話講講。吳太太那些關於「有的人」的故事，似乎有一個系列，講起來繪聲繪色，好像是情境喜劇。

吳文津和雷頌平的婚禮，有很多好看的照片，婚禮之後寄給賓客的感謝卡上，都有一張兩個人的精美小相，那是雷頌平的舅舅為他們做的。

新婚留影。

143

她的舅舅1947年開始在美國開照相館，在華盛頓州、加州和奧勒岡州一共有十幾家店，名為Yuen Lui Studio，現在還在營業，雷頌平的很多照片都出自舅舅之手。

按照西式婚禮的習俗，儀式之後兩人馬上踏上蜜月之旅，新人要鑽進汽車時，大家發現雷頌平最小的弟弟坐在汽車後座不肯下來，還從裡面把門鎖住了，他說：「這是我的姐姐，誰也不能帶她走！」這個小弟弟只有11歲，長姐對他來說就像是媽媽一樣。不過他很喜歡吳文津，對他不稱名，尊稱他為「吳先生」，他參加中文學校的春遊，媽媽給他1美元，吳文津又給他三個「夸特」（25美分的硬幣）用來租腳踏車。他很高興地對家人說：「吳先生給了我三個夸特！」當時一杯咖啡只要5美分，75美分是很多零用錢了。

他們的蜜月地點是加拿大的維多利亞（Victoria），這座著名的海濱小城以英國19世紀維多利亞女王的名字命名，位於加拿大西南的溫哥華島南端，從西雅圖坐渡輪過去只需要兩個多小時。那裡氣候溫和，風景美麗，春夏之時藍天碧海、鮮花盛開，因此常有西雅圖人前去度假。作為著名的港口城市，維多利亞移民很多，也有個小小的中國城，雷頌平至今記得有個賣燒臘的中國館子，店裡的老人對這對新婚夫婦很親切，臨別時跟他們說：「後會有期啦！」雷頌平自此學會說「後會有期」，時常想起他們的友善，現在自己老了對年輕人也特別親切。

雷頌平結婚時在醫院做化驗師，像她這樣的化驗師稀

缺，她大學畢業後在離西雅圖不遠的塔科馬（Tacoma）市聖約瑟醫院（Saint Joseph Hospital）實習一年，然後被正式錄用，婚後雷頌平繼續上班，讓吳文津安心攻讀圖書館學碩士學位，雷頌平的朋友戲稱她得了Ph.T.，因為博士學位的縮寫是Ph.D.，而Ph.T.則是「putting husband through」（養活老公）的縮寫。婚後為了生活穩定方便，夫婦倆一起入籍，在美國大家都簡稱吳文津為「津」，他就把自己的名字註冊成發音相似的英文名字Eugene，而把中文名字「文津」作為「中名」（middle name），從此正式成為Eugene W. Wu。

雷頌平的父母希望新婚夫婦與他們同住，但兩人還是覺得應該有自己的空間，於是在華大校園旁邊一棟屬於貴格會（Quakers）[8]的大樓裡租了間小屋。廚房是大家公用的，有個小小的客廳，臥室狹窄到只能靠牆放張床，從床的一邊上下。想要洗澡，從臥室邁一步就跨進浴室了，進了浴室發現忘記香皂，一步就可以跨出來拿。房子裡沒有電話，跟家裡聯繫就打公共電話，為了省錢，雷頌平每次都用同一個硬幣，跟家裡說好，電話響一聲半就是她，打通之後就掛掉，讓家人回撥，硬幣會掉出來。住的地方沒有洗衣機，為了省錢，要自己洗衣服，只有床單拿出去洗。雖然他們都曾經有

8　貴格會是基督教新教的一個派別。因一名早期領袖的號誡「聽到上帝的話而發抖」而得名「貴格」（Quaker），中文意譯為「震顫者」。但也有說法稱在初期宗教聚會中常有教徒全身顫抖，因而得名，也稱 Friends（朋友）；教堂裡沒有牧師，教友互相激勵憑良心行事。

婚後與雷頌平全家合影。

過舒適和富裕的生活，卻能共同審容膝之易安，夫妻之間相處和睦，從無爭吵，他們在那裡住了一年，直至遷居到加州。

　　1951年吳文津碩士畢業之後，因為華大的圖書館不招新人，吳文津與雷頌平便一起到加州尋找工作機會。

第五章

初出茅廬任職於史丹佛胡佛研究所

　　吳文津1951年在華大取得圖書館學碩士之後開始求職，他想在美國的東亞圖書館工作，二戰之前美國的「中國研究」原本落後於歐洲，戰後為了適應新的國際形勢奮起直追，圖書館紛紛加強中國館藏，余英時院士在2009年為《天祿論叢：北美華人東亞圖書館員文集》[1]所寫的序言中提到《尚書·多士》篇中就有「惟殷先人，有冊有典的記敘」，《史記·老子傳》中記老子為「周守藏室之史」，漢代時也有劉向、劉歆父子「領校中秘書」，奠定了中國學術史研究的佳話，余先生說：

　　由治學有成的專家來領導圖書館的事業，在中國已有兩千年以上的傳統。這一傳統竟在20世紀中葉以後移植到北美，並意外地得到發揚光大。

1　李國慶、邵東方編，桂林：廣西師範大學出版社，2009。

這批華裔學者在東亞圖書館的努力和奉獻，帶來了後面幾十年北美「中國研究」的突飛猛進。在這批既有扎實的學術和專業素養，又對中國文化充滿了解和熱愛的華裔圖書館員中，吳文津是先驅之一，而他在史丹佛大學任職，就是自己半個世紀圖書館生涯的開篇。

胡佛研究所與芮瑪麗

五〇年代初期美國東亞圖書館為數不多，最著名的是哈佛大學（Harvard University）、哥倫比亞大學（Columbia University）、耶魯大學（Yale University）、普林斯頓大學（Princeton University）和國會圖書館（Library of Congress）[2]的東亞圖書館，而這些地方當時都不缺人，吳文津便去加州大學柏克萊分校（University of California, Berkeley）詢問是否有職位。柏克萊是世界著名的公立研究型大學，其東亞圖書館歷史悠久，當時由哈佛大學畢業的伊莉莎白・霍夫（Elizabeth Huff）博士主持，她告訴吳文津這裡也已經不需要人了，但可以去史丹佛大學看一看，因為那裡的胡佛研究所可能需要圖書館人才。

同在加利福尼亞州的史丹佛大學（Stanford University）與柏克萊相距不遠，成立於1891年，在當時是所「後起之

---

2 國會圖書館位於美國華盛頓，是美國國會的附屬圖書館，也是館藏量全球最大的圖書館。

秀」的學校，並沒有多少關於亞洲的書籍，當然也沒有東亞圖書館，只在圖書館系統中設有一個「遠東部」（Far East Asian Collection），裡面保存了一些和亞洲有關的英文資料，由漢學家倪德衛（David S. Nivison, 1923-2014）負責。雖然沒有東亞圖書館，但其著名學術機構胡佛研究所（Hoover Institution）以廣泛收集當代歷史資料著稱。史丹佛胡佛研究所成立於1919年，全名為胡佛戰爭、革命與和平研究所（The Hoover Institution on War, Revolution, and Peace），最初稱為「胡佛戰爭特藏」（Hoover War Collection），保存研究史丹佛1895年第一屆畢業生、美國前總統赫伯特・胡佛（Herbert Hoover）在第一次世界大戰之後，於1920年代在中歐、東歐及蘇聯從事人道救濟工作時所搜集的戰時及戰後有關各國政治社會變遷的文檔，包括大批當時俄國無產階級革命的出版物。1926年，「胡佛戰爭特藏」更名為「胡佛戰爭圖書館」（Hoover War Library），是全世界最大的有關一戰的資料庫。後因史丹佛大學圖書館地方不夠使用，胡佛的朋友及贊助人開始籌劃籌募建築經費，1938年宣布在史丹佛校區建立胡佛塔（Hoover Tower），1941年史丹佛大學慶祝建校50週年之際，胡佛塔正式啟用。第二次世界大戰後擴充收集範圍，包括東亞關於20世紀的戰爭革命文獻。2002年東亞館的一般圖書正式從胡佛研究所分出來，成為史丹佛大學圖書館系統的一部分——史丹佛東亞圖書館，胡佛研究所僅保留檔案方面的資料。

　　吳文津前去求職之時，胡佛研究所的中國館藏部分正由歷史學家芮瑪麗負責，她本名瑪麗・克萊博（Mary Clabaugh），「芮瑪麗」是她成婚改為夫姓後的中文名字。她是研究中國近代史的著名學者，其博士論文《同治中興：中國保守主義的最後抵抗，1862-1874》（*The Last Stand of Chinese Conservatism: the Tung-Chih Restoration, 1862-1874*）和《革命中的中國：第一階段，1900-1913》（*China in Revolution: the First Phase, 1900-1913*）都是研究近代中國的經典之作。自1948年做館長以後，芮瑪麗就四處尋找人才，六〇年代吳文津在哈佛燕京圖書館前任館長裘開明的檔案裡看到，芮瑪麗當時和裘先生通信密切，她找人有幾個要求：中國人、在中國受過教育、對中國歷史有豐富知識、圖書館專業畢業，當時這樣的人可謂鳳毛麟角，這份工作簡直是為吳文津量身訂製的，和芮瑪麗面談後，因為他的各項條件都十分符合要求，而她正急著找人，當場對他說：「你什麼時候可以來工作？」於是吳文津被聘為胡佛研究所第一位中文編目員，編目工作就靠一台打字機，而中文的書名則要一筆一畫手寫上去。中文圖書館除芮瑪麗外，只有吳文津、一位女秘書和一位中國助手。中文館在地下室，但地位舉足輕重，所以他們常說胡佛塔是中文部「頂」起來的。

　　芮瑪麗的經歷十分傳奇。她是著名歷史學家費正清（John King Fairbank, 1907-1991）的得意門生，很受器重，在哈佛大學念中國近代史，費正清在他的回憶錄中稱讚她不

僅人長得漂亮，還富有才學又能幹。她在哈佛遇到後來的丈夫、專攻中國隋唐史的芮沃壽（Arthur Wright），兩個人修課完畢後於1939至1940年在日本京都大學進修，隨後去了北京，那時雖然中日戰爭已經爆發，但外國人活動尚不受限，他們就在北京收集資料做論文，珍珠港事變後，在中國的英美人士都被關起來，送到山東濰縣外僑集中營，1941到1945年的拘留期間，芮沃壽在鍋爐房工作，芮瑪麗為醫院洗衣。日本投降以後，他們回到北京，有一天偶然在「美國之音」廣播裡聽到史丹佛大學歷史系的俄國史教授、當時在胡佛研究所做主管的哈樂德‧費希爾（Harold Fisher）正在介紹胡佛研究所的工作，得知胡佛不但收集蘇聯、東歐、西歐和共產黨有關的資料，也計畫在東亞收集資料。費希爾是芮沃壽本科時期在史丹佛的老師，因此他們夫妻二人就聯繫費希爾，毛遂自薦幫忙，這對胡佛來說求之不得，立即請他們代表胡佛在中國收集資料，實際負責這項工作的就是研究近代中國的芮瑪麗。

在上世紀四〇年代的美國，圖書館注重收集中國近代以前的資料文獻，芮瑪麗必須從頭建立一個近代和當代中國的檔案庫。吳文津曾寫有一篇文章〈芮瑪麗與史丹佛大學胡佛研究所中文圖書館〉，提到芮瑪麗當年收購資料挑戰很大，但她「走遍主要城市去採購，向傑出的學者和目錄學家討教，不厭其煩地向政府機關索取官方出版物，並跟一流圖書館和大學協定交換」。經過她認識的人，如北京圖書館館長

袁同禮（1895-1965）、南京中央圖書館館長蔣復璁等，到中國各地收集資料。她花費了大量時間在北京琉璃廠各書店仔細搜尋流覽，竟然用廢紙論斤出售的價格購買到全套光緒宣統時期的政府公報《御褶匯存，1892-1907》和《華制存考，1908-1912》。當時美國圖書館尚未系統收集期刊、報紙、短時效資料如傳單等，芮瑪麗很早便醒悟這些原始文件對研究歷史和社會科學都非常重要，因此為胡佛大批買進。[3]

　　由於胡佛研究所注重近代和當代各國有關戰爭革命方面的文獻，芮瑪麗當然需要收集中國共產黨的各種書刊資料。除公開的《新華日報》以外，要獲得其他中國共產黨的發行物，在當時的中國是一項幾乎不可能完成的任務（《新華日報》1938年在武漢創刊，1947年被查封，1949年在南京復刊）。因為中共的其他書刊除在延安和共產黨控制的邊區發行外，其他的地區完全禁售，違者查辦，如何進行這項工作，成了芮瑪麗的頭號難題。那時美國正在國共中間調停，在華設立與中國共產黨的聯絡機構，名為「美國陸軍觀察組」（The United States Army Observation Group），得到國民政府的允許可以和延安聯繫，常有美方運輸機前往延安，芮瑪麗居然以胡佛研究所代表的身分在美軍來往延安的飛機上爭取到一個座位，到延安後得到共產黨的同意，收集到很多延安和邊區的出版物，之後由美國運輸機運回美國。收集資

3　袁同禮，生於北京，著名圖書館學家與目錄學家，中國現代圖書館事業的先驅。

料並不使用金錢交易，共產黨需要的是醫藥，她就按照共產黨開的單子，用價值三、四千美元的醫藥進行交換。她收集的珍貴資料包括當時全套的《解放日報》，到現在這還是西方收藏到的唯一一份原件。

芮瑪麗於1947年底回到美國，1948年胡佛研究所正式成立中文圖書館，由她出任館長。有人告訴她埃德加・斯諾（Edgar Snow, 1905-1972）手上有很多珍貴文件。斯諾被認為是第一位參訪中共領導人毛澤東的西方記者，他的《西行漫記》原名《紅星照耀中國》（*Red Star Over China*），是三〇年代向西方介紹中國最有影響力的作品之一。芮瑪麗和斯諾聯絡上時，得知資料在斯諾的前妻海倫・斯諾（Helen Snow, 1907-1997）之手，她也是位記者，曾以尼姆・威爾斯（Nym Wales）為筆名，發表了不少有關國共戰爭的文章。經過胡佛研究所的爭取，她願意把在延安得到的一批原始資料轉讓給胡佛。另一個美國人伊羅生（Harold Robert Issacs, 1910-1986）也曾是一位深入中國內地的記者，美國共產黨托派黨員，他於1932年在上海創立英文雜誌《中國評論》（*China Forum*），在上海期間與魯迅、夏衍、周揚等左翼文化人多有來往，茅盾為其取中文名「伊羅生」，他編選過一本中國現代短篇小說集《草鞋腳》，得到過魯迅和茅盾的幫助。他在1938年出版過一本《中國革命之悲劇》（*The Tragedy of the Chinese Revolution*），頗受關注。伊羅生在治外法權的保護下，也收集了很多中共早期的資料，包括從1921年建黨到

三〇年代初期的，特別是與托派（陳獨秀）相關的資料。
1935年回到美國之後，他慢慢脫離了共產黨，八〇年代在
麻省理工學院（MIT）做研究工作。他的資料加上斯諾的資
料，也就是伊羅生和尼姆·威爾斯兩大特藏（Harold Isaacs
Collection and Nym Wales Collection），再加上芮瑪麗四〇年
代末在中國收集的資料，基本把中國共產黨從建立到1945年
的主要資料都囊括了，那時這些資料美國和西歐各國都未有
收藏，胡佛因而一舉成名，成為全世界研究中國共產黨歷
史的中心重鎮。在這些研究中共黨史的資料中所欠缺者是
1931-1934年在江西瑞金成立蘇維埃政府的文件資料，這一
空白後來被吳文津填補。

吳文津在開箱來自中國的圖書，身後女子即芮瑪麗。（攝於五
〇年代中期，照片由史丹佛大學胡佛研究所檔案館和圖書館
提供。）

　　在吳文津的印象裡，芮瑪麗是一個「女強人」，「no
nonsense, no small talk」（沒廢話，不聊天），永遠只談和工
作有關的事情，芮瑪麗沒有受過圖書館員的專業訓練，整理
資料的工作十分艱鉅，吳文津被聘為中文編目員後，她得以
全身心地投入到資料收集工作中。吳文津和這位上司「很合
得來」，談起她總是滔滔不絕，我曾問吳先生有沒有和芮瑪
麗的合影，他笑著搖搖頭，吳太太在旁邊打趣說，他們兩個
都是「工作狂」，湊到一起都是公事，哪有閒情逸致拍照，
只有一張兩個人在圖書館裡各自埋首忙碌的照片，可以勉強
算是「合影」。我問吳先生，和這樣一位認真嚴肅的上司在
一起工作，是否會覺得有壓力，他這樣回答我：

　　壓力當然有一點，但她並不是明顯地表現出嚴厲，或是
對手下頤指氣使。但你知道應該做什麼事情，就自己去做。
我們的關係很密切，但不是buddy-buddy（指哥們姐們一般）
那種，互相尊重的程度很高。我在史丹佛上學的時候，有門
中國史的課是芮瑪麗的先生芮沃壽教的，他很隨和友善，所
以我和他們夫婦還有師生關係在。我和芮瑪麗相處得很好，
她鼓勵我和時任胡佛研究所日文圖書館館長的彼特·貝爾東
（Peter Berton）合作，合著 *Contemporary China: A Research
Guide*（《現代中國研究指南》，1967，史丹佛胡佛研究所），
後來我受美國當代中國研究聯合委員會（JCCC）委託去全
世界考察，也是芮瑪麗力薦的，她對JCCC說：「最適合做這

件事的就是吳文津。」

五〇年代因為朝鮮戰爭，美國空軍請胡佛研究所做一本《中國手冊》（*China Handbook*）給軍事人員閱讀參考，胡佛召集了一批學者做這件事，雇用吳文津使用的正是這一項目的資金。一年後項目完成，吳文津想另謀他就，芮瑪麗很器重吳文津，很不願意失去他，便設法向上司爭取資金支援，希望能夠長期聘用吳文津。有一天胡佛研究所的所長C・伊斯頓・羅思韋爾（C. Easton Rothwell, 1902-1987）教授——他後來任米爾斯學院（Mills College）校長——對吳文津說：「你知道我們的《中國手冊》工作已經完畢，我也了解你在找另外的工作，但是瑪麗一定要我想辦法把你留下來，我現在找到一筆經費。你現在月薪是325美元，如果你留下來的話，我只能付你300美元。你認為如何？我希望你能考慮。」

當時吳文津的好朋友、翻譯官同仁許芥煜在加州蒙特利（Monterey）美國陸軍語文學校任中文教師，待遇優厚，每個月薪水400美元，吳文津前去申請，也得到了這份工作。而在胡佛工作了一年，如今要是留下，薪水每月還要減少25美元！25美元並不是一個小數目，五〇年代一杯咖啡只需要5美分，緊鄰史丹佛的公寓月租只有75美元，但吳文津經過考慮，還是想繼續圖書館事業，談到當時的選擇，他並未有什麼慷慨激昂之語，只是實事求是地說：「因為我對這份圖

書館工作很有興趣，所以也就留下來了。」

芮瑪麗於1951年取得博士學位，哈佛破例讓她免口試就升為博士候選人，[4]她為修改論文事休假一年，中文部主任一職由杜聯喆（1902-1994）代理，因之吳文津得以結識房兆楹（1908-1985）和杜聯喆（1902-1994）夫婦，他們都是著名的中國明清史學家和文獻學家，房兆楹於1930年代曾在哈佛燕京圖書館任職一年。他們夫婦後受聘擔任美國國會圖書館東方部主任、漢學家恆慕義（Arthur W. Hummel, 1884-1975）的高級助手，編輯《清代名人傳略》（*Eminent Chinese of the Ch'ing Period, 1644-1912*），房兆楹後又與另一漢學家哥倫比亞大學富路特教授（L. Carrington Goodrich, 1894-1986）合編《明代名人傳》（*Dictionary of Ming Biographies, 1368-1664*），[5]杜聯喆亦任編輯助理。該書在漢學界影響很大，楊聯陞在寫給周一良的信中曾評價說：「論明清史料史事，今日當推房兆楹、杜連（聯）喆夫婦。」[6]

4　芮瑪麗的博士學位來自拉德克利夫學院（Radcliffe College），該學院毗鄰哈佛大學，在1879年創建之初即為附屬於哈佛大學的一個女子文理學院，幾乎全部教授都來自於哈佛，1999年全面整合到哈佛大學。

5　*Eminent Chinese of the Ch'ing Period,1644-1912*（Washington D.C.: U.S. Government Printing Office，美國政府印刷局，1943），2冊，後經中國人民大學清史研究所翻譯為《清史名人傳略》，青海人民出版社1995年出版，共上中下三冊。*Dictionary of Ming Biographies*, 1368-1644，2冊（New York: Columbia University Press，哥倫比亞大學出版部，1976），後由南開大學李小林及馮金朋教授領導翻譯為《明代名人傳》，由北京時代華文書局2015年出版，共6冊。

6　詳見周一良著作《畢竟是書生》。

吳文津在開箱來自中國的圖書，身後為圖書管理員吳鐵瑛、代館長杜聯喆。（攝於五〇年代末，照片由史丹佛大學胡佛研究所檔案館和圖書館提供。）

由於房氏夫婦的學術成就，哥倫比亞大學於1976年贈與他們榮譽博士學位，可謂實至名歸。吳文津對夫婦兩人的印象都很好：「杜聯喆人很和藹，做事認真，大家都很喜歡她。房兆楹常常見面，是朋友，雖然沒有工作上的關係，但我很敬佩他的博學和嚴謹的研究態度。」

胡佛研究所圖書館中文館的工作迅速開展，人員大幅擴充。吳文津於1956年升為中文館的副館長，做芮瑪麗的副手，同年他在史丹佛大學出版社出版了第一本學術著作——*Leaders of Twentieth-China: An Annotated Bibliography of Selected Chinese Biographical Works in the Hoover Library*（《20世紀的中國領袖：胡佛圖書館部分中文傳記類作品的帶注解書目》），這是他5年的編目工作博覽群書的成果。1959年芮瑪麗夫婦被聘任為耶魯大學歷史系教授，極力推薦吳文津繼任了她的職位，成為胡佛圖書館中文館的館長。芮瑪麗是第一位在耶魯大學研究院任職的女性，也打破了夫婦不能在同一系所任職的傳統，因為他們夫婦雖然都是中國

歷史方向的教授，但是她丈夫教授中國上古史，她教授中國
近代史，領域完全不同，同時他們並非上級下屬，所以完全
避免了裙帶關係的顧慮。芮瑪麗不幸在1970年因病去世，享
年僅53歲，芮沃壽也在1976年病逝，享年63歲。夫妻倆都早
早辭世，吳文津說恐怕和他們夫婦抽菸喝酒的習慣有關。在
這位良師益友辭世之後，吳文津很懷念她，他在回憶芮瑪麗
的文章中說：

　　她以一個學者和圖書館的經常消費者的觀點來看一個研
究圖書館應該是什麼樣，應該怎樣去運作。如果她能活得久
點，她無疑地會繼續敦促我們不要忘記一個研究圖書館在學
術領域應該扮演一個什麼樣的角色。她曾以著名法國歷史學
家馬克‧布洛克（Marc Bloch）的話提醒我們：「對於過去
無知不免造成對現在的誤解。」所以她要我們重視史實。她
說：「歷史的長流在兩岸間暢流。它可能改道，卻不可能任
意漫游。」她曾經提出這樣的一個問題：「獨特的中國文明
是如何形成的，又經過什麼樣的階段引領到今天的中國？」
我肯定她的答案會是：「到圖書館去查中國的歷史文獻。」

　　1961年，胡佛研究所決定將原有的中文館和日文館合併
為東亞館，吳文津被任命為合併後的東亞館的第一任館長。

攻讀博士與學者們交往

當時參加胡佛研究所「中國手冊」工作的大概有六、七位學者，都是中國人，後來一直和吳文津做朋友的是知名的經濟學家吳元黎（1920-2008）和北平圖書館前館長袁同禮。吳元黎是民國時期赫赫有名的金融家吳鼎昌（1884-1950）之子，倫敦經濟學院的高材生，任舊金山大學（University of San Francisco）經濟系教授多年，專攻中國經濟問題，著作等身，在尼克森總統時期曾任美國國防部助理副部長職務，又任胡佛研究所資深研究員及顧問。吳文津的記憶中吳元黎是一位熟思寡言的學者，待人忠厚，也不出風頭。在他2008年去世前，他們一直保持聯絡。袁同禮先生是中國圖書館界的長者，他們在胡佛研究所認識後，吳文津隨時向他請教，得益甚夥。當時他們都住在學校附近的城市帕羅奧圖。

吳文津受到芮瑪麗的影響，深信最好的圖書館員也須是個學者，才能夠站在學者的立場考慮如何發展圖書館，1959年他便開始在史丹佛大學攻讀博士學位，他所讀的博士項目是由歷史系、政治學系和亞洲語文系合辦的，因此他的博士論文委員會中有來自三個系的教授：

他的導師、政治系的羅伯特・諾斯（Robert C. North, 1914-2002）教授是一位經歷獨特的學者，在沒有得到任何學位之前就自己做研究，寫了一本有關中共黨史的書《莫斯科與中國共產黨》（*Moscow and Chinese Communists*），很受

歡迎。後來他想教書，沒有學位卻不行，就申請在史丹佛讀博士，把課修完以後，通過了博士資格考試，因為他的書很好，系裡就把他的那本書直接當作博士論文了。他是個很低調的人，後來和胡佛研究中心一位俄國女士合出了一本研究蘇聯黨史的著作。吳文津笑稱他和芮瑪麗是「兩個怪人」，兩個人取得博士學位時，一個不需要做論文，一個不需要口試。

歷史系的劉子健（James Liu, 1919-1993），在燕京大學是洪業的學生，日本戰敗後洪業推薦他為東京國際軍事法庭的中方法律代表團成員，因為他為人公正，沒有偏見，除了能講流利的英語和日語以外，也懂俄語和法語。他是研究宋朝歷史的，但當時美國還沒有其他人研究宋代歷史，因此在匹茲堡大學（University of Pittsburgh）讀博士的時候寫了一篇有關抗戰的論文，畢業之後先後在史丹佛大學和普林斯頓大學教授宋史。有人說劉子健不容易親近，吳文津卻沒有這樣的感覺，感到他很尊重自己。劉子健給吳文津寫過一幅字，他一直小心收藏著。順帶一提，劉子健1960年開始在史丹佛任教，1965年就到普林斯頓大學去了，而1967年又有一位英文名字是James Liu的教授到史丹佛任教，他的中文名字是劉若愚，是研究中國古代詩歌和比較詩學的學者，兩者容易混淆。

第三位老師則是亞洲語文系的陳受榮（Shau Wing Chan, 1907-1986），是史丹佛第一位教授中文的老師，他原本是英

161

文系的，因為史丹佛當時還沒有教中文的老師，於是開中文課的時候就請他來教，後來一直教中國語言和文學。

1965年，吳文津順利地通過了博士學位的口試。

安家在史丹佛

吳文津在胡佛研究所工作期間，雷頌平考得加州醫院化驗師執照在當地「帕羅奧圖診所」（Palo Alto Clinic）做化驗師，一直工作到他們的兒子章敏（John）、女兒章玲（Cheryl）1957和1960年相繼出生，才從全職改為兼職，那時候做母親的出去工作還很少見，頗受各方尊敬。兒子兩歲

剛搬到帕羅奧圖時留影。

雷頌平做化驗師。

的時候曾經說：「媽咪，我不要糖了，請不要去工作了」，雷頌平回答：「媽咪工作也不是為了糖呀。」

結婚前幾年，雷頌平廚藝有限，只會做火腿炒蛋、牛肉炒番茄和幾樣如豬排之類的簡單西菜，家裡來來回回只吃這幾樣，年輕人都不擅做飯，雷頌平已經算是做得好的，她會在火腿炒蛋裡加上綠綠的豌豆，又好看又有營養，常有單身的朋友來家裡吃飯。雷頌平後來廚藝練得特別精湛，兩個人還是總拿從前吃膩了的豬排開玩笑，比如吳先生對我說自己「吃飯不挑嘴」，吳太太就說：「哦？真的嗎？我做一樣你就不喜歡吃了。」「哪樣？」「豬排！」吳先生馬上「求饒」道：「豬排確實是不吃了。」說著一起哈哈大笑。他們家廚房裡的趣事還有很多，吳太太有時問：「菜好吃嗎？」吳先生反問：「你要我講真話還是怎麼樣？」吳太太就說：「那你還是不要講了，我知道了。」後來他們到了哈佛以後家裡常常請客，吳太太做的椒鹽蝦、陳皮牛肉、燒鴨等是有名的，吳先生看她做飯辛苦就去幫忙，結果吳太太「損失慘重」：「我後來一進廚房，幾乎要暈倒了！我準備好的油啊鹽啊和預備做菜用的高湯啊都被倒掉了，所有的盤碗都洗得乾乾淨淨。我跟他說：『你以後還是不要進來了。』」

他們一開始住在和史丹佛校園僅有一街相隔的「大學區」（College Terrace），該街區內的街道名稱均為美國著名大學的校名，從北往南依次是耶魯街、威廉姆斯街、衛斯理街、康乃爾街、普林斯頓街、奧伯林街、哈佛街，吳家

163

在威廉姆斯街第一棟，月租75美元。當時他們沒有車，吳文津每天騎腳踏車上班，大概9分鐘左右，中午回家吃飯後再回辦公室。過了兩三年，有位社會學系的中國教授把其在史丹佛附近東帕羅奧圖市（East Palo Alto）的大房子低價租給他們，因美國教授每七年可以帶薪休假一年（稱為「sabbatical」），這位教授出外旅行。隨後吳夫婦搬入屬於史丹佛大學的一棟位於門洛帕克（Menlo Park）市的研究生宿舍，這裡從前是二戰時的部隊精神病院，史丹佛接手過來改建成宿舍，吳文津笑稱房子外牆為安全起見修得特別厚，而裡面改建為宿舍時才加上的隔間板壁卻特別薄。隔著牆能聽到早晨家家在吃早飯，傍晚人們回了家，鄰居在家說話的聲音也能互相聽見，不過鄰里相處得很好。他們1955年在帕羅奧圖市買了房子，原來的主人是雷頌平的同事，她的丈夫是美國聯合航空公司（United Airlines）飛行員，是位退伍軍人，所以可享用利率特別低的貸款，吳夫婦接手了他們的房貸，用13,000美元買下了他們三間臥室和一間衛浴的房子，1965年到哈佛工作之際，賣掉房子的時候標價24,000美元，賺到的錢加一點點，就做了他們波士頓新家的首付和購買家用電器之用。

　　五〇年代灣區華人仍然很少，大半是廣東老華僑，而且集中在「大埠」（老一代華僑按照中國城的規模排序，稱舊金山為「大埠」，加州首府沙加緬度為「二埠」），城外華人餐館寥寥無幾，幾乎沒有賣中國食品的商店，買瓶醬油都不

容易，常需要開一個多小時的車到「大埠」去。當時史丹佛的華人屈指可數，很多中國人到此地拜訪都找吳文津，吳夫婦就盡力招待他們。在胡佛研究所工作期間的吳文津工作很忙，而他又是一個專注的人，雷頌平曾說他「即使回到家後想起要寫一封信，也要回到辦公室去寫」，於是包攬了全部家務。吳文津在史丹佛大學的時候既要全職工作，還要讀博士，沒有機會認識太多的朋友，和他們長期保持密切聯絡的主要是吳文津的翻譯官老友和雷頌平西雅圖的家人。

值得一提的是，因為當地沒有華人教會，吳夫婦便參加了帕羅奧圖市中心的美國長老會。他們所住的帕羅奧圖市緊鄰史丹佛，城市南郊發展很快，好些教友都住在那裡，包括吳夫婦在內的十來家人發起了在南郊建植新堂的計畫。大家一起出錢出力，買地建堂，許多事情都自己動手做，後來成立了一間叫做Covenant Presbyterian Church的教堂，至今發展興旺。

吳夫婦在一次去教會的公車上認識了六十多歲的伍天福女士，後來也認識了她的恩人唐納蒂娜・卡梅倫女士（Donaldina Cameron, 1869-1968），卡梅倫女士曾是舊金山中國城中的傳教士，先後解救了兩千多名淪為奴隸和娼妓的中國婦女。19世紀八〇年代，中國東南沿海許多父母聽信人口販子的花言巧語，把女兒送到美國，這些無依無靠的女性被當地華人黑社會幫派賣掉，為奴為妓，飽受摧殘凌辱，她們被稱為「妹仔」（Mui Tsai），大多在五年之內就被折磨致

死。面對強大的黑幫勢力，舊金山市政府和當地中華會館都無能為力，接手長老會的卡梅倫女士開始拯救這些女性並且為她們提供庇護所，教她們英文和在美國社會生存的必備技能，最後嫁給品行經過認可的基督徒。因她不畏強權、嫉惡如仇，被稱為「唐人街的憤怒天使」（the angry angel of Chinatown），又被人口販子咬牙切齒地稱為「番鬼」（Fahn Quai），庇護所裡的女孩則親暱地喚她「老母」（Lo Mo），就是廣東話母親的意思。

　　吳夫婦認識卡梅倫女士的時候，她住在史丹佛旁邊的一條街上，與被她拯救的伍女士比鄰而居，吳夫婦很快與兩人成為好朋友，他們隨著伍女士管卡梅倫女士叫「老母」，稱呼伍女士「Miss Wu」。「老母」和「Miss Wu」都很喜歡吳家的兩個孩子。每週日早晨去完教堂後，吳夫婦都會帶著孩子去看她們，她們總準備許多水果等著孩子們過去。吳夫婦搬去波士頓的第二年夏天，「Miss Wu」記得孩子們喜歡她院子裡的葡萄，親自做了葡萄果醬寄給他們。在帕羅奧圖時吳文津每次開車去舊金山，也會讓卡梅倫女士搭車去中國城，她們很喜歡坐吳文津的車，說他開得很穩。她於1968年去世，享年98歲，如今舊金山中國城裡的「卡梅倫屋」

雷頌平與兒子女兒（攝於六〇年代初）。

（Cameron House）就是紀念她的。

除了到朋友家裡串門子之外，那時吳家常有的家庭娛樂是看汽車露天電影（Drive-in Theater），電影通常傍晚開演，小孩子換好睡衣和父母同去，開車到了指定地點以後，領取一個小音響放在車裡，電影的布幕很大、掛得很高，無論停在什麼位置都看得清清楚楚，搖上車窗後各家在車裡聊天旁人聽不到，因此互不影響。第一場電影一定是卡通片，小孩看著看著就睏了，父母把嬰兒床的床墊放在後排，孩子睡了大人可以放鬆欣賞後面的電影，一直演到午夜，看完之後回到家裡，刷個牙就可以上床睡覺了。這樣的娛樂方式在美國一度很流行，如今科技發達了，家家都有許多個大大小小的螢幕，再不需要一家人擠在一輛車裡出去看電影了，但從吳先生和吳太太的講述中，我卻感到一種不會淡褪的快樂和對過往溫馨的懷念。

與翻譯官老友們

這期間吳氏夫婦最開心的是每月參加六、七個居住在灣區的前空軍翻譯官同事聚會，他們有時候在史丹佛野餐，有時候到舊金山的餐館，也常常到其中一位翻譯官李益深的岳母家去，由李的岳母做東西給他們吃。當時灣區的翻譯官中已經結婚的是吳文津、李益深和許芥煜三人。翻譯官中人才濟濟，李益深發明了一種小型的「太空吸塵器」，可以在沒

167

1958年，退伍翻譯官朋友在美國加州帕羅奧圖吳文津寓所。許芥煜（前排右一），許芥煜夫人（前排右四），吳文津（站在許芥煜身後），雷頌平（坐在許芥煜左側）。

有重力的情況下把亂飛的東西收集起來，他還發明了一種便攜的供氧機器，供煤礦工人使用。許芥煜是吳文津最好的朋友之一，他是出色的文學教授，也是文采斐然的詩人，吳文津對他有這樣的回憶：

　　芥煜和我都生長在四川成都，但1945年才在昆明相識。我們都是在大學時投筆從戎的翻譯官，他從昆明西南聯大入伍，我從重慶中央大學入伍。1945年春，有一批翻譯官被選派到美國協助中國空軍人員的訓練，芥煜和我都被錄取。啟程前我們一起在昆明集訓，是第一次見面。我們同乘一架美

國軍用運輸機，在四天五夜長途飛行中，彼此交換了家世。那是我們30年間成為摯友的開始。[7]

　　退伍後許芥煜接受衛立煌將軍的邀請作為翻譯去歐洲訪問一年，後在奧勒岡大學（University of Oregon）新聞系取得碩士學位，和兩位翻譯官朋友在舊金山華埠的《世界日報》（*World Daily*）工作（非目前的《世界日報》〔*World Journal*〕），他很有領導才能，當時報紙老闆有事要離開半年到一年，委託許芥煜代管，他把工人都組織起來，成立一個小型工會，老闆回來後大發脾氣，把他們三人一起開除，他後來先後擔任史丹佛研究所《中國手冊》項目的研究助理，加州蒙特利（Monterey）美國陸軍語文學校（現屬於美國國防部）中文教師，以及史丹佛大學《人類關係區域檔案》（*Human Relations Area File*）的編輯。吳文津在史丹佛大學讀博士工作期間，許芥煜恰好也在史丹佛攻讀中國現代文學博士學位，兩人來往密切。許芥煜才華橫溢，喜歡寫新詩和作畫，吳文津十分欣賞他。

　　許芥煜隨衛立煌將軍訪問歐洲時，每到一個國家總要給吳文津寄明信片，明信片上的文辭優美動人，富有詩意。吳文津至今還保存著幾張，一張是1947年4月20日從倫敦寄出的，另一張是同年6月10日自荷蘭海牙寄出的，發自倫敦的

7　本文後在澎湃新聞發表，原題為〈悼芥煜〉，發表時題為〈吳文津：西南聯大校友許芥昱〉。

明信片上寫的是：

　　津，倫敦的雨比霧還多。來此已三朝了。朝朝點滴。那兒是倫敦橋東首的塔，看得見一點兒，但是迷濛地。海德公園裡站在肥皂箱上講演的人淋著雨，聽眾圈外櫻花殘處，拜倫枕肱的沉思像也淋著雨。街頭紫的傘、黑的傘、紅的傘一朵朵像菌，像春華。十天後赴巴黎，再十五天後上比，荷，六月底上德國。到了那裡數數柏林的殘垣後，再去瑞士，義大利。七千哩外祝福你。芥子，四，卅日。

　　荷蘭的明信片上寫的是：

　　津：六月五日來此地，愛上了海。荷蘭的風磨多不轉了，因為每座唐吉坷德先生想像的巨人手臂下都新裝了一架電動機。芥子。六，十日。海牙。

　　從這些明信片可以看出許芥煜作為詩人細膩的筆觸和脫俗的才情。

　　許芥煜在史丹佛大學獲得博士學位以後，在舊金山州立大學執教多年，兩家來往密切，吳文津說，也許他的這位好友生前最為遺憾的就是他全家1973年訪華被驅逐出境的事。許芥煜是尼克森訪華後第一批極少數取得簽證回國訪問的美籍華人，因此頗受優待，那年2月回國後政府允許他與28年

未見、曾被打為右派的二哥與他同住同行數月，兩個人手足情深，無所不談。因他曾經出版過周恩來的傳記，[8]所以積極地想與周恩來見面，又因他研究20世紀中國詩歌，還出版過學術專著，又請求安排訪問若干依然在世的詩人，包括一些已被打為右派者。他回國時還受朋友之託，代為到處打聽他們家人的下落。因為許是作家，所以在書店遍購文學書刊，並將各種書刊與其所見所聞的筆記寄香港朋友處代為保存，以為回美後撰寫遊記之用。殊不知這些活動當時在文革中都被政府認為是情報工作。

該年8月許芥煜夫人和他們兩個孩子去中國與他會合。在江青老家濟南時，當地公安人員來他們所住的旅館，宣稱他們有「以探親為名，進行間諜工作」的種種「罪狀」。當場沒收他手上的書刊、照片、筆記和所有字條，並在當日將他們驅逐出境。之後他在成都的所有家人也都被強迫出席批判大會，說他回國是為了要做「間諜」工作。回憶到此，吳文津說：「這件事對他是一個很大的打擊。向來喜怒不形於色的許芥煜回美和我談到這件事的時候，確實抑壓不住他的憤慨和不平。」

許芥煜和家人於1974年印行了一冊小書，命名為《故國行》（*Our China Trip*），其中最後兩章〈我們在中國的

8　*Chou En-lai: China's Gray Eminence*（1968）由張北生譯，香港明報出版社1976年初版，1977年再版。因為出版時許芥煜的英文名字寫為Kai-yu Hsu，所以他的名字在中國大陸曾被誤譯為許開宇、蘇開玉等。

最後四天〉（Our Last Four Days in China）和〈其來有自〉（Background of the Incident），詳細描述了這一場極不愉快的事件。許芥煜回美以後，累向各方求助，希望能把他被中國政府沒收的書籍、筆記、照片、信件等拿回來，一直沒有結果。文革過後，中國作家協會請求為他平反，也無反應。1982年他不幸遭難去世後，四川廣播電台廣播了一篇對他的紀念文，推崇他的學術成就和愛國情操，可以算是遲來的正義。他的夫人是來自比利時留美學生，名叫珍妮·瑪蒂爾德·霍爾巴赫（Jeanne Mathilde Horbach, 1924-2015），許芥煜為她取中文名「碧姜」，後在加州公共圖書館館工作。他們的兩個兒子繼承了他們藝術和學術方面的才能，長子仰北（Jean-Pierre Hsu）是知名的珠寶設計師，而次子若嵐（Roland Hsu）是芝加哥大學歐洲史博士，曾任父親的母校——史丹佛大學歐洲中心副主任，現任該校人文中心北美鐵路華工專案研究主任。[9]

　　1982年1月4日舊金山灣區大暴風雨中，許芥煜家後山發生山體滑坡，他在搶救書稿要件時，土石流湧來，全屋盡

9　許芥煜的著作包括他翻譯的 *Twentieth Century Chinese Poetry: An Anthology*（《二十世紀中國詩》）（1964）, *Chou En-lai: China's Gray Eminence* (1968), *The Chinese Literary Scene: A Writer's Visit to the People's Republic*（1975）, *Wen I-to*（1980）（聞一多是 20 世紀中國新詩創始人之一，許芥煜在西南聯大的老師，這本書是他在史丹佛大學的博士論文的改編，後由卓以玉翻譯為中文。題名《新詩的開路人：聞一多》1982 年由香港波文書局出版），及 *Literature of the People's Republic of China: Movie Scripts, Dialogues, Stories, Essays, Opera, Poems, Plays*（1991）。

沒，房子的一半連他在內一起被推下前面幾百呎的深淵，因為這位老友遭此橫禍，不幸英年早逝，吳文津在許多朋友中尤其懷念他，在九十多歲高齡時曾專門寫過一篇文章〈悼芥煜〉。在本書收集素材的過程中也特意補充了許多有關這位好友的內容，我想在他的眾多朋友中，許芥煜令他格外難忘，應當是因為他回到故鄉時所遭受的不公平待遇以及他突然的離世，都令吳文津感到無比痛惜。

如今吳文津的翻譯官朋友健在的已經寥寥，也都近百歲高齡不便走動，但他們的後代還時常與吳家聚會，這些人的子女——他們稱為「FAB第二代」——十分親厚。有次我到吳家去，聽說吳先生的兒子才與另一位「FAB第二代」一起去海邊捉螃蟹回來，吳太太還要送我一隻張牙舞爪的珍寶蟹呢！

吳文津保存著兩本厚厚的紀念冊，名為《中國來美助戰譯員百人錄》（*FAB Commemorative Album 1945-1997 ad infinitum*），裡面是當初FAB-100的名單、同仁們退伍後的職業和家庭情況、大家相聚時的照片、各人撰寫的回憶文章等，他對其內容如數家珍。每當有人問起他的翻譯官舊友，吳文津總要把這本紀念冊拿出來，讓來人看看翻譯官們不僅有一腔愛國熱忱，退伍後也在各行各業做出了傑出貢獻。雖然這段歷史已經漸行漸遠，但在他的心中，從沒有忘記過自己的這些老朋友們。

第六章

足跡天下，成為學界搶手人物

　　吳文津1959年繼芮瑪麗成為史丹佛大學胡佛研究所中文館負責人後的五、六年間，為工作的緣故四處收集資料和學術考察，不僅積累了許多畢生難忘的經歷，也結識了不少有趣的朋友。在這數年間，他不經意打出了知名度，學界廣知有這麼一個學問淵博、見多識廣、中英文皆佳，而又待人熱誠、處處顧全大局、辦事四平八穩的傑出人物。數所機構都搶著要他，其中包括香港中文大學圖書館、美國國會圖書館、哈佛燕京圖書館等，而他最終決定接受哈佛大學的聘約。

為胡佛研究所收集中共早期資料

　　胡佛研究所經芮瑪麗和吳文津多年的努力，建立了中國共產黨自1921年建黨到抗戰時期相當完整的原始資料文庫，獨缺江西瑞金「中華蘇維埃共和國」（1931-1934）那一段，吳文津聽說台灣有這批資料，為陳誠所收藏，存放於他的個

人圖書館「石叟資料室」內，但不得其門而入。沒想到1960
年偶然在一個酒會上認識了史丹佛大學地質系教授休伯特‧
申克（Hubert G. Schenk, 1897-1960），知悉他二戰後曾任美
援總署駐台灣的署長，便問他：「您在台灣肯定認識很多政
府官員，認不認識陳誠？」申克教授說：「當然。有什麼
事？」吳文津告訴他胡佛研究所想借陳誠所收集的「中華蘇
維埃共和國」資料製成拷貝，問他是否可以寫信徵求陳誠的
同意，申克教授立刻答應，說「不成問題」。一個月後吳文
津便接到電話，說陳誠同意了，細節可以直接和其辦公室聯
絡。吳文津喜出望外，兩週後即出發前往台灣。

　　吳文津到了陳誠的官邸，感覺對方是個儒將，很斯文，
態度非常客氣，還在官邸裡請他吃美味的浙江芝麻湯圓。吳
文津問道：「這批資料的來源，可以告訴我嗎？」陳誠說：
「我做『剿匪總司令』的時候，圍剿江西瑞金時獲得了一些
『中華蘇維埃共和國』文件，因為是共產黨的資料，部隊都
把它們毀掉，我聽說後就下令禁止，叫他們保存起來，1934
年11月占領瑞金以後又收集到很多資料，包括中華蘇維埃共
和國臨時中央政府的機關報《紅色中華》。」他告訴吳文津
這批資料在台灣已有學者使用，美國學者若也有興趣利用做
研究，他很高興，因為那是他當年保存資料的初衷，為了方
便日後使用，可以製成微縮膠捲。

　　問題來了，到什麼地方去做膠捲呢？經吳文津打聽，知
悉當時台灣只有中央銀行和中央研究院有設備，而中央研究

院的院長是胡適之先生。通過朋友郭廷以（中央研究院近代史研究所所長）介紹，吳文津見到了胡適，詢問是否可以借用設備來拍攝這批資料。胡適深知這些第一手文獻對研究的重要性，立刻允許了吳文津的要求。後來吳文津聽說，在他之前已有兩個哈佛大學的學生到台灣要求看這批資料。陳誠曾經就此事詢問胡適的意見，胡適說：「不妨給他們看看。」有此事在先，胡適自然很快應允。

在當時的台灣，手上有中國共產黨的資料是件不得了的大事，需要萬分謹慎。美國大使館派了一部車給吳文津，每天早上從他在台北下榻的「自由之家」出發，八點到北投的「石叟資料室」去接該室的負責人。那人帶出一大皮箱的資料，和吳文津一起去南港的中央研究院攝影室，大概九點左右開始關起門來，不准人進出，由「石叟資料室」負責人把文件逐一從皮箱取出，交攝影師攝製。吳文津還從台北請了一個人專門洗膠捲，隨照隨洗，如果有需要重照的立刻返工。中午工作告一段落，由吳文津請大家吃飯。因為天氣酷熱，空調設備並不普遍，所以午休時間較長，下午三點才又上班，每天工作到五點左右結束，再把「石叟資料室」負責人和他的皮箱送回北投。

如此工作一個星期左右，進度很不理想。拍攝文件時的次序是根據在書庫書架上分類排列的次序，因而每次拍攝尺寸不一的文件時，必須重新調整焦距，相當費時。經與「石叟資料室」協商後，把尺寸大小差不多的文件擺在一起，不

分編目的次序進行攝製，工作進展就迅速多了，吳文津兩個月後滿載而歸。他記得資料拿回來之後大家特別高興，不僅在史丹佛引起巨大反響，還上了當地《帕羅奧圖週報》的頭版。

當時這批難得一見的資料引起了不小的轟動，也隨之帶來一些爭議：

因為別的圖書館都想要，我向陳誠請示，陳說可以，於是我就將其分享給各個圖書館。但後來問題來了，我聽說台灣有很多人攻擊陳誠，對他把資料公開不滿意，還謠傳說胡佛研究所把這批資料供應其他圖書館，賺了不少錢。因之我覺得有向他親自說明的必要，由於他的好意反而給他帶來這些不當的批評和麻煩，我覺得很不好意思，就專程到台灣一趟向陳誠當面致歉。我說：「聽說有人對您把資料交給我們有些意見，給您帶來很多不便，很不好意思。」他說：「沒有關係，人家攻擊我的時候太多了，不要在意，這是為了學術。」出發之前我就做了準備，把分發資料的圖書館名單和進出費用清清楚楚地列出來交給他，減去成本還有500多美元的剩餘，開了一張支票。我把支票和清單交給他，他說：「你這錢不要給我，給中央研究院照相室使用吧。」

從這件事上，吳文津行事為人的坦蕩和誠懇可見一斑。他為胡佛研究所收集的這些中國共產黨早期資料均為在西方

前所未見的，使得海外研究中共黨史的工作開始了新紀元，回憶起往事，吳文津只是輕描淡寫地說：「當時一切的功夫總不算是白費了。」[1]

與新知舊友的交往

吳文津來往台灣，見到了不少名人，其中有很多是他的四川同鄉。當時的總統府秘書長張群在六〇年代是台灣四川人中的「老鄉長」，所以吳文津到台灣後所相識的四川同鄉——許芥煜的長兄許伯超（時任台灣省政府教育廳第二科科長）和後來任台北市立建國中學校長的崔德禮等——都建議他前去拜見張群。張群字岳軍，四川華陽人，人們尊稱其

1　這一批資料後來由南伊利諾大學（Southern Illinois University）吳天威教授編撰附有註解的書目，題為 *The Kiangsi Soviet Republic, 1931-1934: A Selected and Annotated Bibliography of the Chen Cheng Collection*（Harvard-Yenching Library Bibliographical Series III, 340 pp. 1980），（江西蘇維埃共和國，1930-1934：陳誠特藏資料選輯註釋書目，哈佛燕京圖書館書目叢刊 III，340 頁，1980）。胡佛研究所圖書館藏妮姆·威爾斯特藏與伊羅生特藏及其他資料也在早期由薛君度教授編撰附加註釋書目，分別題為 *The Chinese Communist Movement, 1921-1937: An Annotated Bibliography od Selected Materials in the Chinese Collection of the Hoover Institution on War, Revolution, and Peace*（The Hoover Institution Bibliographical Series VIII, 131 pp. 1960）（胡佛研究所中文部收藏文獻選輯註釋書目，胡佛研究所書目叢刊 VIII，131 頁,1960）及 *The Chinese Communist Movement, 1937-1949: An Annotated Bibliography of Selected Materials in the Chinese Collection of the Hoover Institution on War, Revolution, and Peace*（Hoover Institution Bibliographical Series XI, 312 pp. 1962）（中國共產黨運動,1937-1949,胡佛研究所中文部收藏文獻選輯註釋書目，胡佛研究所書目叢刊 XI，312 頁，1962）。

為「岳軍先生」，曾在保定軍官學校與蔣介石同學，後又在
日本士官學校就學，為國民黨元老，先後任上海市市長、湖
北省政府主席、外交部部長、行政院院長等要職。吳文津和
岳軍先生除了是同鄉，還有另一層關係：吳太太雷頌平家和
岳軍先生快婿劉毓棠（Daniel Lew）家都是西雅圖老華僑，
而他幾個妹妹都是吳文津和雷頌平在華盛頓大學的同學。劉
毓棠是哈佛大學畢業的，後在中華民國外交部任職多年，
1963年至1966年派為駐紐西蘭大使。

　　本書第二章已提及，與岳軍先生見面是吳文津一生中唯
一一次與一個知道自己父親的官員交談，因此非常震撼。

　　在他陽明山的官邸，我生平第一次見到台灣的政府高
官，難免有些緊張，但是由於他沒有任何官架子，又和藹可
親，我也就放鬆了。後來我每次因公去台灣總要去拜望他，
他對我也非常親切，幾乎每次都留我和另外幾位同鄉吃飯。飯菜都很簡單，沒有大魚大肉，但是十分精緻。我記得有生唯一一次嚐到羊腦，就是在他家裡吃的。岳軍先生非常注重養

吳文津一直珍藏的照片——張群（右）與李天民（左）。

生，活到101歲。他建議「人生七十古來稀」應該改為「人生七十方開始」那句話，頗為世人稱道。

吳文津很認同這位長輩達觀的生活態度，至今記得岳軍先生24字的「不老歌」──「起得早，睡得好，七分飽，常常跑，多笑笑，莫煩惱，天天忙，永不老。」這首歌多像是如今吳文津本人的生活寫照！

1960年到台灣的這一次，吳文津還結識了著名學者李天民[2]（1909-1993），後來兩人成為多年的摯友。我曾問吳先生一生中最好的朋友是哪幾位，他不假思索地說自己「和天民親如兄弟」。他們相識時李天民任立法委員，但不復在官場活躍，已開始他對中共黨史的研究與寫作生涯。他們既是成都同鄉，又都研究中國近現代史，因此一見如故。

李天民知道胡佛研究所收藏中共原始資料很豐富，就提出一些問題請我代查，之後我們往來通信頻繁，後來我請他在台北負責為胡佛研究所做一項關於中共領導人人物傳記的編纂工作，也很順利地完成了。1964年我請他到胡佛研究所

2　李天民畢業於中央軍校武漢分校第七期政治科、日本東京早稻田大學，曾任國民黨四川省黨部執行委員、三民主義青年團四川分團幹事長，南京《中國日報》主筆，抗戰開始後，在中央軍官學校成都分校、西安行政訓練所執教，1948年高票當選為四川省立法委員，1949年到立法院任立法委員。他還是著名學者，以研究中共領導人物的生平來探討中國共產黨黨史。

進行一年的研究，他如魚得水，詳查了胡佛研究所收藏的中共黨史檔案資料，所得甚豐。

六〇年代時李天民的研究方向專注在中共領導人的研究，他寫的周恩來傳記1970年由台北中華民國國際關係研究所（國立政治大學國際關係研究中心前身）以英文出版，名為 *Chou En-lai*（《周恩來》），1971年翻譯成日文，1975年修訂出《周恩來評傳》（香港友聯出版社出版），1994年復出《評周恩來》（香港明報出版社出版）。他寫的劉少奇傳在1975年也由台北中華民國國際關係研究所以英文出版，名為 *Liu Shao-ch'i–Mao's First Heir Apparent* [3]（《劉少奇：毛的第一個法定繼承人》），1979年翻譯成日文，1989年由湖南人民出版社翻譯成中文出版，名為《劉少奇傳》。他的《劉少奇傳》英文版就是在胡佛的那一年定稿的。寫完《劉少奇傳》後，他全力進行關於其他中共領導人的生平研究，常到美國和研究中共黨史的學者交換意見，並到主要的東亞圖書館瀏覽新收的資料。1965年吳文津到哈佛燕京圖書館任館長後，李天民

吳文津與李天民（攝於1962年）。

---

3 此書為《周恩來評傳》修訂本，病中託他政治大學博士班高足王振輝、關向光二位完稿。

幾乎每年都會拜訪一次。

　　他來美時差不多都在我家作客，每日和我一起到圖書館閱讀資料。天民治學態度很嚴謹，寫作毫無八股氣息，立論都是有事實和資料的根據，他精通日語，看英文文獻比較吃力，但是他決心苦學，也打下了一些根基，好學不倦的精神我很敬佩，為我們的友誼打下了非常牢固的基礎。他也很虛心，不恥下問，雖比我年長，但也常常提出一些關於研究方法的問題和我討論。幾十年的切磋，我也受益不小。

　　隨後李天民相繼出了《林彪評傳》（1978年由香港明報月刊社出版）、《華國鋒與華國鋒政權》（1982年由台北幼獅文化出版）以及《鄧小平正傳》（1986年由東京千曲秀版社出版）。吳文津認為，李天民的學術著作「有一分證據講一分話」，因而受到學術界的敬重。1984年政治大學國際關係研究所東亞所聘他在碩士班教授「中共黨史」，在博士班教授「中共黨史專題研究」與「中共人物專題研究」。

　　我曾經問過吳先生，為何在眾多好友中與李先生感情格外深厚，他這樣回答我：

　　除他在研究方面的成就外，天民的待人處世，也非常值得敬佩。在家裡他們夫婦相敬如賓，對兒女他不是嚴父而是良友，這是我數十年親眼所見，他對朋友一直是以誠相待，

李天民之女李開敏訂婚時吳文津作為家長出席（由李開敏女士提供）。

重寬容，不計利害，相護相助，凡事均以「福同享、難同當」的角度著想，這些都是我幾十年來和他交友的親身體驗。他到台灣以後，與世無爭無求，專致力於研究和寫作的工作，得友朋的敬佩。

思索過後，他又告訴我：

人際關係的建立不是一天兩天的事，而是一個長期的過程。我和李天民的友情，用美國話說就是人與人之間的「chemistry」（化學反應）。這就是為什麼在我所有朋友當中，唯有天民和我有如兄弟般的情誼。朋友之間的「化學反應」用中國話來講可以說是「默契」或者「投緣」，是意氣相投、也是對人對事的價值觀的合契。李天民和我在對家庭、對子女和對朋友的處世態度極為相似，就是不霸道、不勉強、不卑不亢。他的寬容和無求也是我所嚮往的美德。

吳文津和李天民的友誼持續了33年，1993年李天民去世前的兩個月，兩位老朋友還見過面，吳文津在悼念文章〈憶

天民〉中，一改平和的學者文風，事無巨細地回憶了這位摯
友生命最後的點滴：李天民住進榮總醫院後，自己到台灣出
差，天天都會去探望他，他胃口還好，但不喜歡醫院裡的飲
食，而是喜歡樓下賣的披薩和漢堡，自己就陪他一起去樓下
吃披薩，到醫院的荷花池餵魚。李天民病中想念草莓蛋餅，
女兒開敏在超市找到了原味蛋餅，但當時不是草莓的季節，
雷頌平知道了就在電話中對李天民說：「你下一次來，我們
要天天都吃草莓蛋餅！」李天民在電話另一端大笑。

　　臨行時我們都依依不捨，雖然當時我認為肯定還可以和
他再見面，但是仍然抑制不住心裡的一股不可名狀的悲切，

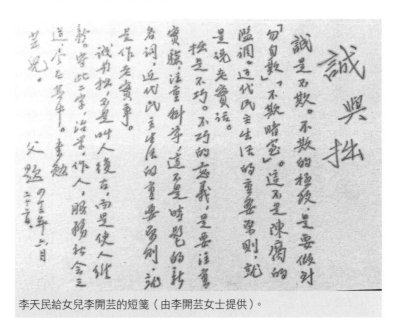

李天民給女兒李開芸的短箋（由李開芸女士提供）。

我怕他見我流淚，再一次緊握他的手後，我就急急轉身走出他的病房。開露送我下樓，我們都哭了。這是我和他最後見面的一次。

錢穆大師曾書贈一幅對聯給李天民，一直掛在他的書房以為座右銘：「有德容乃大，無求品自高。」李天民1993年過世後，他的子女在他的書桌抽屜裡發現一紙，紙上書：「老牛明知夕陽短，不必揚鞭自奮蹄」，顯然是他用來鞭策自己的話語，也代表他孜孜不倦的治學精神。他去世後幼女開敏和幼子開復所寫的〈我的父親李天民〉紀念文中也提到了，他常以「天地何其寬，歲月何其長」這兩句來鼓勵他的子女，讓他們保持寬廣的心胸和視野。

李天民元配吳兆蘭女士於1935年生下長子開寧後不幸早逝，尚留有一女名開芸，他在西安時與在漢中女師任教的王雅清女士結識，1939年結為連理。李天民與王雅清女士婚後有四女一子：開蓉、開露、開菁、開敏和開復，幼子李開復為世界聞名的電腦專家。多年的友誼也讓吳李兩家成為世交，李天民幼女李開敏訂婚時，她的父親不在台灣，吳文津就在訂婚儀式上代替作為家長出席。吳文津和李天民初次見面後的第二年，李天民幼子李開復出世，因此吳夫婦總說他們是「看著開復長大的」。但吳夫婦在美國而李家在台灣，所以並沒有一直「看著」，吳太太1982年第一次到台灣時，李開復已於10年前（1972年）來美國留學了，她第一次看見

李天民一家在哈佛燕京圖書館慈禧太后的畫像前留影（1978年）。

他還是好多年以後的事，那時他已經到大陸擔任微軟中國研究院院長了。

我們還在波士頓時，開復每次路過總要來電話問候。2002年我們回西雅圖和家人慶祝80歲生日，開復夫婦正好住在西雅圖的郊外貝爾維尤（Bellevue），於是請我們全家到他家吃飯，有一次他送我們一套從中國帶回的紅漆鍍金的古董木雕，好像是從舊式門窗上拿下來的表示「福祿壽喜」的雕刻，現在還掛在我們的客廳裡。

另一位同時期結交的好友是蔣彥士（1915-1998）。他是

蔣彥士贈給吳文津的花瓶（正面）。　蔣彥士贈給吳文津的花瓶（背面）。

南京金陵大學畢業的，後在美國明尼蘇達大學獲得農業碩士及博士學位。1960年代他任「中國農村復興聯合委員會」（簡稱農復會）執行長，對台灣農業的改進，諸如稻米品種的改良、優質水果的引進，貢獻良多，奠立了台灣農業發展之基礎。蔣先生頗有才幹，繼農復會後，先後任行政院秘書長、教育部部長、國民黨中央委員會秘書長、總統府秘書長等職。吳文津在〈平易近人：賀蔣彥士先生八十壽辰賀文〉中生動回憶了許多二人交往細節。

　　蔣彥士給我最初的印象是一位頗有風度的學者，認識他以後才發現他的另一面：豪爽、熱心、平易近人；他也是一位非常務實的人，凡事都是從大處著想，小處著手。

環球考察之旅和收穫

　　1964年吳文津已修完所有博士課程，並通過了口試，開始撰寫論文，同年秋他離職一年，接受了美國「當代中國研究聯合委員會」（JCCC）[4]的邀請，到各國調查當代中國研究及其資料收藏狀況。二戰前美國關於中國的研究大都屬於「歐洲漢學傳統」，偏重古代中國，二戰後美國漢學研究轉型，各大學才展開對當代中國的研究，與此同時發展的就是東亞圖書館藏書建設工作，「當代中國研究聯合委員會」（JCCC）的誕生就與美國漢學研究轉型有直接的關係。

　　在這次全球考察中，他先後訪問了英國、法國、西德、東德、荷蘭、捷克、波蘭、瑞典、丹麥、莫斯科、列寧格勒、印度、日本、南韓、香港、台灣等國家和城市。訪問對象主要是各國的國家圖書館、有中國課程的大學和它們的圖書館、專門研究中國的研究所（如捷克布拉格的魯迅研究所），以及政府對外開放的收集中國資料的圖書館，所得甚豐。關於此次全球考察的見聞，吳文津在他題名〈他山之石〉的文章裡有詳細的敘述。該文從未公開發表過，現收入本書「附錄」。

4　「當代中國研究聯合委員會」（Joint Committee on Contemporary China，簡稱 JCCC）於 1959 年由「美國學術團體委員會」（American Council of Learned Societies，簡稱 ACLS）及「社會科學研究委員會」（Social Science Research Council，簡稱 SSRC）聯合組成。其目的為協調全美各校關於當代中國之教研工作，下屬若干專題小組（中國社會、中國經濟、研究資料等），並設立獎學金及召開各式學術會議。

　　吳文津的這次旅行專注於工作，連留念照片都沒有拍一張，但是見聞頗多，其中一些經歷反映了當時特殊的歷史時期：

　　我在西柏林時去美國總領事館打聽去東柏林是否安全、有些什麼需要注意的地方。一位領事告訴我說：「我們不鼓勵美國公民去東柏林，因為如果有什麼事，我們恐怕無法幫忙。」他又問：「你要去幹什麼？」我告訴他我的任務，並且把JCCC給我的任命信給他看。他看了以後說：「請你等一會兒。」幾分鐘後他回來說：「總領事想見你。」見到總領事後，他說：「我們基本上不鼓勵美國公民到東德去，不過你的任務是學術性，我想無妨。你回來後希望給我們來個電話。」他又說，有幾種方式可以去東柏林：可以步行通過檢查站（checkpoint）過去；可以坐公共汽車去；也可以雇一部計程車去。計程車最方便，因為有專門來往東西柏林的，他們檢查站和兩邊的衛兵都很熟，也懂所有的規矩，可以幫忙代找一部車。果然如他所說，在檢查站的時候那位司機和衛兵們談笑風生，車輛檢查時，車廂和車裡一乾二淨，很順利就通過了。當天午後回西柏林後，給美國總領事館打了一個電話，說我已平安回來。

　　六〇年代中美還未建交，從美國購買中國資料非常困難，只能從香港買，材料交換方面，在中國大陸只能和北京

圖書館交換，範圍也很小。經過這次考察，吳文津發現東歐、蘇聯和中國交換資料的範圍廣泛，西歐購買和交換的資料也很多。歐洲圖書館不僅收藏的資料比美國圖書館豐富得多，而且都願意和美國圖書館交換資料，便把握機會建立了若干交換管道。他考察回美後，在給「當代中國研究聯合委員會」（JCCC）的報告中建議在美國成立一個全國性機構來主持交換工作。單獨的圖書館自行做交換頗費人力，如有一全國性機構來主持統一辦理，交換後再行複製分發，為所有圖書館代勞，可以替大家省力省錢，還能提高效率，可謂一舉兩得。於是「當代中國研究聯合委員會」（JCCC）向提供經費的福特基金會（Ford Foundation）申請補助，獲得撥款50萬美元，1968年在華盛頓「美國研究圖書館協會」（ARL）[5]旗下，成立了「中國研究資料中心」（Center for Chinese Research Materials，簡稱CCRM），後來取得了巨大的成果。因為這個工作做得很好，該中心先後得到魯斯基金會（Luce Foundation）、梅隆基金會（Mellon Foundation）和全國人文科學基金會（National Endowment for the Humanities）的資助，擴大工作範圍，涵蓋了近代中國19-20世紀比較罕見的研究資料，把它們用微縮膠捲的方式複製分發，漸漸成為收集和分發近現代中國重要研究資料的重鎮。

　　該中心準備成立時，物色負責人是個大問題，要找一位

對近代和當代中國有相當認識的人，最好對管理也有經驗。
1966年吳文津專程去香港找他的朋友余秉權（1925-1988），
探詢他是否願意來主持這個中心的工作。余秉權畢業於廣州
中山大學，是西雅圖華盛頓大學中國近代史碩士、吳文津的
校友，當時在香港大學任講師，並在香港和朋友經營頗負盛
名的「龍門書店」，專作複製書籍，算是最理想的人選。可
他是廣東人，在香港的生活非常舒適，沒有想要移動的意
思。1967年吳文津再去找他，他當時受了紅衛兵在香港騷動
的影響，也為了兩個兒子教育問題考慮，竟然同意來美擔任
該中心的主任，這讓大家喜出望外。於是他全家辦理移民手
續，1968年就職，當年11月中心就開始運作了。1982年余秉
權因病離職，由前台灣中央研究院近代史研究所研究員亓冰
峰博士代理，次年任正式主任，1986年該中心由美國研究圖
書館協會退出，自行成立為一獨立的非營利機構以迄於今。
「中國研究資料中心」的名字在圖書館界有口皆碑，很多著
名知識分子都曾在該中心工作過，包括1980年代初期任台灣
大學圖書館館長陳興夏、中華民國台灣省省長宋楚瑜（他是
華盛頓美國大學〔American University〕圖書館學碩士）、現
任哈佛燕京圖書館館長鄭炯文、香港商務印書館總經理兼總
編輯陸國燊等。

　　該「中心」成立之前，正值大陸文革初期，出版事業幾
乎全部停頓，僅有毛語錄以及各種紅衛兵資料。其中紅衛兵
小報特別多，如雨後春筍，但並未正式向海外發行。因為沒

有另外的出版品可買，加上紅衛兵小報裡載有各地動態、包括「最高指示」和紅衛兵從黨政機構搜出來的機密文件，有些走私到香港被複印後出售，大家爭先搶購，一時洛陽紙貴，原來在香港複印後賣5美元一份的紅衛兵小報，高漲到25美元一份。東亞圖書館遂請求「當代中國研究聯合委員會」向美國國務院交涉，看美國政府是否可以把各機構收集的紅衛兵資料公開供研究之用。國務院認為可以，但是要知道需要哪些東西，因為他們收集的資料種類繁雜。於是「當代中國研究聯合委員會」派吳文津到國務院一行。

國務院給我一批有代表性的資料看，其中包括紅衛兵小報、紅衛兵其他的通訊、傳單和油印的紅衛兵代表和政府領導談話的紀錄，包括周恩來半夜接見紅衛兵的談話等。這些東西太寶貴了。我對國務院說：「我們都要！」接著如何接收這些資料和發行的問題來了。當時「中國研究資料中心」還正在籌備中，於是哈佛燕京圖書館毛遂自薦來負責這份工作。國務院陸陸續續把資料交給哈佛燕京圖書館複製分發，世界各國圖書館都有訂購。這樣大約一年多，「中國研究資料中心」成立後，這項工作就轉交給他們去做，該「中心」前前後後複製資料中單單紅衛兵小報就有112大冊，共46,500頁，是當今除中國大陸以外全世界最多的公開的紅衛兵小報。

關於環遊世界的考察，值得一提的還有吳文津在台灣和蔣經國（1910-1988）的會面：

一天「國際問題研究所」的人告訴我說：「蔣經國先生想見你。」那時候他大概做行政院副院長，台灣有個「青年救國團」，他是主任，我到了他的主任辦公室，他說：「聽說你在進行一項調查各國研究中國大陸情況的工作。」我說：「是。」他就問：「聽說你要去蘇聯，你到什麼地方，見什麼人？」我說：「主要是莫斯科和列寧格勒科學院的東方研究所和它們的圖書館。看看它們有什麼研究大陸的資料。」他又問：「我們台灣出版關於大陸的刊物在美國學術界有什麼樣的影響？」我遲疑了一下，大概他看見了，就說：「沒有關係，你可以直說。」聽他講了這句話，我就坦白地告訴他：「影響不大。因為研究中國近代當代史的美國學者認為台灣的研究缺乏平衡，多跟著國民黨的立場講話，從它們的名稱，如《匪情研究》、《匪情月刊》等，大家都認為它們是政治宣傳品，而不是學術研究。我知道在台灣這個名稱引以為常，但對美國的學者來說這個名稱總不是客觀的看法。」他猶豫了一下然後說：「這是不難想像的事。共產主義的弱點，我們知道的太多了，不用經常去大書特書。我們需要研究的是共產主義既然有這麼多缺點，為什麼它們的政權還沒有崩潰，還能夠在大陸繼續下去？那才是我們應該去研究探索的重點。」他的回答讓我非常驚異，因為那並

不符合當時台灣
的政黨路線。也
許是巧合，一年
以後，那兩種刊
物的名字就改成
《中共研究》、
《中共月刊》。

吳文津參加第一屆「中國大陸問題研討會」與蔣經
國握手。

　　順帶一提，
吳文津第二次見
到蔣經國是1980年代初期在台北和六位美籍華人學者參加
「中國國民黨黨史會議」時，蔣經國已是總統，中國大陸那
時已經開放，有不少學生到美國留學，蔣經國對相關情況問
得很具體。

　　他問我們：「中國大陸來的學生狀況怎麼樣，都學習什
麼科目？是否理工科多於人文社會科學？學成留在美國或是
回中國？是公費還是自費的？」我們據所知各校的情形告訴
他，有些情況，我們也不十分清楚。由他的發問可見他當時
已經在思考大陸留學生歸國後如何能將所學貢獻給社會，讓
中國成為一個富強的國家，如果那個時候到來，對世界特別
是台灣有什麼影響。這些深思熟慮的遠見，正是台灣當時所
急需的。所以在那次見面後，我對他更為敬佩了。

　　吳文津認為蔣經國和他父親蔣介石很不相同，他在重慶中央大學做學生時，蔣介石因為學潮親任校長，他曾經遠遠聽過「蔣校長」的訓話，1971年中華民國國際關係研究所主辦的首次「中國大陸問題研討會」（該研討會後由中華民國國際關係研究所與史丹佛大學胡佛研究所合辦，在台灣和美國輪流召開年會）期間，蔣介石曾邀請六、七位從美國去參加會議的華裔學者茶會，地點在台北陽明山中山樓他的辦公室：

　　我們到了以後先等了半個多小時，下午四點多的時候門打開了，進去後是好大的一個辦公室，他坐在一張很大的辦公桌後面，走過來一一和我們握手，問我們開會情形怎麼樣，大家講了一點，他又問有什麼意見？沒有人提意見，因為會正在進行中，大家不願意歌功頌德，也不願意刻意批評。當時我們都感覺他非常嚴肅，小時候都稱他為「蔣委員長」，是「最高領袖」，儘管時隔多年，見面之後還是覺得不能亂講話，和見蔣經國的感覺完全不同，蔣經國是一個沒有被神化的人物。

　　1995年，吳夫婦曾經和宋美齡（1898-2003）有過一面之緣，當時宋美齡已經97歲高齡，正值抗戰勝利五十週年紀念日，美國國會邀請宋美齡前去演講，當晚在雙橡園（Twin Oaks）舉行酒會，美國參議院議員鮑勃・多爾（Robert

Joseph「Bob」Dole）、尼克森的女兒翠西婭‧尼克森‧考克斯（Tricia Nixon Cox）都在場。雷頌平對宋美齡的美麗和風度記憶猶新：

> 她很漂亮也很熱情，當時我對她說：「夫人您好！」她就問旁邊的張文中（北美事務協調處駐波士頓辦事處處長）：「這位是？」張文中說：「她的先生是哈佛燕京圖書館的館長。」當時他（指吳文津）站在我的後面。錢復也在場，他是當時台灣的外交部長，他的父親就是錢思亮。[6]

吳文津與蔣家下一代的章孝嚴（蔣孝嚴）也是好朋友：

> 我很敬佩他，因為他的成就完全是靠自己，並沒有以他的家世來求官進爵。我認識他多年，有一件趣事：在哈佛時有一年到台灣開會，到飛機場要換登機牌時才發現台灣簽證已過期，華航說：「抱歉，我們不能讓你登機，因為這違反規定，我們會受到非常嚴厲的處分。」但是他們很客氣地說：「如果你有『落地簽證』的許可，我們就可以讓你上飛機。」這個許可必須由外交部發出，所以當晚不能走，要再

6　錢思亮（1908-1983），字惠疇，生於河南省新野縣，籍貫浙江餘杭，化學家、教育家，美國伊利諾大學博士，曾擔任北大化學系主任、西南聯合大學教授、國立臺灣大學化學系教授、系主任、第五任校長、輔仁大學教授、中央研究院評議會評議委員、院士、院長。

行辦理。華航很幫忙，說：「你可以用我們通台北的電話，看他們是否可以讓你在電話上申請。如果可以並且批准，他們可以給我們來個傳真，我們就可以讓你登機了。」那時是美國東部9點鐘，台北早上10點，正是辦公的時候，章孝嚴時任外交部長，我就不揣冒昧用華航的電話打到台北外交部去，正好章孝嚴在辦公室，等我說明我的情況後，他說：「沒有問題。」十分鐘後傳真就來了，解決了我的問題。這是件小事，但充分表現了他對朋友的熱情。

接受哈佛大學聘約

　　1961年胡佛研究所中文部和日文部合併為東亞圖書館，吳文津擔任第一任館長（Curator），在圖書館界聲望斐然，因此陸續接到世界上幾大著名學術機構的邀請。

　　香港的崇基學院、新亞書院及聯合書院在1961年前後準備合併成立香港中文大學（The Chinese University of Hong Kong），美籍華裔教育家、經濟學家、加州大學柏克萊分校經濟系教授李卓敏（Li Choh-ming, 1912-1991）出任第一任校長，新的香港中文大學要組織一個大學圖書館，這件事相當複雜，因為原來的三個學校都有自己的圖書館，如何把它們聯合起來，同時又保持三個圖書館原來的特性，是一項很大的挑戰。李卓敏校長請吳文津和當時史丹佛大學圖書館

館長史萬克（Raynard C. Swank）到香港幫忙籌劃此事，他們二人去香港一兩個星期，跟三個圖書館的負責人深談，聆聽他們圖書館各自的歷史、沿革和對未來的希望。回美後根據這些談話和中文大學的一些想法，寫了一份相當長的詳細報告，李卓敏看到這份報告很高興，就問吳文津是否有意去做香港中文大學圖書館館長，那時候吳文津正在史丹佛讀博士，還沒有通過口試，他就把情況如實說明，李校長知道後回答說：「那我等你。」

美國國會圖書館也託人前來打聽吳文津是否願意前去任職，國會圖書館位於美國華盛頓，是全世界館藏量最大的圖書館，隸屬於美國國會，經濟實力雄厚，可以開出很高的薪水，他們直截了當地對吳文津說：「如果你來這裡，你太太可以直接退休了。」雷頌平聽到後說：「我工作是因為我喜歡做，而不是迫於生計必須做。」吳文津也對這份工作興趣不大，因為他想做一番事業，而國會圖書館屬於政府機關，條條框框太多，做事情會有很多掣肘的地方，他婉拒了對方，私下對雷頌平說：「如果哈佛找我我就去。」後來沒多久，哈佛真的來請他了。

1964年吳文津正在撰寫博士論文，內容是早期的國共關係，哈佛大學燕京圖書館在他通過博士口試之後發出正式邀請，有意聘請他接替將要退休的裘開明任館長，得知裘館長親自向哈佛推薦他為繼任者，吳文津感到「受寵若驚」。而年初他受邀前往哈佛大學，見到了著名漢學家、歷史學家費

正清教授，彼此留下了很好的印象。吳文津後來知道他們事先曾為此事詢問費正清的意見。想必是吳文津以前的上司芮瑪麗多次在她的導師費正清面前稱讚過吳文津，費正清也力勸吳文津到哈佛。

吳文津替「當代中國研究聯合委員會」（JCCC）進行全球考察後，哈佛前後兩次邀吳文津去劍橋面談，希望他早做決定。之後不知什麼人告訴哈佛說，吳太太因為家庭關係不大願意離開加州。費正清洞悉了這點，於是請吳文津第三次前往哈佛，這一次吳太太也被邀請去了。費正清不但親自接機，並且立刻送他們到他在劍橋文斯普羅街（Winthrop Street）41號的家裡。原來他已準備好一個酒會，請吳夫婦和有關東亞的教授、訪問學者和一些研究生見面。第二天費正清又請吳夫婦到他家，一起吃他做的早餐。後來的兩天他親自充任導遊，帶他們四處遊覽，下雨天也熱情不減，因他開著一輛敞篷車，忘了遮篷，雨水都積在車裡。雷頌平至今還記得身材高大的費正清不僅腳步飛快，過馬路時還不看紅綠燈，害穿高跟鞋的她得趕緊急追。在他的熱情攻勢下，雷頌平終於「投降」，她說：「我希望他沒有邀請我，去了以後，真是盛情難卻啊！」費正清對哈佛燕京圖書館的熱情令人感動。後來他曾數次陪吳文津替哈佛燕京圖書館向校友募款，對校友說：「有一流的大學，必須有一流的圖書館！」

決定去哈佛以後，吳文津對香港中文大學的邀請就婉謝了。吳夫婦半個多世紀後回想起，仍說當年搬到東部「是

一個很不容易的決定」，因為工作生活能否適應，都是未知數。哈佛大學的熱情邀請是一個因素，但對吳文津來講最主要的原因是他當時才42歲，很多事情還可以做，而圖書館事業發展最先進的應該還是美國。哈佛燕京圖書館的工作範圍比胡佛研究所更大、圖書館收集的資料更廣、歷史也更悠久，燕京圖書館前來主動邀請，是千載難逢的機會。當時正值美國的中國研究轉型，從傳統的漢學過渡到利用社會科學的「區域研究」，隨著學科的迅速發展，圖書館的藏書建設工作也必然跟著發展，這項工作在哈佛大學有很大的發展空間。

吳文津考慮再三，決定前往哈佛，胡佛研究所對此非常失望。好朋友張嘉璈（1889-1979）在他1965年8月27日的日記中載有：「今日往晤胡佛研究所所長康培爾（W. Glenn Campbell, 1924-2001）告以吳文津已決定改就哈佛大學燕京圖書館主任職務，無法挽回。所遺遠東圖書館主任，只好另覓替人。康氏深感不快。」有趣的是，在吳文津去哈佛大學不久後，張嘉璈因事去波士頓，吳夫婦請他到家吃飯。飯後他對吳太太說：「你們任何時候想回胡佛研究所，告訴我一聲，他們肯定會歡迎你們回去。」[7]

做出離開史丹佛大學前去哈佛大學這一決定，整整歷時八個月，兩個人經過無數次的躊躇和反覆，最後吳文津這樣

---

7 姚崧齡編著，《張公權先生年譜初稿》（台北：傳記文學出版社，1982），下冊，頁1158。

對妻子說：

　　如果我們當時不走，恐怕一輩子就在這裡了。如果到東部去，可能會有更多的發展。

第七章

主持哈佛燕京圖書館

在吳文津的記憶裡，四川成都的老家門前有對石獅子，後來他遠渡重洋定居海外，常常懷念幼時在家門口背誦《三字經》的時光，在夢裡都想摸一摸從前家中的大黑門和石獅子。幾十年後他曾回到故鄉尋找童年的回憶，只是世事變遷，石獅子早已不見蹤影。緣分使然，在萬里之外的美國，他卻每天走入一扇由一對中國石獅子守護的大門中去，在這個對他來說就像是家一樣的地方，傾注了三十餘年的心血，那裡就是哈佛燕京圖書館（Harvard–Yenching Library）。

哈佛燕京圖書館始建於1928年，最初名為哈佛燕京學社漢和圖書館，隸屬於哈佛燕京學社（Harvard-Yenching Institute），「漢和」的意思，是指收藏的書籍主要是漢文和日文的。哈佛燕京學社是中國的教會學校燕京大學與美國哈佛大學在1928年共同成立的。這之中還有一段頗為曲折的故事，在陳毓賢女士所著的燕京大學教務長洪業（William Hung, 1893-1980）的傳記中有詳細記載。

美國鋁業公司創始人查爾斯・馬丁・霍爾（Charles

Martin Hall）因發明電解鋁技術而致富，但他是個單身漢，1914年去世後其遺囑指定將遺產的三分之一捐獻給在亞洲或者東歐巴爾幹半島英美人所辦的教育機構，到了1929年這筆錢最後分發之時，市值大約一千四百萬美元。1921年傳教士路思義（Henry Winters Luce, 1868-1941）為燕京大學募捐時，從這筆遺產中得到五萬美元，並打聽到還有好幾百萬美元必須在1929年以前分發，便與也正在爭取這筆遺產的哈佛大學協商，以推廣中國及其他亞洲地區文化的研究與教育為由，一同申請這筆錢，1928年成立了哈佛燕京學社，由哈佛與燕京各派代表組織董事會監督。起初主要撥款資助燕京大學及其他美國人在中國辦的大學，提供獎學金鼓勵美國學生研究中國文化並到中國學習，同時在哈佛大學創立一座收藏中日文典籍的圖書館，後來把範圍擴充到亞洲各國。

燕京大學1952年被中國政府解散後，哈佛燕京學社無法繼續向其和其他美國教會支持的大學提供補助，遂一方面擴大在亞洲其他國家有美國教會支援的高等教育事業，包括邀請日本、韓國和香港（後來加上越南）的訪問學人到哈佛大學一年及資助有關亞洲書報的出版等工作，一方面繼續支援哈佛燕京圖書館的全部開銷。該圖書館在1976年吳文津任期內正式收編為哈佛大學圖書館的一部分。

哈佛燕京圖書館座落於哈佛大學校園內神學街（Divinity Ave.）2號，門口的石獅子令這裡的中國氣息撲面而來，曾任圖書館善本室主任的著名學者沈津在自己的書話《書叢老

蠹魚》中寫道：

　　哈佛燕京圖書館的門前兩旁，各立有一座六米高的石獅，左雄右雌，外觀大氣，雕琢質樸，前額突出，目圓瞪，口露齒，有一種強悍威猛、守門壯威的感覺。國內訪問「哈佛燕京」的學者或旅遊者，多以此為一景，立其旁，攝影存念。我每天上班進館，總覺得那二位被賦予神力的「百獸長」在對我微笑，似乎是認識我，並有一種默契。據說雕刻石獅，始於印度，隨著佛教傳入中國，成為中國傳統建築中經常使用的裝飾物。「燕京」的兩座石獅，不知何時舶載美東，我過去的同事張鳳曾說過，這對石獅是波麗‧柴爾‧斯達太太（Polly Thsyer Starr）為紀念母親柴爾太太（E. R. Thayer），特地從中國買來的。但前些年，程煥文教授為撰寫「燕京」第一任館長裘開明先生的《裘開明年譜》，曾將「燕京」所有積年舊檔翻遍，似乎也未查知石獅是如何報進「哈佛」戶口的。我寫石獅，意在為它「封官許願」，即擬「封」其為並不存在的官名──「燕京鎮守使」，願上蒼祐我「燕京」，使這座「藏古今學術、聚天地精華」的歐美漢學重鎮，能永遠為傳播中國傳統文化而盡其所能。

　　進入哈佛燕京圖書館的閱覽室，可以看到許多名人的題字──從中國近代藏書家傅增湘的（1872-1949）的「藝海珠英」到書畫大師葉恭綽（1881-1968）的「海外琅環」，

還有溥儀老師陳寶琛（1848-1935）的「學者山淵」，日本學者蘇富德峰（1863-1957）的書法「道者同於道，德者同於德」[1]也是這裡的文物之一，入門的牆上懸掛的是曾任燕京大學教務長、參與創辦哈佛燕京學社的著名學者洪業的照片。館長室外面有羅振玉所寫的「擁書權拜小諸侯」一匾，和捐款人查爾斯‧馬丁‧霍爾（Charles Martin Hall）的照片遙遙相對，在聚會廳中，還有陳寶琛在84歲高齡時另題的對聯「文明新舊能相益，心理東西本自同」，在此聯的對面牆上，曾掛有一幅胡博‧華士（Hubert Vos）所畫的慈禧畫像，該畫像是華士為慈禧繪製肖像的樣稿，華士的最終稿應慈禧的要求將容貌顯著美化並年輕化，因此這幅樣稿更加寫實。吳文津的好朋友、曾任國立故宮博物院院長的秦孝儀（1921-2007）看到這幅畫像曾評價說，其他慈禧的畫像，不是很兇，就是太美，而這幅肖像則恰到好處，威嚴又帶有點和藹可親的樣子，並不拒人於千里之外，傳達出了被畫者的人性。這幅畫現存於哈佛大學福格美術博物館（Fogg Art Museum）作為文物保管。

如今步入哈佛燕京圖書館，在展覽櫃中左邊是第一任館長裘開明的照片，右邊就是第二任館長吳文津的照片。

哈佛燕京圖書館公認是亞洲以外最完備的亞洲資料圖書

---

1 這幅字的落款是「日本菅正敬」，菅正敬是蘇富德峰的別號。吳文津推測這件藏品可能是哈佛燕京圖書館早期（還叫做「哈佛燕京學社漢和圖書館」時）的收藏，當時如羅振玉等許多學者都與日本有密切關係。

館，最早的藏書可追溯到戈鯤化（1838-1882）在1879年（清光緒五年）到哈佛大學教中文時從中國帶來的圖書。戈鯤化在哈佛去世後，遺留的書歸了哈佛，一直等到快半世紀後燕京學社成立，哈佛大學才又再開以中國文學或歷史為專題的課程。第二次世界大戰後，美國成為漢學研究的重鎮，學者的研究分成了兩派，一派承襲歐洲傳統，一開始就讀文言文，注重中國傳統的經史子集、文化藝術和民俗宗教；另一派則以費正清為首研究近現代中國，探討清代以來中國制度的變遷。

　　吳文津到哈佛燕京圖書館赴任時，該館資料收集的重心尚以傳統研究漢學為主，這也是研究現代的費正清非要把吳文津請到哈佛不可的原因，因吳文津可以說是當時全世界對中國近現代資料最熟悉的人。多年後著名學者余英時評論道：「由一位現代圖書館專家接替一位古籍權威為第二任館長，這是哈佛燕京圖書館的發展史上一件劃時代的大事……這件大事之所以具有劃時代的意義，是因為它象徵著美國的中國研究進入了一個嶄新的歷史階段。」[2]

與裘開明館長的深厚情誼

　　1965年就任的吳文津是哈佛燕京圖書館的第二任館長，

2　《美國東亞圖書館發展史及其他》序（見本書附錄）。

吳文津與裘開明館長的合影。

任期長達三十餘年，首任館長是他一直在心中視為良師益友的裘開明先生。裘先生對吳文津的影響很大，耄耋之年的吳文津不僅專門撰文懷念裘先生，還時常在談話中追憶他。

裘開明是浙江鎮海人，年輕時曾在漢口文明書局（中華書局的前身）做了一年半的學徒，對中國古籍產生了極大興趣，1911年辛亥革命後，曾在長沙一家教會學校學習「西學」，後成為中國第一所獨立的圖書館學高等學府——文華大學（Boone College）圖書科[3]的首批學生，1922年畢業後成為廈門大學圖書館館長。1925年裘開明到美國進修，獲哈佛大學碩士和博士學位，當時哈佛學院圖書館館長柯立芝（Archibald C. Coolidge, 1866-1928）請他在圖書館正式工作，負責整理館藏的中文和日文書籍，並且告訴他：「你不用擔心，你在中國怎麼做，在這裡就怎麼做，不用管在美國有沒有經驗。」於是裘開明接受了這份工作，直到1965年在

3　美籍教師韋棣華（Mary Elizabeth Wood）1920年在中國創辦的第一所圖書館專門學校，1929年設立該校為「文化圖書館專科學校」，1953年併入武漢大學。

哈佛燕京圖書館館長職位上榮退，前後38年之久，為美國華裔任東亞圖書館館長之先驅。

裘開明創立的「漢和圖書分類法」（A Classification System for Chinese and Japanese Books），吳文津還在華大圖書館打工時就已經開始使用。在這套中日文資料分類法之前，中國或日本都沒有適用於美國圖書館的分類法可以借用。裘開明的「分類法」另開境界，合併中西，將中國傳統的四庫分類延長到九類，與杜威以阿拉伯數字代表的十進法合成作為書號，著者的號碼則取自作者名字的四角號碼。使用十多年後，又經馮漢驥及于震寰的修正，由美國學術團體協會（American Council of Learned Societies）下屬的遠東學會[4]於1943年出版，名為《漢和圖書分類法》，出版後頗受歡迎，被美國、加拿大、英國、荷蘭、澳洲等12個國家東亞圖書館採用。另外編目卡的作者和書名除使用中日文外還附加羅馬拼音，以便中日文的卡片可以和西文的卡片一同排列，這種創新之舉至今已成常規。

除了這一重要發明，裘館長還是圖書館館際合作的創始人，自1935年至1949年國會圖書館發起複印分發各東亞圖書館的編目卡片時為止，哈佛燕京圖書館已經供應各東亞圖書

4　遠東學會（Committee on Far Eastern Studies），亞洲學會（Association for Asian Studies）的前身。

館該館印行的卡片約兩萬張。[5]1965年著名美國漢學家費正清和歷史學家、外交家賴世和（Edwin Oldfather Reischauer）特別把他們合著的《東亞：現代的轉變》（*East Asia: The Modern Transformation*）獻給裘先生，費正清稱讚裘先生為「西方漢學研究當之無愧的引路人」。

裘館長在圖書館管理上十分嚴格，對需要幫助的學者們關懷備至。哈佛燕京學社成員、著名學者鄧嗣禹（1905-1988）在〈紀念裘開明先生〉一文曾記有這樣兩件事，頗有代表性。第一件是鄧在完成他與費正清合著的《中國對西方的反應》（*China's Response to the West*）期間，裘館長對他的幫助：

> 筆者常去哈佛找資料，有一兩次，裘先生給我鑰匙，以便晚間及週末，至書庫工作，夜以繼日。他知中等收入之舌耕者，返母校一次不易，附近「吃瓦片」之房東太太取費昂貴，而斗室如囚牢，故盡量使我早日完工返家。這又是他對於用書者體貼入微之處。我每次去劍橋時，他必堅持請客，無法拒絕。或在家，或去飯店，或去夏天海濱避暑之家，每次請客，皆極豐富。可他所著衣物，非物體其用不捨，破舊失時樣，在所不惜。我回敬，雖極忙，亦欣然接受。

5　參見程煥文編，《裘開明年譜》（桂林：廣西師範大學出版社，2008）；〈裘開明與哈佛燕京圖書館〉，載吳文津著，《美國東亞圖書館發展史及其他》（新北：聯經出版公司，2016），頁 179-186。

第二件事是一位資深館員購得一處房產出租，因為房子在維修方面出了問題，房客打電話到圖書館來。開明先生知道後便嚴厲地對該館員說：「要麼留在圖書館服務，要麼去做房東老闆。」該館員於是盡快賣掉了這處房產，安心在圖書館工作。裘館長對待圖書館工作的認真態度可見一斑。

吳文津接手燕京圖書館的工作是由裘館長向學校極力推薦的。他走馬上任後二人關係非常融洽，工作交接也很順利。裘先生告訴新上任的吳文津很多事情，其中令他印象最深的一句話是：「不要讓來圖書館的人空手而去。」因為來圖書館的人一定有所求，要盡力滿足他們。這句話對吳文津啟示良多，他告訴我：「圖書館不能做藏書樓。」一座好的圖書館，絕不僅僅是一個存放書籍的地方，而是要能滿足讀者不同的需求，這點與裘先生的理念一脈相承。

裘開明是善本古籍的專家。吳文津知道裘先生一直有個願望，就是做好燕京圖書館善本整理的工作，他為了表達對裘先生的尊重，上任後聘請裘先生為圖書館善本室顧問，這樣可以讓裘先生繼續他所熱愛的事業，兩代老館長的尊賢禮士、惺惺相惜可見一斑。裘先生不久接受明尼蘇達大學（University of Minnesota）的邀請為其創辦一東亞圖書館，1966年香港中文大學又邀請裘先生任該校首任大學圖書館館長，直到那裡的步入圖書館正軌後，裘先生才於1970年返美，於1977年去世。

主持哈佛燕京圖書館轉型

　　1960年代是美國東亞研究的轉型期，從原來著重於訓詁考證的傳統漢學轉移到利用社會科學的「區域研究」，因之圖書館的工作，特別是藏書建設方面，需要大幅度調整。吳文津的首要挑戰是如何把圖書館行政、組織、藏書建設、編目和公共服務工作轉型，去迎接一個新的東亞研究時代。走馬上任不久，哈佛就請吳文津做一個哈佛燕京圖書館的十年計畫。他當時還未從史丹佛大學畢業，一邊忙碌工作，一邊繼續撰寫博士論文，感到應接不暇：

　　在哈佛大學的第一個暑假，我在台北國民黨黨史委員會查閱1920年代國共合作方面的檔案，看見很多寶貴的資料。我後來寫的博士論文頭三章基本上是根據在黨史會查到的第一手資料完成的。來哈佛後學校讓我做一個哈佛燕京圖書館的十年計畫，需要很多時間精力，我還把整個圖書館組織方面、收集資料方面、人員訓練、經費籌劃等方面重新調整，忙碌不堪。那時候羅伯特‧諾斯（Robert C. North）是我的博士論文導師，我寫信到史丹佛，跟他說自己真的很忙，詢問是否可以延期交論文，他說可以，但延期之後還是找不出大塊的時間安靜去寫。

　　魚和熊掌不可兼得，吳文津一度感到為難，和費正清聊

過之後才略感釋懷：

> 有一次我看到費正清，提到論文寫不下去了，他問為什麼，我說真的沒有時間，還把已經寫好的幾章給他看，過兩天他給我打電話說：「你寫得很好，有時間應該繼續下去，不過我不認為你需要這個學位。」那時候我的心裡稍微安定了些。

　　為了全身心投入圖書館工作，吳文津沒有時間完成他的博士論文，已經寫完的幾章後來收入他2016年出版的《美國東亞圖書館發展史及其他》，可以看出他作為學者扎實的學術功底。[6]

　　之前哈佛燕京圖書館以收藏東亞古籍聞名，現在極需要加強加速收集關於社會科學方面的近現代資料，包括非書資料。吳文津盡量協助圖書館各語文部的負責人進行這項工作，他自己也不遺餘力地收集近現代有關中國的資料，包括著名的胡漢民信札，還有他任內後期天安門事件和文革時期的各種檔案文獻。好友余英時曾說：

> 吳文津先生自1959年擔任美國史丹佛大學胡佛研究所東亞圖書館館長以來，搜求資料的精神逐步透顯出來。這個精

6　前引《美國東亞圖書館發展史及其他》第六章〈國民黨早期政治史：第一次國共合作〉，頁520-610。

神我無以名之，只有借用傅斯年先生的名言「上窮碧落下黃泉，動手動腳找東西」。事實上，無論是傅斯年先生或文津先生，所發揚的都是中國史學的原始精神，即司馬遷最早揭出的所謂「網羅天下放失舊聞」。文津先生只要聽說任何地方有中國現代研究所不可缺少的重要史料，他便不顧一切困難，全力以赴地去爭取。

　　吳文津對藏書建設的基本態度和進行方式，可從他怎樣爭取到胡漢民的手札得見。他在胡佛研究所工作時聽說國民黨元老胡漢民（1879-1936）的女兒胡木蘭手裡有一批珍貴資料，是其父在1930年代與其他政要來往的手札。胡漢民當時對抗南京，為中國西南舉足輕重的關鍵人物，這批資料對研究民國史的重要性不下於蔣介石的日記。吳文津想方設法，經朋友介紹得識胡木蘭夫婦，之後三、四年間在美國及香港見面多次，得他們的信任後才開始談到將胡漢民手札存留在胡佛研究所的可能性。經過一些時候他得到胡木蘭的同意，那正是他已決定去哈佛工作的時候，所以他立刻通知胡木蘭，並向她保證自己離開後手札也能在胡佛妥善保存，他告訴胡木蘭說：「只要可以公開供大家使用，存在什麼地方不重要。」胡木蘭考慮再三後說：「我還是希望這批資料跟著你。」決定把資料放在哈佛燕京圖書館收藏，由此可見她對吳文津的信任，也可見吳文津收藏重要文獻的謹慎態度和個人關係對於收藏工作的重要性。這批罕見資料已於2005年

由廣西師範大學出版社以《胡漢民未刊往來函電稿》書名出版，共15大冊。

在行政和組織方面，吳文津把中文部、日文部、韓文部的負責人提升為副館長，並加添一個西文部，因哈佛燕京圖書館一向收集東亞方面重要的西文資料，此項工作原先都由裘開明先生親自負責。圖書館組織規模擴大後，吳文津無暇繼續擔任這項職務，聘一哈佛大學東亞系博士擔任半職（他的另半職係由吳文津推薦任哈佛學院圖書館Harvard College Library〔通稱為Widener Library〕的東亞相關西文書籍選購人）。其後又設立一越南文部。他在館長室加設一行政助理和另一助理，公共服務部加添助理數人，並把圖書館開放時間延長至晚上十點（原來是早上九點到下午五點，關閉兩小時後，晚間七點再開到九點，原因是五點到七點是吃晚飯的時間），原本僅開放半日的週六也全日開放到下午五點。至此圖書館的規模增大，人員更加齊備。

吳文津常說愈有名的大學研究需求愈大、對圖書館的要求愈高，所以加強服務最為重要。從前沒有電腦，找書要靠卡片目錄，哈佛燕京圖書館原來有幾個目錄，一個作者－書名目錄（用羅馬拼音排列）、一個分類目錄、一個四角號碼目錄，但這三個目錄因人力關係都不完整，而全部時時更新很難。經過一次讀者調查，發現用分類目錄和四角號碼的人很少，大家用得最多的還是作者－書名的羅馬拼音目錄，於是他決定去掉分類目錄和四角號碼目錄，把羅馬拼音目錄補

充完整，並與時更新，這一決定當然受到讀者的歡迎。圖書館本來不讓讀者隨便進書庫，要靠卡片目錄尋找資料。把羅馬拼音目錄更新以後，吳文津決定除善本室以外的書庫對讀者開放。1980年代因為藏書太多，吳文津便把圖書館的書架改做為開合式的，這樣就可以增加一倍的容量，但是後來書庫空間還是不敷使用，不得已只好把比較罕用的書籍存儲在倉庫裡，需要的時候根據申請，24小時內再調回來。

　　千頭萬緒的工作在吳文津的帶領下有條不紊地完成，一位教授笑說：「哈佛燕京正在『鬧革命』！」著名學者李歐梵在《我的哈佛歲月》回憶起吳文津，稱讚他「效率奇高」，這是不少教授和學生的讚譽；李還提起研究蒙古史的教授柯立夫（Francis Cleaves, 1911-1995）和裘開明館長「聲若洪鐘」，根據吳文津回憶，裘館長原本說話聲音並不洪亮，可能是晚年有輕微聽障所以聲音大了些，現在吳文津自己也有類似問題，所以對這種情況頗能感同身受。吳文津任館長期間，很多研究中國、尤其是中國近代史方向的學生都找吳文津討論問題並請他推薦書目，而他也盡力滿足他們的需要，他對我說：「學校教育要造就人才，就好像是造房子一樣，造房子需要各種材料，造就人才也是一樣的，而造就人才的材料就是知識。學習和研究需要一個資料庫，而圖書館就是這個資料庫。」作為館長，他從不吝惜時間和精力親身為每一位有需要的人服務。

與哈佛燕京圖書館的同仁們

人才引進是吳文津對哈佛燕京圖書館的一大貢獻，他用耐心和誠心為圖書館招攬了很多人才，其中他最得意的兩位，一位是賴永祥，一位是沈津。

吳文津任館長初期，書籍採購和編目都照舊由中、日、韓文部各自負責。因為編目工作沒有統一，所以有時同類書可能編為不同號碼。他認為這個工作應該統一來做，於是進行了改組，專門成立一個編目部，但是問題就跟著來了：應該找誰來負責呢？

找一個合格的負責人比成立編目部更加困難。我自己在胡佛研究所進行編目工作近十年，深知要勝任這份工作，不僅要是具有高超業務水平的圖書館專業人員，還要有傑出的管理、交流、創新能力，此人要對東亞文化有足夠的了解，同時中文、日文、英文都要流利。最後想到了臺灣大學圖書館系的賴永祥先生。

賴永祥出生於1922年，與吳文津同年，本科在東京帝國大學攻讀法律系，畢業後回到台灣，原本被聘在籌備中的延平學院任教職，後來學校因故停辦，1951年開始在國立臺灣大學圖書館工作並任閱覽組主任，當時美國支援台灣圖書館的發展，賴永祥在1958-59年被推薦到美國田納西州范德

吳文津夫婦與賴永祥夫婦。

堡大學（Vanderbilt University）畢包德（George Peabody）學院深造，獲得圖書館學碩士學位，後籌辦成立臺灣大學圖書館學系並擔任系主任，他的「賴式分類法」，台灣的大學圖書館都採用，對於吳文津來說是最理想的人選。

　　我專程到台灣對他說：「賴先生，我們想成立編目部，想請您去主持這個事情。」他說：「我想一下。」最後對我說：「對不起啊，我家人都在此地。」我當然不能勉強他，但也沒有放棄。後來我又到台灣去，專程去找他，這次他說和家人商量以後覺得可以考慮。後來他來了，那時候大家都不敢相信，居然把此人請來了。他在台灣聲譽很高，能夠放棄那邊到這裡來很不容易。他後來把編目工作做得井井有條，包括更新裘開明先生的《漢和圖書分類法》和後來負責出版哈佛燕京圖書館共72大冊的中日文卡片目錄。因為他來哈佛燕京貢獻良多，可以說是「大才小用」，應該以適當的方式來表示感謝，當時圖書館還屬於哈佛燕京學社，人事方面都是由我決定，因此升賴先生為哈佛燕京圖書館副館長。

　　我寫作本書之時，賴先生也已經98歲高齡，對於吳文津當初邀請他的不懈努力，依然記憶深刻：

　　吳先生對我實在是很好，他就任館長後不久——大概是1967年——當時哈佛燕京圖書館日文部的負責人離開，他就寫信問過我是否考慮到哈佛燕京圖書館工作。我當時在臺大的工作還算是很順利，所以並不想離開，不過他專門安排我到美國去一趟，參加當時的「國際東方學者會議」，我去參會後，就到哈佛燕京圖書館訪問。記得他也曾經到台灣當面問過我是否願意到美國去。1970年他再次寫信給我，詢問我是否可以考慮到燕京圖書館工作，那個時候我就心動了，答應他會考慮。所以在1972年去美國，在當年二月開始在哈佛燕京圖書館工作，一直到1995年12月退休，最後離開是1996年。

　　對於吳文津的領導才能，賴永祥給予很高的評價：

　　我們到美國一切都是吳先生安排的，作為領導他的考慮非常周到，當時他想讓我主持編目部，但他並不是一下就讓我去做那個工作，而是給我相當充分的時間，讓我了解館內的運作，以及當時館內編目所使用的裴開明先生的分類法，還要我了解每一個部門的情況、出席圖書館工作的相關會議，然後才讓我組織編目的工作。後來我做副館長，主要還

是主持編目部，只有在吳館長不在的時候，才暫時管理圖書館的事務。

　　吳文津作為館長，對圖書館的同仁都非常和善，很尊重每一位館員。為了哈佛燕京圖書館的擴大和發展，他想方設法將他認為最有能力的人才請來幫忙，中文資深編目員陶任簡曾是台灣國立中央圖書館編目部主任，韓文編目員白麟曾是韓國漢城大學圖書館編目部主任，聘用沈津為善本部主任又是一個很好的例子。作為一個領導人，吳館長的能力是有口皆碑的。

　　另一個最讓吳文津得意的人才就是哈佛燕京圖書館善本室主任沈津，他是著名版本目錄學家、文獻學家、上海圖書館館長顧廷龍[7]（1904-1998）先生高足，原本在顧先生手下做善本室主任。從前裘先生想把哈佛燕京善本室的古籍做一個目錄，吳文津一直沒忘記裘先生的夙願：

吳夫婦與沈津（左一）和胡嘉陽（右一）。

7　顧廷龍（1904-1998），江蘇蘇州人，著名古籍版本學家、目錄學家和書法家，上海圖書館原館長。

最初請到北京圖書館善本室主任李致忠，他來了半年，給我們大致看了一下，就回去了。有一年沈津從大陸到美國各處有中文善本的地方訪問，除了哈佛，還去了普林斯頓、哥倫比亞、國會圖書館、耶魯等。他到我們這裡來了一個月，走的時候給我們寫了一個大致的目錄，寫得很好，那時候他很年輕，我感到很震驚，覺得這個人非常理想。我就通過哈佛燕京學社，邀請他來哈佛做訪問學者，開始做個比較詳細的中文善本目錄，一年以後他完成了一份草稿，之後我們又弄到一筆經費，就請他留下來任善本室主任，工作基本上就是做個完整的善本目錄，同時協助使用善本室的哈佛教授、研究生和外來的訪問學者。後來出版的《美國哈佛大學哈佛燕京圖書館中文善本書志》，是美國所有東亞圖書館最完整的善本目錄。當時最難的是鑑定哪一些是孤本，但是沈津都盡可能查證出來了。

從大陸請人到美國長期任職還沒有先例，也不好操作，吳文津是偶然在香港中文大學看到沈津，才得知他的舅舅楊振寧在中文大學執教，由楊振寧建議香港中文大學邀請沈津從上海到香港任職，打算全家在香港定居。因為吳文津十分看重沈津的能力，就費盡心血將他請到哈佛，為此沈津的老師顧廷龍先生還專門為求賢若渴的吳文津寫了一幅單條，稱讚他在甄選人才的時候慧眼識珠。在沈津的《書海揚舲錄》中，專門提到顧先生對其赴任哈佛燕京圖書館的支持和對吳

文津的讚譽：

顧先生後來又得知
「哈佛燕京」要請我去寫
作該館善本書志時，馬上
又寫信力主我就任。有
云：「您有赴哈佛之意，
我很贊成，他們條件好，

八〇年代與顧廷龍先生在北京。

編書志，與您很適宜，待遇亦較優。我與哈佛燕京還有點感
情，我助裘開明先生編卡片，校書本目錄，您必知之。我上
次赴美，未能前往，實一憾事。」顧93歲時致我的信又說：
「裘之後任，是否即吳文津繼任？吳延請您去哈佛，編撰書
志，他有見地，亦能識人，為事業著想。忠於事業之人，最
可欽仰。」

沈先生如今也已年過古稀，但談及與吳先生的多年情
誼，許多細節依然能夠娓娓道來：

和吳先生初次見面是1986年在哈佛燕京圖書館。當時從
中國大陸到美國的訪問學者還非常少，社科人文方面的更是
寥寥無幾，中國圖書館界也少有人能夠到美國來，我的目的
非常明確──了解美國所收藏的中國古籍到底是什麼情況？
如此多的古籍是通過什麼方法獲得的？「物以稀為貴」，這

些圖書中有哪些是國內沒有的？當時我在紐約州立大學石溪分校（University in Stony Brook, New York）做訪問學者，從石溪坐火車到紐約，在好友鄭培凱[8]教授開車陪同下到哈佛燕京圖書館參觀，在這之前我對哈佛燕京的了解是從香港《明報月刊》上錢存訓的文章中得到的，錢先生在文中介紹了美國東亞圖書館的概況，不過講得並不細緻。只有在一座圖書館的書庫裡盤桓許久，才能夠了解其大致情況。我到了哈佛燕京圖書館，他們讓我隨意遊弋，我就在書庫裡待了整整三天，得出一個結論——這是一個東方文化、尤其是中國傳統文化的寶庫。吳先生得知我的專業正是圖書館版本學和目錄學，很希望我能夠為哈佛燕京圖書館做點事情，這也是我非常願意的。跟鄭培凱教授去的那次算是「打前站」，後來吳先生又請我去了三次，每次兩個禮拜，一開始是到地下室的普通書庫中尋找善本書，那裡線裝書、平裝書、精裝書、雜誌等都混放，我就在書庫中兜兜轉轉。我選擇善本書的標準很高，第一是根據中國大陸《中國古籍善本書目》的「收錄範圍」，第二是參考國立中央圖書館（現改名國家圖書館）善本書目的「收錄標準」。後來吳先生請我把善本室中一個很大的保險箱裡所有的東西都看一遍，寫一個報告，我在報告中糾正了許多前人的鑑定錯誤。經過這幾次的經歷，我產生一個強烈的想法——一個大學的東亞圖書館，能

8　曾任教於紐約州立大學、耶魯大學、佩斯大學、國立臺灣大學、國立清華大學。1998 年在香港城市大學協辦中國文化中心（Chinese Civilization Centre）。

夠收藏如此豐富的中華典籍，是非常了不起的。這個過程也增進了吳先生對我的了解，並認為我的專業和能力能夠對哈佛燕京有所貢獻。

　　四次訪問哈佛燕京圖書館後，沈津回到上海圖書館，工作很忙，按照中國大陸的規定，訪問學者回國後兩年內不能再受邀請，因此與國外基本斷絕了音訊，但後來為了和太太團聚而定居香港，竟然得以與哈佛燕京再續前緣：

　　有天我在香港中文大學圖書館辦公室工作，早晨十點多鐘，辦公室的門一開，怎麼是吳文津先生進來了？我馬上站起來說：「吳先生，您好！」他非常驚訝，因為我回大陸後就沒有對外聯絡，他並不知道我在香港。他看到我後就講了兩句話——第一句話是：「沈先生？你怎麼會在這裡？」於是我告訴他已定居香港了，他的第二句話是：「非常之好，這下我們請你就容易了。」中午香港中文大學圖書館館長請他吃午飯，我也作陪，他就約我一起吃晚飯。我記得地點是他酒店附近的小飯館，非常簡單，只有我們兩個人，兩三個菜，他提出請我再到哈佛燕京圖書館去，經費由他向當時哈佛燕京學社的社長韓南教授提出申請。當時負責善本室的是戴廉先生，他是吳先生在成都時的高中同學，中文造詣很深，當時他在美國沒有合適的工作，善本室需要一位管理員，吳先生就把他請來了，他在哈佛燕京圖書館工作了十幾

年的時間，後來我去的時候，他已年高，走路都顫顫巍巍
的，不久就退休了。吳先生當時告訴我，戴先生退休之後，
我可以負責善本室的工作。

到哈佛燕京圖書館工作，對我來說是重要的機會，也是
新的抉擇。我首先向他提出，如果到美國去全家可能都要
一起去，他說「好」，並且還主動提出，如果我需要帶參考
書，可以郵寄到美國，所有的郵費由哈佛燕京報銷。因為圖
書館工具書參考書雖然多，但每種只有一本，如果我拿到辦
公室長期使用，其他人就沒法用，由此可見吳先生心思細
密。這兩個諾言，吳先生後來全部實現了。

我辭掉了香港中文大學的職位，把香港的房子賣掉了，
「破釜沉舟」到了美國，在一個並不非常熟悉的國家從零開
始。我在中國大陸的時候，已經是八〇年代中國圖書館學界
最年輕的研究館員，頭上有十三頂「帽子」，從上海市政協
委員到各種學會的理事、委員、部門主任等，雖然這些頭銜
對我意義不大，但也是通過努力得來的。從大陸到了香港，
就把這一切都拋之腦後，從香港到美國，是再一次清零，可
謂「孤注一擲」。我到美國的那天是1992年4月29號，從香
港飛到波士頓，晚上十點多鐘到達，吳先生和哈佛燕京中文
部主任胡嘉陽，還有我的表弟，三個人開了三輛車來接我們
一家三口。吳先生非常周到，他為我們物色的房子靠近哈佛

大學，在安全和方便上都為我們考慮。他把我們接到新房子，幫忙將行李安置好，已經是凌晨一點鐘了，我心裡非常不好意思。第二天他安排我們去中國城購買油鹽醬醋、熟悉環境，5月1日我就開始工作了，吳先生和胡嘉陽幫我辦理好手續，他還親自開車帶我去附近的大商場買電視機等，並陪我去國際學生辦公室辦事。可以說，吳先生把我從香港請到美國，改變了我的人生，如果沒有他的厚愛和幫助，我們也很難在美國立足。

當時吳文津的想法是寫一本王重民《中國善本書提要》一樣的書志，沈津則認為《中國善本書提要》就是「一張卡片的放大」——無非是書名、卷數、作者、版本等，這樣太簡單了，他的想法是把哈佛燕京善本書的內涵——這之中包含經、史、子、集、叢五部——全部揭示出來，對於沒有條件親身和長期在哈佛燕京查閱善本書的學者會有極大說明。這需要寫到作者是什麼人、為什麼寫這本書、書裡面的內容、這本書有什麼特點、流傳的情況等。沈津非常珍惜這個寶貴的機會，從上班第一天起就全力投入：

我要求自己每天必須完成3篇（大約3千字），寫得非常辛苦，用兩年的時間完成了152萬字，除了一些重要活動——如泰國的公主詩琳通來參觀的時候，吳先生讓我準備一個小型展覽向她介紹，剩下的時間幾乎一直都在翻書寫

作。戴廉先生曾寫了一首詞給我，錄在辭書版《書志》的「後記」中，那就是我當年工作的寫照，非常真實：「經一篇，史一篇，書志撰成百萬先，小樓人未聞。風一天，雪一天，廢寢

向泰國詩琳通公主介紹哈佛燕京圖書館所藏善本書（1992年）。

忘餐志不遷，世間難此緣。」

在這期間，吳文津一直給沈津最大程度的信任和自由：

吳先生是極端聰明的人，也是真正的圖書館「事業家」，他非常大的特點是「用人不疑，疑人不用」。哈佛燕京圖書館善本室在三樓，他很少上樓「檢查工作」，完全靠每個人自覺。「士為知己者死」，吳先生對我如此信任，我也用努力工作回報他。每月第一天，我一定會在早晨把上月寫完的書志複印一份給他看，我當時寫作用的是從香港帶去的500格一頁的稿紙，沒有多久，我帶去的幾大包稿紙全部用完了，有人幫我想了個聰明的辦法──把稿紙拿去複印，於是我又複製了很多稿紙，繼續拚命寫，每個月交給吳先生的書志很快在他辦公室堆起了高高的一沓，他看到我的成果

總是非常高興，因為他知道，這是我「屁股不動」，整日坐在那裡一字字寫出來的。

後來我正式擔任哈佛燕京圖書館善本室主任，吳先生給我三個工作：服務讀者、管好善本書庫、繼續撰寫清代部分的善本書志。還記得吳先生跟我說過一段話：「沈先生你知道嗎？善本室主任這個位置是為你而設的，在全美國只有你一個人擁有善本室主任這個正式職位，我專門為你申請的。」有了這個職位，我才能拿到和圖書館下屬各部門主任一樣的薪水，可以以這個身分對外聯絡、開展工作，有這個頭銜的名片我還保存著。吳先生非常照顧我，我一直心存感激。

直到今天，對於任何一個規模宏大的圖書館，從善本書志的撰寫方面，「哈佛模式」是不可超越的經典，《美國哈佛大學哈佛燕京圖書館中文善本書志》依然具有重要的指導意義和參考價值。後來《美國哈佛大學哈佛燕京圖書館中文善本書志》的清代部分提上日程。沈津邀請了嚴佐之、谷輝之、劉薔、張麗娟四位中國學者合作撰寫，請人的要求和吳先生當初請他一樣苛刻──訪問學者需具備一、二十年的專業訓練基礎、到美國之前需熟讀《美國哈佛大學哈佛燕京圖書館中文善本書志》（宋元明部分）。沈津說吳館長在圖書館只談工作，不和別人搭訕閒談，他自己也是走馬上任的

第一天就開始提筆寫作，因此他所挑選的四位學者也是馬上進入工作模式，每人完成兩百篇善本書志，二十多萬字，這部書志將哈佛燕京館除方志之外的所有中文古籍善本悉數囊括，總計3,098種，400萬字，四位學者共撰寫100萬字，沈津一個人完成了300萬字的任務。為了與之前的宋元明部分有所區別，這部書志取名為《美國哈佛大學哈佛燕京圖書館藏中文善本書志》，書名中增加一個「藏」字。2011年由廣西師範大學出版社出版，榮獲中國新聞出版範疇的最高獎──「中國出版政府獎圖書獎」。

　　沈津記得吳文津工作時非常認真專注，館長辦公室在一樓，吳文津在地下室裡還有個辦公室，那是整個圖書館最小的房間，他常在那裡思考問題、處理各種事務、回覆信函，那間小屋的門一關上，「沒有人敢去打擾」，大家在走廊裡看到吳文津手拿一張信紙，就知道他剛剛回覆完信函，從地下室那間小小的辦公室出來。回憶起在哈佛燕京的歲月，吳文津的管理才能和人格魅力也令沈津記憶深刻：

　　吳先生從沒有大發雷霆或飛揚跋扈的樣子，但是工作起來非常嚴肅，工作人員都有點敬畏他，只有在這幾個地方，他才會說說笑笑：大家在圖書館附近的草地上露天燒烤的時候、在哈佛燕京的公共休息室裡或是耶誕、春節大家在外面餐廳聚會的時候，還有就是在中文編目部辦公室裡參加大家potluck（每人帶一個菜的聚餐）的時候，他私下裡是非常放

鬆活潑、不拘小節的。

　　吳先生在美國東亞圖書館系統中的威望極高，和他個人的魅力是分不開的，他工作時候有一種威嚴，但對待人之道非常了解，走到哪裡都很受歡迎，也很有識人之明，別人到他的辦公室，交談幾分鐘他就知道誰值得信任。作為一個被他請來的學者，我感受到了極大的尊重，和他希望我為哈佛燕京圖書館做出貢獻的期望。吳先生在任期間，我工作時身心都非常愉快，沒有任何包袱。吳先生是一個正直的人，作為學者他說話實事求是、見多識廣，他待人真誠、樂於助人，這也與他的基督教信仰有關，我認為他也是一個儒者，行事寬厚而具有分寸。因為對他的感激之情，我在1996年出版處女作《書城挹翠錄》的時候，在扉頁上將此書獻給兩個人，一位是我的老師顧廷龍先生，還有一位就是吳文津先生。

　　另一位由吳文津請到哈佛燕京圖書館，後來成為他的老同事、老朋友的就是日本學者青木利行先生，青木先生原本在耶魯大學東亞圖書館任職，成績有口皆碑，1968年吳文津請他主持哈佛燕京圖書館日文部，因日文部急需學術期刊和政府文件，二戰之前的社科類資料也不多，青木先生接手後就和日本的大學與學術機構積極交換資料，還參加了哈佛燕京與其他東亞圖書館分工合作收集資料的項目（這一項目在

下一節有詳細介
紹），1985年他協
助賴永祥先生出版
了長達33卷的哈佛
燕京日文編目卡目
錄，1994年參與編
纂了早期日本圖書
的目錄，讓哈佛燕

吳文津和青木利行先生在哈佛燕京圖書館門前。

京圖書館日文部更加為人所知。青木先生在這個職位上工作
了31年，於2016年去世。在吳文津的回憶裡，青木先生是一
個沉默謙遜，而又對圖書館事業充滿激情的人，吳文津的許
多老友都是沉默寡言的，但他似乎總能感受並且欣賞他們細
膩豐富的內心世界，在他悼念青木先生的文章中，吳文津深
情地說，如今他閉上眼睛，「似乎還能聽到青木先生在哈佛
燕京圖書館同仁們的聚會上，吹奏著他的單簧管。」

　　在這裡工作了33年的原中文部主任胡嘉陽與吳文津相處
二十餘年，被他稱為「哈佛燕京圖書館最好的職員之一」。
她本科和碩士均畢業於國立臺灣大學中文系，後在加州大學
伯克萊分校取得圖書館學碩士學位，畢業後進入哈佛燕京圖
書館工作，吳文津稱讚她「將自己的知識應用在維護和保持
中文館藏的優秀品質上，並且在管理工作上非常有條理」。
除了1970年到1975年為編目員外，胡嘉陽一直在吳先生手下
做收集中文資料和為讀者做參考諮詢的工作，她告訴我：

吳館長做事明快，凡有疑難，即刻就可得到解決。我最欣賞他的是跟館員們只有工作關係，沒有私人關係，也因為他這種態度，不同背景的同仁才能和樂相處。吳太太爽朗可親，1970年感恩節是我第一次被邀請到吳館長家，嚐到吳太太做的一大桌火雞大餐，往後好多年我和幾位單身同事都是吳家感恩節的座上賓，也才知道吳太太不僅西餐做得好，中餐也做得好。

陳毓賢女士這樣對我回憶吳文津領導下的哈佛燕京圖書館：

我記得一位負責關於東亞的西文書的Raymond Lum（林希文，1944-2015），很受行內人愛戴；另一位是何謙，她父親是早年留日的台灣名醫，她中英日語都流利，人又那麼漂亮和氣，做哈佛燕京東亞圖書館的前台太恰當了，可以說是「the face of the Library」（圖書館的臉面），多少男人為她傾倒！吳先生獨具慧眼，能夠招攬不同背景的人才，讓他們各發揮所長，你可以清楚地看出，他們都很熱愛自己的工作！

與其他圖書館分享資源

提起美國東亞圖書館的發展，吳文津常說的一句話是：

「水漲才能船高。行業發展起來了，每一座圖書館都能受益和進步。」哈佛燕京圖書館擁有豐富的資源，但吳文津從來沒有把它當成自家獨大的利器，處處考慮如何將資源發揮最大的功能，從而讓更多學者受惠。他借到陳誠「中華蘇維埃共和國」的資料後，複製給別的圖書館，便是一例。他還推動東亞圖書館電子化，包括成立「OCLC CJK Users Group」（OCLC中日韓文使用者諮詢委員會）的工作，又是一例。由於書籍昂貴而帶來對東亞圖書館經費的壓力，他曾與耶魯、哥倫比亞、普林斯頓大學東亞圖書館協商，建立一分工合作的採購制度，由每一圖書館負責盡量採購某一省份或地區所有研究價值的資料，集腋成裘，相互共用，非但能減輕書價對各圖書館的壓力，並可增加收藏的數量及避免重複。1964年隨著他世界各國訪問後創立的「中國研究資料中心」也是他為資料共用所做出的努力。

1992年《台灣光華雜誌》採訪吳文津時，曾問近年來不少大學的東亞圖書館辦得有聲有色，「對燕京這個老大哥急起直追」，例如伯克萊、史丹佛等學校，都在燕京之前就出版了中、日文書目，以自動化來說，密西根大學的借書流程已經自動化。歷史最久、規模最大的燕京，怎樣應對這些競爭？吳文津回答說：

　　圖書館的工作太多了，尤其隔著半個地球搜集東亞的資料，該做的太多，沒有一家圖書館有能力做完。所以，現在

與哈佛大學校長德里克・C・巴克（Derek C. Bok）訪問東亞，途經夏威夷檀香山（攝於1977年）。

的重點不是競爭，而是合作。

目前該注重的，不是怕別人搶你要做的工作，而是怎樣透過合作，像聯合採購、館際借閱等方式提供消費者更好的服務。

正是因為他一直堅信「合作大於競爭」，所以在百忙中長期參與各種圖書館同業組織與活動，慷慨地獻出他的時間和精力，為東亞圖書館提供建議，以及提攜後進等不遺餘力，這些都是同行人尊他為元老的原因。

從事圖書館事業的心得

吳文津從事圖書館事業，一直踐行自己要做「服務型館員」和「學者型館員」的理念，圖書館工作人員應該是「通才」，了解多學科的知識、關注最新學術進展：

大學圖書館收集的資料很廣，從考古到當代的政治，要勝任圖書館的工作，最重要的就是做一個通才，知識愈多愈

豐富就愈好。以美國東亞圖書館為例，其中大部分資料還是關於中國的，如果想要在東亞圖書館工作，最好有豐富的和中國相關的知識，對文化、歷史，還有政治、經濟等各個方面都應該有所涉獵，因為圖書館的編目、採購、參考等工作都需要這些知識，如果進入圖書館以後再學就晚了。對於一個課題，館員應該知道自己所工作的圖書館裡有什麼資料可供使用，而這家圖書館中沒有的資料可以到哪裡去找。

好的圖書館要緊跟學術動態，吳文津提倡館員應當和教授與學生有密切的聯繫，多參加學校裡和其他地方的學術會議：

圖書館的工作有繁瑣細膩的一面，也有活潑前瞻的一面，因為它除了要滿足現在消費者的需要，還得預期到未來的需要。我自己研究民國史，深深知道：愈是近代、當代的資料愈難找，除了因為有些資料還未公開外，也因為它是動的，還在變。

就以採購來說，必須掌握政治、經濟、社會……每個範疇的方向，知道哪個題目有發展潛力、哪個學者的著作值得注意。這方面燕京可以說得天獨厚，因為哈佛的東亞研究很強，教授們的研究走向與建議，就可以提供很好的參考。來自東亞的訪問學者，也是我們「挖」線索的目標。

　　他還認為館員也要做一點自己的研究，才能夠為學者尋找資料提供幫助和便利條件：

　　基本上，我是以研究者的立場經營圖書館；事實上，我也曾經直接應用自己的圖書館做學術研究，真正體會一下使用者的感覺。

　　現在在美國的中國留學生中，也有不少人在學校圖書館裡兼職，很多從事中國研究方向的學生，也考慮畢業後在東亞圖書館工作。從圖書館裡打工的學生助手到世界著名圖書館學家，吳文津的經驗很值得青年學習：

　　雖然很多中國留學生都在圖書館打工，但未來是否能夠在圖書館工作，要看個人的興趣。我打工時圖書館規模很小，從搬運圖書到編目，什麼事情都要做一點，可以了解圖書館工作的方方面面。現在的圖書館人員編制很完整，打工的時候也許只能接觸到一小部分的工作，如果自己對圖書館事業有興趣，要積極主動地找機會學習。

　　如今中國人在美國公立圖書館工作的也很多，因為大的公立圖書館都收集中文的東西，而中國人有著語言和文化背景上的優勢。一個有趣的現象是，現在美國有幾個規模較小的大學圖書館館長是中國人，圖書館專業教書的也有很多中

國人，但絕大部分還在東亞部分，做一
般工作的比較少。中國留學生畢業後如
果想從事圖書館事業，需要提高自己的
英語能力，在圖書館工作，不僅要知識
豐富，更要有好的交流技能，否則難以
勝任行政管理上的工作。

在哈佛燕京圖書館
（攝於1980年）。

　　吳文津的一生見證了圖書館事業的
日新月異，對經營圖書館的方方面面都有獨到見解，首先他
認為藏書建設無論何時都是圖書館的基本任務：

　　做資料搜集工作的人，頭上的天線要放高一點，我們要
為今天及後世的研究者留住了解這個時代的依據。而且有很
多東西如果今天不搜集的話，以後就找不到了。舉例來說，
有些邊緣的、零零碎碎的東西，像我們搜集了一千多份八九
年民運期間，在天安門廣場散發的傳單，還有台灣選舉的海
報、宣傳單。這些東西因為不好整理，一般圖書館多不收
藏，但其實有高度的研究價值。此外，美國的圖書館目前都
有一個迫切的需要——搜集「非書」的資料，包括錄音帶、
錄影帶、照片、紀錄影片等。以這些形式保存的資料一直沒
有受到跟書一樣的重視，但隨著視聽技術的進步及應用的普
及，已成為不可忽視的資料來源。

　　吳文津特別強調這些短暫性的非書資料對研究的重要性。

　　如果我們有一批在五四運動時的傳單、標語、學生領袖的訪問和各地回應以及目擊者的報導等，那對我們的研究應該是如何的重要。

　　就天安門檔案來說，他專程去香港和台灣搜集資料，包括當時在天安門支援民運和後來政府分發的傳單、摺頁冊、大字報、錄音帶、錄影帶、當時的中文和英文報紙的報導等。成為美國東亞圖書館搜集天安門檔案之最。[9]

　　他也意識到應用高科技則是圖書館的未來趨勢，但「人」的作用和高科技的應用缺一不可、相輔相成：

　　我念書的時候，圖書館專業和現在的主要不同是高科技在圖書館的應用。當時還沒有電腦，所以諸如圖書館的管理、採購、編目、諮詢和公共服務的工作都從傳統的方式出發。換言之，一切都是由人工處理。高科技在圖書館應用後，讓圖書館工作發生了質的改變，一切都要重新來過。隨

9　哈佛燕京圖書館所藏「天安門檔案」的目錄共 25 紙箱。簡單內容如下：中文論文、報導、摺頁冊等（2 頁）；英文論文、報導、摺頁冊等（5 頁）；錄音帶（3 頁）；中文書籍（3 頁）；英文書籍（2 頁）；傳單（19 頁）；中文報紙剪報（13 頁）；英文報紙剪報（35 頁）；大字報照片及幻燈片（24 頁）；一般照片及幻燈片（2 頁）；中文期刊（1 頁）；英文期刊（2 頁）；視頻（1 頁）；血衣（1 頁）。

著科技的發展，還有一件前所未有之事，就是由於各種資料庫的建立，諮詢管理就成為一種新的學問，現在差不多所有的圖書館學校都更名為「圖書館和資訊管理學院」（School of Librarianship and Information Management）或者就稱「資訊管理學院」（Information School），高科技給了圖書館一套從所未有的工具，讓圖書館的工作方便很多，更有效率。然而工具仍然是工具，比如說，高科技可以在各方面提高採購工作的程序和效率，但是機器終究不能告訴我們如何去執行圖書館的基本任務，那就是藏書建設。如何去做藏書建設的工作還是需要人的智慧去挑選、發掘。

說到構築人際關係，華人學者初來乍到時對美國的學術和文化情況不太了解是正常的，而吳文津總能架起溝通的橋梁。在吳文津手下工作二十餘年的中文館主任胡嘉陽曾說，正是因為有吳文津在哈佛燕京圖書館中，不同專業、不同國籍、不同政治立場、不同宗教、不同性格的人們才能夠和諧相處。史丹佛大學圖書總館顧問邵東方談到前輩吳文津時曾說，讀者們的思想千差萬別，而圖書館是一個中性的學術空間，

在哈佛燕京圖書館館長辦公室（攝於1982年）。

最可貴的是能夠相容並包，就像《禮記》中說的「君子和而不流」，吳先生就是這樣一位君子。

第八章

「愚公弄」的生活點滴與在哈佛的朋友們

　　吳文津1964年開始全球考察之旅後，先後前往歐洲和亞洲各國，只在耶誕節回家一次，而旅行結束以後就須到哈佛上任，在此期間家裡全靠雷頌平支撐。她的娘家人得知他們以後即將舉家遷往東岸都很不捨，雷頌平的姨媽對她說：「你如果去了，你媽媽一定會很傷心，短了十年壽命。」雷頌平說：「不會的，我們是信主的，生命前途都在主的手中，要是神不許可，我們也不會去。」吳文津考察結束前，雷頌平獨自在家找房產經紀人賣房子，以準備來年全家搬到哈佛。7歲的兒子章敏覺得爸爸不在，自己是家裡唯一的男子漢，有重活都搶著做，包括幫媽媽把垃圾桶送到垃圾站，每天晚上睡覺前還會把門窗是否鎖好全部檢查一遍。雷頌平回憶起那段時光，並沒有覺得辛苦，只是感嘆孩子的乖巧和賣房子的順利，她只有對自己的驕傲，沒有對旁人的怨言：

　　打理草地、洗地板、管孩子都是我自己；為了賣房子，我重新油漆了三個臥室，那時候女兒才五歲，我告訴她：

241

「你進來的時候要先叫我，直接推門會把油漆灑滿地。」她很乖，就自己拿本雜誌在外面看，後來她過來跟我說：「媽媽，那上面每個字我都看了。」我覺得她很可憐。賣房子那一天下雨，我以為不會有什麼人來，結果兩點鐘把牌子掛出去，五點鐘房產經紀人就說房子賣掉了。我非常高興。他（指吳先生）回家後還說：「看，我一回來房子就賣掉了！」其實他什麼都沒做，都是我做的。不過他出差我從不介意，我一直覺得他的事情更重要。

每每聽吳太太講起自己對吳先生的支持，我都覺得她既是個聰明能幹的現代女性，也依然有著「傳統」的思想，這不僅源於中國女性相夫教子的傳統，在五、六〇年代的美國家庭大多也是「男主外、女主內」，女性出去工作還是比較少見的情況。吳太太無論是做主婦還是出去工作的時期，總把吳先生的事業看作第一位，而這一點非但不是困擾，反而讓她快樂，我想這是因為她在家庭中的地位絕不是附屬的，與之相反，正如吳先生是圖書館的主心骨一樣，她是一個家的主心骨，說起搬家到東岸時自己從不情願到同意，吳太太笑嘻嘻地說：「如果我當時不同意，他就去不了嘍！」

「愚公弄」的生活

　　吳文津一家搬到麻薩諸塞州（Massachusetts）後，發現

美國東西海岸有著截然不同的文化，半個世紀以前，這一差異非常明顯。他們在劍橋以西大約13英里的一個小鎮韋斯頓（Weston）買了房子，發現和熱情友善的加州人相比，這裡民風非常保守，世世代代居住此地的人不習慣和陌生人打交道，在商店裡買東西付帳，有時對方連一聲「謝謝」都不說，讓人覺得很奇怪。後來才知道，在美國東北部新英格蘭地區生活的許多人都是17世紀移民到美洲的英國清教徒後代，本身家族人口眾多，幾乎不需要和家族之外的人接觸。後來和鄰居熟了以後，發現他們還是有熱情的一面，他們說：「我們不是排外，只是沒時間和外人交朋友。」這一點有些像中國傳統的大家族，人口多、事務多，一輩子接觸的人也許都沾親帶故，無暇主動和陌生人建立友誼了。

他們剛到東部的那一年，有件事給雷頌平留下很深刻的印象：

有一天我去超市買東西，剛停好車就發現一位上了年紀的女士車子在路中央拋錨了，我發現她在猛踩油門，想把車重新發動起來，雖然我也不太懂車，但我想因為她一直踩油門，發動機溢油了，於是就跑過去給她一些建議，至少讓她不那麼著急。正在這時，另一位較年輕的女士很不高興地走了過來，抱怨我們把路堵住了，我告訴她：「非常抱歉，這位女士的車拋錨了，麻煩您等幾分鐘，如果車子還不能發動的話，我到路邊商店裡找人幫忙。」對方打量了我一下，

說：「女士，你一定是剛從加州來的！」我非常驚訝，於是問她：「你也是從加州來的？」她說：「我曾經在伯克萊住過六個月，所以知道加州人會這樣跑去幫別人。但是聽著，在此地我們不找不認識的人幫忙，因為沒人會理你，如果你的車壞在路上了，把引擎蓋打開，在收音機天線上繫一塊布，想幫忙的人會自己來，記住了？」

　　不過幾十年過去了，這一點已經發生了很大改變，如今的新英格蘭人也和過去不一樣了。波士頓（Boston）成為了教育、文化、醫療、高科技產業的中心，有許多人才從不同的地方來，對這一地區的人際關係有深遠的影響。

　　吳文津決定從史丹佛大學到哈佛大學任職之初，加州的朋友不願意他們搬走，大肆渲染波士頓冬天的酷寒——一年有三個月不能出門，大雪之後常常有幾週困在家裡！嚇得他們一到新家，就買了一個超大的立式冰櫃用來儲存食物，以免暴風雪之後家裡斷炊，不過在後來的幾十年之中，這樣大的雪只下了寥寥幾次，但每次下雪以後路面都結冰，很容易出交通事故。東部生活對於他們一家都很新鮮，章敏和章玲在加州長大，很喜歡吃黑莓，可東岸少見這種水果。黑莓是加州特產，長得有點像桑葚，但形狀沒有那麼長，表面的凸起比較大，成熟之後紫得黝黑發亮，酸甜可口，但是不易保存，當年在美國東部還很難見到。剛搬到東岸時，別人問章敏想吃什麼口味的水果派，他說：「黑莓！黑莓！」對方

說：「那你來錯地方了，這是產藍莓的地方。」不過他們的子女對東岸生活適應得很快。當年波士頓地區華人不多，要去當地的中國城裡才能買到大米，吳文津去買的話八美元，雷頌平去買只要七塊五，能夠便宜些的緣故是店主都是廣東人，見到老鄉會給優惠。很早就移民到美國打拚的廣東人非常團

在位於韋斯頓的家中。

結，有時有點排外，要和不說廣東話的人打交道時甚至有點惱火，說對方是「唐人不識唐話」，而見到講「唐話」的同胞，自然格外優待。

過去美國女性有了孩子後就很少出去工作，五、六○年代美國經濟特別繁榮，一般一個人工作就可以養家；七○年代婦女解放運動後，即使丈夫能夠養家，做妻子的也想有自己的事業。他們初到東岸，兒子八歲，女兒五歲，沒有托兒所，雷頌平只能在丈夫不工作時出去，每星期四孩子上學以後，她就和其他年輕媽媽在一起吃糕點縫衣服、談天說地，小孩放學之前回到家。後來她參加了教會裡五、六位教友組織的義工隊，每星期做些點心，到精神病院探望做過電療的病人，他們身心俱疲，雷頌平就坐在身邊和他們談話，安撫他們的情緒。她的性格既細膩又爽朗，很受病人歡迎。

　　美國東海岸的房子相對於西海岸來說院子都很大，剛到哈佛吳文津就常常出差，他們在韋斯頓的房子有1英畝的院子，旁邊就是十幾英畝杳無人煙的林地，屬於不能開發的政府保護區，後院裡經常有鹿、鵪鶉等動物路過，夜幕降臨之後一片黑黝黝，雷頌平獨自一人帶著孩子在家，一向堅強能幹的她也感到很害怕──「我那時候就想，可不可以請人來陪陪我！」不過後來也就習慣了，院子大也有好處，就是請客的時候人多也不顯得局促，善本室主任沈津回憶說：「吳家後院草地綠油油的，沒有一根雜草，一看就知是精心打理過的，他和吳太太對大家都很熱情。」

　　這棟房子所在的街道叫做「四月街」（April Lane），也是那條街唯一的房子，門牌號碼就是「四月街一號」（1 April Lane），有一天研究五四運動的著名學者周策縱（1916-2007）到吳家吃飯，他問吳文津：「你這個地方有中文名字嗎？」吳文津說沒有，周策縱說：「那我給你起一個好了」，吳文津拿來紙筆，周策縱就一本正經地寫下了「愚公弄」，因為「四月一號」正好是西方的愚人節，是大家互相捉弄取樂的日子，而「愚公」又讓人想到愚公移山的故事，這個名字取得別致又幽默，吳文津非常喜歡，後來一位到哈佛的訪問學者給吳文津刻了一個「愚公弄」的圖章，吳文津在哈佛燕京圖書館工作了三十多年，也在「愚公弄」住了三十多年，直到吳文津退休，他們的客廳至今還掛著幾張「愚公弄」的照片。

「愚公弄」印章。　　　「愚公弄」街景。

在哈佛的學者朋友們

　　吳文津在哈佛燕京圖書館工作時認識了許多傑出學者，他的多年好友余英時是香港新亞書院第一屆畢業生，師從國學大師錢穆先生，後在哈佛大學隨漢學泰斗楊聯陞先生，獲得歷史學博士，旋執教密西根大學。1966年余英時回哈佛任教時，吳文津剛繼任哈佛燕京圖書館館長不久，兩人常常在圖書館相遇，成為相交半個多世紀的朋友。其間余英時去母校新亞書院任院長兼香港中文大學副校長，後任耶魯大學及普林斯頓大學講座教授，2001年榮休，著作等身，2006年榮獲有「人文諾貝爾獎」美譽的美國國會圖書館克魯格人文與社會科學終身成就獎（Klug Prize），2014年又被選為漢學「唐獎」的首屆得獎人。

　　我認識余英時半世紀，我們之間的交往算是「君子之交淡如水」。他是一位比較沉默寡言的學者，我從未看見他和人爭吵過，和他後來寫作犀利的文風不大一樣。我1960年在台北認識余英時的岳丈陳雪屏先生，雪屏先生曾前後任北大及臺大心理學教授，後投筆從政，當時他是台灣行政院的秘書長。我去台北拍攝「陳誠特藏」（江西蘇維埃共和國檔案）時，陳誠時任行政院院長，因此我主要聯絡的人是雪屏先生，後來又見過幾次，他也是聞名的書法家，所以我請他賜一幅字，他寫的是元好問的詩歌「正須謀獨往，何暇計群飛」，可能是影射了當時陳誠與蔣經國陣營在政治上不十分投契的情景。我在哈佛期間，這幅字一直掛在我的客廳裡。我們和余太太陳淑平（Monica）相當熟，她是一位典型的賢妻良母，與余英時十分般配，對他也很支持，正合美國話說的，她是余先生的「更好的一半」（The better half）。

　　2017年吳文津出版他的《美國東亞圖書館發展史及其他》，余英時欣然為其作序（這篇序言已收入本書作為附錄），在長達6千字的序言裡，余英時詳述了吳文津所做的貢獻，序言中說：

　　吳文津先生和我相知已近半個世紀。現在為他的文集寫這篇序文，我實在感到無比的高興，因為這恰好給我提供了一個最適當的機會和方式，藉以表達對老友的敬意。

　　直到現在，他們每年耶誕還會交換禮物。2020年本書完稿之際，我曾致信余英時教授，他在90歲高齡時還很快回信，信中說：「為吳文津先生夫婦寫一詳細傳記，是一件極有意義的事。尊著必將取得學術史上重要成績。」並且親切建議將他之前為吳先生文集所寫的序言收入本書作為附錄。

　　著名歷史學家黃仁宇（1918-2000）也是吳文津的老友，他是湖南長沙人，1940年成都中央軍校畢業，1943年被派駐印度遠征軍，任孫立人指揮的新一軍上尉參謀。二戰後1946年赴美，在美國陸軍指揮參謀大學（U.S. Army Command Staff College）受訓。後被派任中華民國駐日軍事代表團團長朱世明將軍的副官。1950年退役後，進入密西根大學轉念新聞系，1957年獲得碩士學位後改念歷史，1964年以明代漕運為題的論文得博士學位，是余英時於密西根所指導的博士生。1968年由余英時介紹，去紐約州立大學新帕爾茨分校（State University of New York at New Paltz）分校教中國史，1972年蒙邀赴英國劍橋參加李約瑟（Joseph Needham）主編之《中國的科學與文明》的集體編撰工作，1970年去哈佛大學東亞研究中心（後改名費正清中心）繼續他的明史研究期間與吳文津相識。1979年當黃仁宇61歲時被紐約州立大學新帕爾茨分校解聘。根據吳先生回憶，他被解聘的原因傳言很多，想係累積而來。校方的說法是因為預算關係。有人說是選修他課程的人數過少；有人說他所宣導的「大歷史」觀和美國研究中國歷史學界的「微觀」主流背道而馳，因而未受

到重視；也有人說他執教時期沒有出版東西，在美國「不出版就消亡」（「publish or perish」）的學術界環境裡，這是一個大忌；也有人說他的性格倔，過於固執己見。吳文津認為這些原因也許都有或大或小的影響，他很欣賞黃仁宇，至今仍然保存著黃仁宇在寫作《從大歷史的角度讀蔣介石日記》時，與他討論問詢的信箋。他還曾回憶說，黃仁宇在哈佛時90%的時間都在圖書館裡。

1995年黃仁宇的一封來信（上）。

　　我對他（指黃仁宇）的印象很深，因為他是一個很有個性的人，待人誠懇，生性豪爽，由軍人成為歷史學家，十分罕見。他非常有主見而達觀，在學術研究方面很能創新立異，深信他自己的看法，但是為人非常低調，也許因為如是，他在美國的東亞學術圈裡沒有得到他應該有的聲望和榮譽。我想或者這是他引以為憾的事。很諷刺的就是他聲望漸高，特別是在美國以外變得出名，是在他被解聘以後的事。

1995年黃仁宇的一封來信（下）。

黃的《萬曆十五年》（*A Year of No Significance: The Ming Dynasty in Decline, 1587*）1981年由耶魯大學出版社出版，接著第二年1982年北京中華書局出中譯本，成為暢銷書後名噪全國。他寫的*China: A Macro History*，中文版叫《中國大歷史》，1993年由台北聯經出版公司出版，最近（2019年）聯經又出《黃仁宇的大歷史觀（黃仁宇一百週年誕辰首次結集生前未出版專論紀念版）》。除了學術專著，他在生前為自己作了一個總結，用英文寫了一本回憶錄，[1]名為*Yellow River and the Blue Mountains*，註明必須在他去世後出版，後由張逸安譯成中文，題名《黃河青山：黃仁宇回憶錄》，前後由台北聯經和北京九州出版社於2001及2007年出版。書名中的「青山」緣自日本明治時期政治家西村隆盛的詩句：「男兒立志出鄉關，學不成名誓不還，埋骨何須桑梓地，人生何處不青山」，十足描述了黃仁宇的治學精神、奮鬥過程和他的豁達的人生觀。

在學術界頗具盛名的楊聯陞（1914-1990）教授也是吳家的好朋友。楊家常常高朋滿座，包括張大千、梅貽琦、趙元任、李方桂、錢穆等都曾是座上賓，楊太太出身書香

1　紐約 M. E. Sharpe 出版社 1988 年出版。

世家，是著名學者繆鉞[2]的妹妹繆鈴（字宛君），燒得一手好菜，楊家請客時楊太太總在廚房先拿點東西請雷頌平吃，說：「你在外面工作了一天，一定很餓了。」對她這種關懷雷頌平感到異常溫暖和感激。楊太太不大會講英文，一向也不穿洋裝，她說有個心願，想買兩套西裝，問雷頌平能不能帶她去買，雷頌平爽快地答應，兩個人便一起去了，買了西裝楊太太和楊先生都高興得不得了。

每次請客楊先生必要拿出一本小冊子，請大家在上面寫一點東西。楊先生外孫蔣力所寫的《我的外公楊聯陞》中提到，1980年8月12日，哈佛燕京圖書館館長吳文津在楊家的冊子上寫道：

> 蓮生年來身體不適，今痊癒，快如何之。並賜貴州董酒，不下茅台。唯頌平在西雅圖探親，未能參與盛會耳。

「蓮生」是楊聯陞先生給自己取的名字，好朋友都這樣稱呼他。

吳夫婦還記得到楊先生家吃飯，常常玩聯句接龍（也叫頂針續芒），內容可莊可諧，第一位先題四個字，接著下一

---

2 繆鉞（1904-1995），字彥威，江蘇溧陽人，出版有《元遺山年譜彙纂》、《詩詞散論》、《杜牧詩選》、《三國志選》、《讀史存稿》、《杜牧傳》、《杜牧年譜》、《三國志選注》（主編）、《冰繭庵叢稿》、《靈溪詞説》（合著）、《三國志導讀》（主編）、《冰繭庵序跋輯存》、《冰繭庵剩稿》、《詞學古今談》（合著）等專著。

位就用第四個字或其同音字開始再題四個字，最末一位所提
的第四個字，又要回到起句的第一個字，這樣的遊戲，繼承
了過去的文人雅集，不少名人都在楊家參與過。梅貽琦去世
後，楊聯陞曾寫下〈梅校長的幽默文字〉一文，其中紀錄了
一次1955年4月11日的聯句：

> 燒餅很好 梅貽琦
> 好好好好 張充和（傅漢思夫人）
> 好酒好菜 金毛雲琴（金龍章夫人）
> 菜好酒佳 傅俞大彩（傅斯年夫人）
> 佳人才子 楊聯陞
> 子曰不可 傅漢思
> 可以礜鐘 趙元任
> 鐘鳴即起 金龍章
> 起頭發燒 趙楊步偉（趙元任夫人）

在哈佛常常請客的除了楊聯陞教授夫婦和趙元任的女兒
卞如蘭教授，吳文津夫婦也廣交朋友，留下了許多難忘的回
憶。

聞名哈佛的吳家菜肴

吳文津夫婦很好客，有華人朋友來一定要請到家裡吃飯

以表尊重，雷頌平已經從她的父親那裡學會做許多廣東名菜，所以請客不成問題。有次一位她父親的好朋友路過波士頓，到吳家吃飯，大吃一驚，連說不敢相信這

精於烹飪的雷頌平。

麼多好菜都是雷頌平的廚藝。她會做的菜很多，有一道拿手的鴨子，師承她的父親，又做了許多改良，雷父在鴨子周圍擺上炒火腿等各色輔料，雷頌平獨出心裁，在油亮亮的燒鴨下面鋪上綠油油的菠菜，命名為「西湖鴨」，成為她的招牌菜，不僅是客人們，家裡人也都很喜歡吃這道菜。

吳夫婦美國教會的朋友很喜歡吃中餐，請雷頌平在教會開班授課，收到的學費全部捐給教會，正好教會要建新堂，烹飪班的學生畢業時舉辦一個中國美食大派對，賣票所得的收入不少，印製出當天的菜譜又賣五美元一份，總共募得三千美元也都捐給教會的建堂基金。多年後他們退休回到加州，有人發郵件給他們說：「那次的中餐派對真有意思，可惜我們收費太少了！」另外一位也發電郵說：「我現在想做咕咾肉，菜譜找不到了，可以寄一份給我嗎？」

提到那段歲月，吳文津說太太「不辭勞苦」，而吳太太

卻只說「lots of fun」（很有意思）：

　　剛結婚的時候，就只會做豬排，一個朋友在史丹佛吃過我做的飯，後來到東岸又吃我做的飯，說：「你的進步好大！」讓我覺得有些不好意思。到了哈佛以後常常有人來家裡吃飯，不管我去哪兒，他（指吳文津）都能找到我，然後過來說一句：「今天有人來吃飯。」我從來沒有說過一次「不」。那時候就覺得是自己的本分，這麼多年來，問心無愧！

　　每年感恩節、耶誕節的時候，吳夫婦都請波士頓地區的中國學生到家裡吃大餐，讓他們在異國他鄉感受到家的溫暖，雷頌平婚前在西雅圖的家中就有此傳統。曾經去吳家吃過飯的，有當時在哈佛大學法學院讀書的馬英九，後來馬英九在台灣兩次總統就職典禮，都邀請吳先生和吳太太參加，奉若上賓，還對吳太太說：「在您家吃的烤火雞，好好吃啊。」馬英九和吳先生的生日只差一天，他每年都記得寄生日卡給吳先生，2018年他的《執政八年回憶錄》出版後，還專門寄到胡佛研究所贈給

雷頌平在教會和大家一起做飯。

吳先生，胡佛研究所就請史丹佛東亞系系主任、吳先生的
鄰居艾朗諾教授轉交給他。當時在波士頓塔夫茨大學（Tufts
University）福萊切法律與外交學院（Fletcher School of Law
and Diplomacy）攻讀、後任台灣考試院長的關中說：「好喜
歡吃你家的扒鴨。」而他說這話時已經是在吳家吃飯十年後
了，還念念不忘。還有故宮博物院院長秦孝儀、中央銀行副
總裁兼台灣哈佛校友會會長李榦，榮民工程事業管理處處長
兼台灣哈佛校友會副會長嚴孝章等人。秦孝儀曾兩次造訪吳
府，1991年第二次造訪後，曾贈吳文津及雷頌平篆書一幅，
題為「圖書滿室蘭芷環階」以留紀念。「圖書滿室」說的是
吳家雖然簡樸，但是滿室的書籍顯示出主人的深厚學養，
「蘭芷環階」不僅是指吳家花木扶疏，更代表主人高潔的品
行。這幅字現在還掛在吳家的客廳裡。

　　中國人說「善始者實繁，克終者蓋寡」，意思是開始做
一件好事很容易，
能夠一直堅持下去
的人卻寥寥無幾。
吳文津和雷頌平幾
十年如一日地在哈
佛自己的家中接待
照料遠來的中國同
胞，實屬不易。在
雷頌平的印象裡，

吳文津夫婦與秦孝儀夫婦在吳寓（1991年）。

在哈佛的漫長時光中，只有一次沒有請來客到家裡吃飯，結果對方抱怨了幾十年。

有一個朋友從台灣來，他也是四川成都人，是台北最好的男校建國中學的校長崔德禮。我那天實在很忙，有點急事要辦，就只做了甜點，先請他到外面餐館吃，然後回家吃甜點。結果他很不高興，回去到處講：「吳太太沒有請我到她家裡吃飯！」

我想對方之所以念念不忘，是因為當時幾乎所有到哈佛拜訪的中國學者，都被邀請到吳家吃飯，而自己居然例外的緣故。

吳文津和雷頌平在哈佛時期廣交朋友，除了和當地華人交往外，還和世界各地學者交往。因為哈佛大學在學術研究方面的盛名，波士頓地區的交際圈更大。1989年的感恩節，他們決定只邀請從北京剛到不久的學生吃飯，一共去了二十幾個人。吳文津回憶：

1989年感恩節和中國大陸的學生們在吳家作客。

很多人來了，差不多都是那年參

加過學運的人，在家裡吃飯、喝啤酒、聊天，吃完飯坐在一起，我說能不能講講那一天的事，他們都不願意講，可能因為那只是三個月以前的事情，時間太近了，記憶還是像一場噩夢。他們說：「不要講了，唱個歌給您聽吧。」具體唱的什麼歌我已經忘了，但都是小孩子唱的歌，我想，他們當時很懷念年幼時無憂無慮的時光。

吳太太對那些大陸學生的印象很好，還想起一件讓她難忘的事：「他們回去的時候，把我們家弄得乾乾淨淨，就像是沒有人來過一樣，這讓我很驚訝。」

因為哈佛大學是美國東亞研究的領頭羊，吳文津在這一時期認識了世界各地的優秀學者，並且有機會了解他們的研究，拓展了他的學術視野，對他個人的閱歷和事業的發展都大有裨益。而這一時期他們的經歷見聞，也成為日後寶貴的人生財富。

活躍在當地華人社區

七〇年代，雷頌平兒女已分別上高中和初中，她正式回歸職業女性的角色。在波士頓中國城有個「耆英會」，是政府撥款為老人設立的福利文娛中心，免費提供各種服務，諸如諮詢、陪同外出、讀寫信件、填寫表格等。雷頌平在報紙上看到該中心要聘請一位副主任，條件是必須懂中英雙語，

中文包括廣東話（特別是台山話）和普通話，如果有醫藥背景當優先考慮，還得會開車。這對雷頌平正是量身訂製，當然就被聘請了。她在任內得到波士頓大學一位社會系中國教授和一位有執照的中國社會工作者的個人指導，考得社會工作的執照。雷頌平聰明能幹、富有愛心，老人們都很信任和喜歡她，只是她開始工作以後，有一次女兒章玲嘟囔道：「耶誕也不像耶誕，新年也不像新年。」因為雷頌平做全職太太時，每逢重要節日都會把家裡的各個角落佈置得漂漂亮亮，工作忙了以後就得從簡了。

「耆英會」裡很熱鬧，老人們大多是雷頌平的老鄉，他們不會英文，有的甚至不識中文字，喜歡聚在一起聊天、吃飯、打麻將、看看中文報紙。她的工作無所不包，負責「耆英會」的「營養午餐」，她便從市政府買來厚厚的營養學書籍悉心鑽研，為老人們設計食譜，肉類、蔬菜、飯和湯都搭配得很好。當時去「耆英會」吃飯的老人生活都不寬裕，「營養午餐」由政府補助，每頓僅要價5角，沒有錢的人還不用付，但菜不好老人們還是會抱怨的，可他們從不埋怨雷頌平，因為她做事認真仔細，設計的菜單讓大家心服口服。有時候司機休息，雷頌平還幫忙開車到地鐵站接老人們到「耆英會」、帶老人們去看醫生、送他們回家。這些老人很可愛，在車上七嘴八舌熱熱鬧鬧，到了路口，她問老人們該往哪邊拐，一半說左，一半說右，讓她哭笑不得：

我說：「你們怎麼回事，你們知道我不認識路啊！」他們說：「哎呀，因為你問得很急，我們只好亂講一氣啊！」

雷頌平在「耆英會」幫助了數不清的老人，工作雖然辛苦，但也碰到許多令人忍俊不禁的事，很多華僑不會講英文，卻很積極地想要融入美國社會，鬧出一些笑話：

耆英會的隔壁有個「華人醫務中心」，有位王太太的英文名字叫Gloria（歌莉婭），另一個老太太就說：「如果以後我有了孫女兒也要叫王太太的名字」，我說很好啊。她後來把寶寶帶來，我問孩子取什麼名字了？她說：「我不會讀，就寫給你看。」她寫下來我一看，大叫：「哎呀，不行啊！」你知道是什麼嗎？她寫的是gorilla（大猩猩）！我問她：「你知道這是什麼？」她說：「不就是跟王太太一樣的嗎？」

雷頌平在「耆英會」做副主任時，為老人們做翻譯、和市政府交涉、接待參觀人士等也都是她的責任。很多東西都要自己執筆寫，她有一手漂亮的字，寫作條理清晰而語言簡明，有一次楊聯陞先生看到雷頌平寫的東西，驚奇地問是誰寫的，得知是雷頌平寫的，讚不絕口。

這一時期吳夫婦和當地華人的交往很多，華人社區裡有什麼事，兩個人也積極幫忙。1980年代初有一批華埠熱心公益的人士想要成立一個專為華人而設的療養院，最初的計畫

陳家驊
麻州房屋投資公司
發展主任

陳毓璇
資深社區領袖
醫藥經營者

陳鐵堅
地產物業律師

院陳金鳳
前優維醫院社工部主任

菲力・洛加斯
前任古士民管理公司
總裁

梅伍銀寬
中華菁英會
行政主任

碧碧耶・羅伯森
前任畢架山社區學院校長
現任教育測驗服務
屬托委員會主席

陳秀英
中華廣教學校
主席

院國富
化學研究家（已退休）

克文珍
華人醫務中心
婦產科主任

安妮・古勞雄
前任波士頓所物銀行
資深副總裁

黃令南 醫師
曾任華珊及詹氏醫院
心臟手術主任（已退休）

曾頌芸
維奇食品公司
首席法律顧問

黃兆英
新新市場
老板（已退休）

吳文津
曾任哈佛大學
燕京圖書館館長

吳雷頌平
曾任中華菁英會
營養科助理主任

療養院董事的照片。

是到銀行貸款。吳文津被邀加入這個團體後，問他們有沒有考慮去募捐來代替貸款？得到的回答是「沒有經驗」。吳文津主持哈佛燕京圖書館頗有募捐經驗，因此建議他們在貸款前先自己募款，大家認為這是一個好主意，卻不知道怎麼實行，在吳文津的建議下，去了波士頓各銀行和當地主要的公司，募到了很多捐款。

吳文津認識當時名聲如雷貫耳的波士頓「電腦大王」王安（1920-1990），當時他的電腦公司能夠與IBM分庭抗禮，美國政府和許多大企業都使用他的產品，而他本人也以20億美元的個人財富名列美國第五大富豪，比爾・蓋茲（Bill Gates）曾說，如果王安公司沒有隕落，世界上可能就沒有今日的微軟公司，而他自己可能就在某個地方成了一位數學家或一位律師了。吳文津去見王安請他捐助，王安毫不猶豫用個人的名字捐了一筆大款。吳文津為圖書館募捐的時候，得識台灣榮民工程事業管理處處長嚴孝章，1980年初期嚴孝章來哈佛大學商學院高級管理訓練班進修，吳文津和他談起華埠創建療養院的事，問他是否可以考慮協助這項公益事業，出於對吳文津的信任，嚴孝章馬上說：「可以。需要我捐些什麼？」吳文津就說：「他們正在造房子，你可以捐錢造病房，每一個房間捐款5千美元，就可以在病房的門上用銅牌註明『台灣榮民工程事業管理處捐贈』」。對方考慮了一下，說：「很好。」後來大部分的病房都是這樣命名的。

在吳文津的幫助下，他們從香港、台灣和當地一共募款

百餘萬美元。1985年療養院落成，那些不會英語的老人在晚年就有個舒適的養老之所，可以用中文和照顧自己的人交流，還能吃上中國味的飯菜。這座老人院的名字是中華頤養院（South Cove Manor）。在美國專門為亞裔所設立的養老院很少，這算是最早的一所。2014年該院遷移到波士頓附近昆西市（Quincy）新建有141床位的中華頤養院康復中心（South Cove Manor Nursing and Rehabilitation Center），規模更大了，裡面還掛著吳文津和其他創辦人的照片。正如吳文津所希望的那樣，到哈佛大學工作開啟了他們夫婦事業的新篇章，也打開了人生的新世界，夫妻二人在中國城非常活躍，由此認識了很多朋友，參與了許多當地華人的事務，其中最令吳夫婦引以為傲的就是他們協助波士頓華人社會建立了這所規模相當大的療養院。

雷頌平在華埠的老人中心「耆英會」工作10年後，1982年就被「耆英會」隔壁的「華人醫務中心」挖了去任「健康教導員」（Health Educator），從事醫療健康教育工作，那時候同時精通粵語、英文、普通話而又會開車的華人太太鳳毛麟角，這讓雷頌平十分「搶手」，「華人醫務中心」的薪水並不是很高，朋友笑說她是「帶了米來煮水的」。

當時我說了一句話：「我到這裡來，是因為想讓中國城成為一個健康的中國城。」別人知道了這句話都問「華人醫務中心」：「你們是從哪裡找到她的？」

　　雷頌平離開「耆英會」，那裡的老人很傷心，有空還總來找她，她也念念不捨，對「華人醫務中心」的主任說：「他們來找我，我不能叫他們走，我可不可以在午飯休息時幫助他們？」中心的主任說：「當然可以。」她就用午休時間幫老人們寫家書。

　　雷頌平在「華人醫務中心」的工作之一是提供健康方面的培訓。當時需要從各種關於健康方面的英文資料中擇其重要者，翻譯成中文和越南文供華人參考。這項工作艱鉅費時，有兩位中心的同事幫忙處理，一位幫忙中文的翻譯，一位幫忙越南文的翻譯。雷頌平還負責開辦各種免費健康講座，比如戒菸講座等等。同時每逢節日都上街設立攤位提供各種免費檢查，並分發翻譯的中越文健康手冊，頗受當地居民和遊客的歡迎。大約在1985年左右。華人醫務中心一位小兒科醫生得到一筆美國國立衛生研究院（National Institute of Health，簡稱NIH）的補助來做地中海型貧血症（Thalassemia）的篩檢工作，她很希望雷頌平跟她一起合作做教導的工作。她答應後一直做到

雷頌平在華人醫務中心組織的健康培訓活動。

1992年退休，可以說她此後在華人醫務中心最重要的工作就是防治地中海型貧血症。地中海型貧血是體內的珠蛋白鏈不足或缺少，因而導致異常血紅蛋白產生的血液病群，影響血液帶氧能力，損害肝脾功能，是一種非常嚴重的遺傳性貧血病，無法醫治，只能靠長期每個月的輸血延長壽命，患此疾病的人大概可以活到30歲左右。地中海型貧血症起源於地中海地區，後來發現在東南亞人中也很常見。「中心」的工作是積極篩檢和教導，為華人解釋病症的嚴重性和提供如何處理或避免這個病症的方法，雷頌平常常提著沉重的機器，為大家播放自己自製的膠捲幻燈片。波士頓「華人醫務中心」是全國第一個開展這項工作的中國醫療機構，讓雷頌平獲得很大的成就感，她常常說，這件事才讓她覺得「真正開心和驕傲」。

溫馨的家庭生活

在哈佛期間，一雙兒女已經長大成人。美國青少年一般到了十幾歲就有很強的逆反心理，他們的孩子談不上叛逆，不過兒子有段時間一回家就躲在自己房間裡，但更讓他們擔心的是乖巧懂事的女兒章玲，有個暑假讓雷頌平擔憂得頭髮都白了，因為她堅持到南方田納西州很荒涼貧窮的地方上夏令營並做義工，吳文津和雷頌平把她送去，看到女兒單獨住在一間偏遠的木屋裡，連門也沒有，簡直被嚇到，還好後來

和別的女孩一起搬到別處。

他們的兒子章敏本科在塔夫茨大學（Tufts University）學化學，畢業以後有家很有名的公司想要雇用他，該公司和生產化學武器有關，他不願意去，因為對數學很有興趣就改行學起了電腦，先在一家小公司工作，後來轉到西岸舊金山灣區一家很有名的IT公司——昇陽電腦（Sun Microsystems）[3]公司工作，娶了他原來的同事凱薩琳（Catherine）。雷頌平原本對媳婦不是華人還抱些保留態度，但洋媳婦人很好，出自美國東部羅德島州（Rhode Island）首府普羅維登斯（Providence）的愛爾蘭裔家庭，曾經在法國念書，所以精通法文，後來又在哈佛大學夜間部和章敏一起念中文，很欣賞中國文化。雷頌平後來說「凱薩琳比有些中國女孩還中國化！」根據美國習俗，新郎要選一個最好的朋友做首席伴郎（best man），兒子居然請吳文津來擔任這個角色。吳文津說：「你應該去找你最好的朋友。」章敏的回答是：「你就是我最好的朋友！」在一邊聽到這話的雷頌平「心都融化了」。

他們的女兒章玲本科就讀於布朗大學（Brown University）生物系，原本想進醫學院，畢業後到台北參加了一個為期六週的學習和旅遊活動，該活動專為美國大學剛畢業的華裔孩子設置，一邊上關於中國歷史文化的課一邊去台

3　「SUN」（太陽）這個名字來源於「史丹佛大學網路」（Stanford University Network）的縮寫。這家公司最著名的業績包括開發了 Java 技術。

灣各地遊覽。這個活動兒子章敏也參加過，六個星期後就回來了，女兒章玲卻決定留在台灣學習中文。這個決定改變了她的人生軌跡，她在布朗時曾經參加的課外活動包括幫助當地社區智力發育遲緩的中小學生，其中有許多聾生，所以學會了美國手語，她留在台灣後受台北市立啟聰學校聘請教英文和美國手語，在台灣兩年，回來時中國手語也很流利了。因為她特別有愛心，後來從事了聾啞人的教育事業。她放棄醫學院的時候對父母說：「我希望你們不介意，我將來不會很富有。」因為醫生在美國的薪水很高，是從事社會福利工作遠不能比的，吳文津和雷頌平支持了女兒的決定。

吳章玲在台北市立啟聰學校教書的時候，有些事她認為應該積極改進，但本地老師不願意講話，她求好心切就站出來替老師和學生抱不平，因之在校方眼裡變成了不受歡迎人物。接著她遭遇到各種的不便，包括遲遲不發給她薪水。正好那時吳夫婦從大陸回來去台灣看女兒，知道了這些事情。他們請校長一起吃飯，感謝他讓章玲在學校教書，也請了吳文津多年的朋友蔣彥士，當時的教育部長。飯局只是寒暄，別的話什麼都沒有講，之後薪水立刻就發下來了。女兒回到加州在貧民窟做聾啞學校老師，住在一個朋友家，朋友對雷頌平說：「你曉得女兒多晚回家嗎？凌晨一兩點鐘！」女兒說沒辦法，學生有問題，她必須和學生的家長交談，因為家長工作的關係有時只得等午夜後。女兒的追求者很多，但她永遠把學生放在第一位，台灣有位很想和她結婚的男士，希

望她婚後可以做全職太太，但看到只要聾啞學生需要翻譯時，章玲無論什麼時間都會趕去，那位男士說：「我不能和你的學生競爭。」女兒事業心很重，告訴雷頌平，如果找不到志同道合的伴侶，寧可不結婚。

吳夫婦幾十年來相互扶持、風雨同舟，自然希望女兒也能和他們一樣，找到合適的人生伴侶，擁有美滿的家庭，可貴的是他們從沒給過女兒任何壓力，我曾問吳太太：「您和吳先生明著不干涉，有沒有暗示過女兒，想要她早點結婚？」她搖搖頭，我又問：「女兒沒有結婚生孩子，您會有點遺憾嗎？」她有點憂傷地說：「當然。」但很快又補充：「但是她現在很開心，如果她不開心，我就會很難過。」

吳文津和雷頌平關愛兒女，也總不忘孝順長輩，雷父雷

雷父雷母八十大壽。

雷頌平和父親。

母80歲生日的時候，因為雷父在當地的華人社會很有威望，前來祝壽的人特別多，在西雅圖請了兩處，一個地方五百人，另一個地方三百多人。雷母在八〇年代先去世，雷頌平說母親一生那麼聰明，但就做了一件「笨事」，醫生說她血壓高要吃藥，但她不喜歡吃藥，相信真有問題自己會感覺到，結果84歲就中風去世了。雷父90大壽有700人到場，很多人從香港、澳大利亞前來參加，雷頌平毛筆字寫得好，當時負責寫請柬，「一直寫到手上的血管都破了」。雷父的最後幾年生活不便，常常感到非常累，雷頌平就經常從東岸飛過去看他。從波士頓飛回西雅圖要橫跨整個美國，她卻不辭辛苦。她和父親的感情很好，常回憶起父親晚年就像小孩子一樣可愛：

他有一條狗，24小時和他在一起。他晚年愛吃糖，每天要吃一包。我問他：「你吃糖怎麼吃得這麼快？」他說：「還有狗呢！」原來他吃一塊糖，就要給狗吃一塊。

雷父年輕時經營麵廠，趕上美國經濟大蕭條，麵廠裡做的麵條有時候銷路不好，只好自己吃，於是到了晚年就不再

碰麵食，特別喜歡吃米，雷頌平一回去，父親就用商量的口氣有點懇求地問她：「能不能吃一點粽子？」因為做粽子很麻煩，要連夜把粽葉洗了又煮，第二天才能吃上，雷頌平總說沒有問題，馬上親手去做，父親心裡很感激。

他很客氣，有一次他用英文說：「I thank you.」（我感謝你。），我說：「Thank me for what?」（謝我什麼？），他說：「Thank you for taking care of me so well.」（謝謝你把我照顧得這麼好。）我說：「It's my pleasure!」（我很高興做這些！）你要聽話，我叫你吃什麼你要吃。

雷父去世的兩年前，麵廠的新廠開幕，剛好與他重孫子的降生是同一個月，他因此非常高興。雷母84歲去世以後，雷父就與長子建德夫婦同住。1994年有一天，身體不舒服到醫院去，不思飲食，醫生要插管，雷頌平和弟妹們都說不要，聽其自然，「他在此跟我們在一起，在那邊就會見到母親。」那菲律賓醫生很驚訝中國人有這種態度，結果他沒有受苦，「一個禮拜後就安詳地回天家去了」。雷父享年97歲，因為他生前為人公義、樂善好施，有許多人趕來參加葬禮。

第九章

推動與大陸圖書館界的交往與回鄉之旅

　　自從四〇年代離鄉以後，吳文津一直沒有回去過，轉眼
到了1980年代，美國的東亞圖書館開始與中國大陸進行直接
交流，這是前所未有的新契機，所以他到哈佛工作的第二個
十年，終於有機會回到祖國。早在文革末期中國大陸就曾派
圖書館代表團到美國來，由當時的北京圖書館（後來的國
家圖書館）副館長劉季平（當時館長從缺）領隊，到美國
各大圖書館參觀訪問。1979年中美建交後，受北京圖書館的
邀請，美國國會圖書館也組織了一個全國性的圖書館代表團
訪問中國，進行為期三個星期的參觀訪問，訪問團一共12個
人，包括美國圖書館協會會長、美國研究圖書館協會會長、
主要大學圖書館館長等，由美國國會圖書館副館長領隊，吳
文津是其中三個華人之一，另外兩位是國會圖書館附屬法律
圖書館東亞部主任夏道泰和中國研究資料中心主任余秉權。
訪問團在北京與上海做了很多次演講，這是他自抗戰時期離
開中國大陸以後，第一次回歸故土。

　　吳文津這次訪問大陸帶了一些大陸學者尚未見過的資料

1979年吳文津隨美國圖書館代表團訪華。

複印本，包括魯迅和茅盾在1930年代應上海《中國評論》創辦人、美國記者、《中國革命之悲劇》的作者伊羅生的要求，介紹當時中國左翼作家和他們代表作的書信。伊羅生當時打算翻譯一套中國年輕左翼作家的代表作介紹給西方讀者，但是這本題名為《草鞋腳》[1]的書40年後才與讀者見面。吳文津將這批中國大陸研究魯迅和茅盾的學者從未見過的資料複印本分贈北京圖書館和上海圖書館，讓它們喜出望外。

他到北京見到了自己闊別多年的老友、著名翻譯家沈蘇儒。沈蘇儒是吳文津抗戰時期在重慶中央大學外文系的同班同學、著名民主人士沈鈞儒（1875-1963）的堂弟，也是國民黨高層人士陶希聖（1899-1988）的女婿。陶希聖是蔣介石的文膽，曾為他執筆《中國之命運》，顧頡剛說他是「研究社會經濟史最早的大師級人物」。沈蘇儒的太太，也就是

1　《草鞋腳》英文書名為 *Straw Sandals: Chinese Shor tstories,1918-1933*，由當時伊羅生執教的麻省理工學院出版社（Massachusetts Institute of Technology Press）1974年出版。這批資料是在《草鞋腳》出版後，伊羅生贈送給哈佛燕京圖書館的。1979 年 12 月北京圖書館出版的《文獻叢刊》把這批資料全部複印並加註釋出版。關於伊羅生收藏轉讓給胡佛研究所有關中國共產黨早期黨史的「伊羅生特藏」參見第五章。

陶希聖之女陶琴薰，也是吳文津在中央大學的同班同學。這一次36年後的重逢，陶琴薰已於年前病逝。沈蘇儒請人為吳文津寫了一幅字以表離情，抄錄的是唐代詩人韋應物的〈淮上喜會梁州故人〉：

江漢曾為客，相逢每醉還。

浮雲一別後，流水十年間。

歡笑情如舊，蕭疏鬢已斑。

何因不歸去？淮上有秋山。

這首詩寫了一對朋友多年之後再度重逢時悲喜交加的心情，此次見面讓吳文津得以了解他的好友幾十年來的遭遇：

1949年沈蘇儒和陶琴薰在上海，該年5月陶希聖正隨蔣介石乘「太康」軍艦去台灣，到上海吳淞口復興島一帶時，請求蔣介石暫停軍艦，讓

沈蘇儒寫給吳文津的信。

275

自己帶上女兒女婿同行，蒙蔣的特許後，給陶琴薰發電報，並派出一只小汽艇接陶琴薰夫婦到吳淞口會合。但陶琴薰和沈蘇儒寄望於新中國，決定留在上海，讓陶希聖非常傷心。他在5月24日的日記上寫道：「蘇儒琴薰決心不離滬。彼等前途悲慘而不自覺，可哀也。余夫婦均已盡心助其出險，與併為談各種情形之下離滬之方法，彼等不聽，無可奈何。」第二天又寫道：「為琴薰及寧寧（指琴薰長子沈寧）悲傷，彼等悲慘命運乃自取耳……」原來是沈蘇儒的堂兄沈鈞儒力勸他們留在大陸，同時沈蘇儒和陶琴薰自己也覺得他們在政治上很清白單純，不會受到什麼無理的迫害。[2]

　　沈蘇儒和陶琴薰留在大陸之後，得到一些關照，初始境況還好，沈蘇儒起初擔任記者，後來主要從事翻譯工作，曾任*China Reconstructs*（《中國建設畫報》）的副總編輯。文革時沈蘇儒被下放五七幹校，也曾住過牛棚，甚至被打成「殺人凶手」的幫凶，兒女被下放勞動。陶琴薰當時已患風濕性關節炎，行動困難，不但無法得到很好的的治療。反而被迫下鄉勞動，痛苦不堪，因不能彎腰，只能跪在田裡習作，時時昏倒。她被遣返北京後，被安排住在一間位於四層的小閣樓，她的關節炎日趨嚴重，僅靠大量類固醇藥物來維持，以致骨頭變形，在沒有自來水以前還需要提水上樓下樓，又得去批鬥大會，身心交瘁，後因吐血，診斷是長期使

2　《陶希聖日記》，陶晉陞主編（上、下）（新北：聯經出版公司，2004），上冊，頁239。

用類固醇藥物導致的胃出血並其他症候群，動了手術，並做了胃切除，但均無效，在1978年8月去世。沈蘇儒的三個子女後來都到了美國，有時還會

沈蘇儒拜訪吳寓與雷頌平在「愚公弄」後院。

拜訪吳夫婦，他們的長子沈寧是一位作家，他的長篇傳記小說《嗩吶煙塵》中紀錄了這一段歷史，吳文津為此書作序。

　　吳文津回中國大陸時因是美國公民的身分，在北京申請延長簽證三個星期回四川老家探親，除了去成都，還想到岳池探望妹妹吳文錦。北京公安局一直回覆「不方便安排」。他託四川大學圖書館打聽，得知岳池縣從來沒有接待過「外賓」，還是沒有開放的城市之一。吳文津聲明只是和妹妹相聚，終於得到批准。他到岳池縣後見到妹妹的領導，後來當「海外關係」已不再是壞事時，妹妹被派為岳池縣僑聯的負責人。

1979年吳文津在天安門廣場。

　　吳文津回到成都老家，得知母親已於1959年「反右」期間去世，父親唯一的照片已經在「文革」中毀掉，家裡原來的大宅子也成為了好

277

1979年吳文津與家人在四川團聚，前排從左到右：吳文錦，吳文春，吳文泉，譚培之，後排吳文潤、吳章麟、吳文津。

幾家人分住的「大雜院」。時移勢易，有趣的是分別數十年，親朋好友都說吳文津的成都話一點沒變，吳文津笑稱這很簡單，到了美國沒有機會講四川話，就放在頭腦裡「冷藏」起來，現在拿出來還很新鮮，只不過他說的有些詞句還是幾十年前的，後來已經沒人用了。七〇年代末中國大陸物資很短缺，糧食布匹都要憑票購買，手錶、自行車和收音機被稱為「三大件」，一般只有結婚時才能買齊，特別搶手的貨物即使有錢也買不到。一輛嶄新的自行車──尤其是「鳳凰牌」、「永久牌」或「飛鴿牌」的自行車──可以說是財富和面子的象徵。「外賓」買東西可以去專門的「友誼商店」，裡面有很多常人買不到的緊俏貨，光是自行車，吳文津就受人之託去買了兩三次。

　　1982年吳文津又受中國教育部邀請，在陝西師範大學和四川大學分別舉行歷時一個月的圖書館管理研討會。在陝西師範大學參與者包括西北各省的圖書館館長，在四川大學則包括西南各省的圖書館館長。他被邀請與文革後中美文化交流的發展有直接的關係，這要追溯到北美教會在中國辦學的

歷史：

　　1949年前中國教會學校的主要財政支援來自美國的基督教教會，實際往來是通過在紐約設立的「亞洲基督教高等教育聯合董事會」（United Board for Christian Higher Education in Asia）辦理，1949年後這項工作已不復可能。文革後，大陸漸漸對外開放，聯合董事會與中國政府取得聯絡，看是否可以恢復在中國基督教高等教育的工作。中國政府的答覆是可以考慮高等教育相關的合作，但不能復辦教會大學，因此提出在圖書館管理方面訓練的可能性。聯合董事會和中國方面進一步商討後，決定在中國西北和西南舉行這個訓練的節目，這符合當時中國教育部考慮在這兩個區域建立兩個區域性圖書館中心的計畫。吳文津無論從資歷還是背景上，都很適合這項工作，當時聯合董事會的主席是前哈佛大學校長普西博士（Nathan Marsh Pusey, 1907-2001），他打電話告訴吳文津這件事，希望他能去主持這項工作，他欣然應允。

　　開放初期的中國大陸對外面的一切都覺得新鮮，吳文津等人受到了熱情的歡迎。大陸圖書館對管理、藏書建設、公共服務、人員訓練和美國圖書館剛剛開始使用高科技的經驗都非常有興趣。大陸當時還沒有開架，想要借書得先從圖書館目錄裡查詢書目資訊，填寫索書單，由工作人員把書交到讀者手中，這樣的方式讓讀者沒有自由瀏覽書籍材料的機會，而在美國開架圖書館早已普及。大陸的管理者覺得圖書館開架會造成混亂，因此向美國同仁提了很多問題。那時候

美國圖書館的自動化也已經起步，開始把資料卡片目錄變為機讀性目錄，美國東亞圖書館也參與其中，引起中國圖書館界濃厚的興趣。

原本計畫每天上午四個小時是關於美國圖書館管理、編目、公共服務、藏書建設、人員訓練等的密集課程，下午四個小時供大家提問。聽眾席裡坐著一位負責監督的人，如果有人的問題牽涉敏感話題，那人便站起來說：「這樣的問題不方便討論。」因此聽者雖眾，提問者寥寥。晚上吃完晚飯之後，在吳文津住的學校外賓室，排隊來找他單獨談話的人卻很多，吳文津鼓勵他們課堂上提問，但大家第二天在公開場合還是一片寂靜，最後只好取消互動時間，變成每天講課八個小時。

此次吳文津在大陸講學，雷頌平自己從美國到中國和丈夫會合，這是她戰爭年代背井離鄉後首次回國，也是第一次去中國廣東以外的地方。她根據朋友的建議，從美國給小孩帶了很多玩具，又給大人帶了很多布料。飛機到了北京，教育部的人接機，她被告知當天不能到成都去，因為飛機上沒有座位了：

他們說：「你要在這裡過夜。」我說OK，那時候已經等了兩個鐘頭了，所以我問：「那現在怎麼辦？」他們說：「太晚了，今晚也不能出去，過夜的錢要自己付。」我身上有兩百塊人民幣，他們說住宿不夠。後來等到晚上七點，他們說

飛機上又加了一個位置，讓我飛往四川，那飛機上沒有安全帶，我就坐在廁所外面，廁所裡的不知道什麼水都滲到外面的地板上，鄰座有個年輕人給我一個綠色的水果讓我吃。我嚐了一下，心想這麼酸怎麼吃，他說：「九點以後就買不到吃的東西了，趕快吃一點。」

整架飛機上只有她一個女人，而且是外來人，雷頌平覺得她一舉一動都受人注目，非常不自在，晚上九點到了四川，已經錯過了飯點，吳文津帶她去外賓的咖啡廳喝了一杯咖啡，售價兩美元。雷頌平記得探親訪友的時候除了花生瓜子，沒有什麼零食吃，在友誼商店裡看到一個洋娃娃，想買來給親戚的小孩，售貨員說：「只有一個，擺出來看看，不賣的。」結婚三十多年，雷頌平終於見到了丈夫的家人，她對他們感到親切和喜歡：

大嫂人好漂亮，穿了舊式的襖，很美麗，個子很嬌小，我們很喜歡彼此，可是語言不通，我們兩個人拉著手，我走一步，她走一步，我對她說：「你真是美人啊！」

那一年吳文津還在上海華東師大講學，週末兩個人同遊西湖，風景很美，但是公交車太擠了，雷頌平擠不上去就說等下一趟車，吳文津告訴她，那樣就永遠上不了車了，等了很久好不容易才上了車，裡面的人你推我搡，讓她很不習

281

慣：

　　大街上都是很好聽的標語，寫著「講禮貌」、「講清潔」，但是坐公車上乘客都在使勁擠別人。我跟他們說：「標語上的怎麼都沒做到？」他們就看看我，然後接著擠。

與大陸學者交往

　　八、九〇年代大陸學者訪問哈佛大學都要到燕京圖書館去，吳文津總會盡力招待他們，熱情好客是有名的。許多人在後來的著書立說中，都不忘記感謝吳文津的幫助。其中頗有代表性的是著名歷史學家楊天石先生，令他大感興趣的胡漢民手札正是吳文津為燕京圖書館收藏的，該手札的收藏始末在本書第七章中已經交代過，在此引用一段楊天石先生的《訪美漫記》：

　　7月5日，會見哈佛燕京學社吳文津館長。吳館長既是圖書館學家，又是中國近代史專家，承他相告並惠允閱讀館藏胡漢民晚年往來函電。這是一批珍存於保險櫃中的未刊資料。粗粗翻閱之後，我立即被這批材料迷住了，感覺到它包含著三〇年代中國政壇的大量秘密，但是，它使用了許多隱語、化名，很難讀懂。這倒激起了我強烈的興趣。於是，一

邊閱讀，一邊揣摩，幸而大部分破譯，舉例如下：

門，門神，蔣門神，均指蔣介石，取《水滸》中武松醉打蔣門神之義。

不，不孤，均指李宗仁，取《論語》中「德不孤，必有鄰」之義（李字德鄰）。

水雲，指汪精衛。宋代詞人汪元量有〈水雲詞〉，故由此取義。

香山後人，指白崇禧。唐代詩人白居易字香山，故由此取義。

淵，指張繼，取《禮記》「溥溥淵泉，時而出之」之義（張字溥泉）。

遠，指鄧澤如，鄧字遠秋，從中取一遠字。

馬，馬鳴，均指蕭佛成，佛教有馬鳴菩薩，由此取義。

跛兄，跛哥，均指陳銘樞。1931年陳在香港，所住旅館失火，陳從窗口跳下，自此不良於行，故以此稱之。

矮，矮子，指李濟深；有時指日本。

其他如馬二先生指馮玉祥，八字腳指共產黨，都是容易想到的。隨著化名的破譯，有關函電的內容也就豁然貫通。終於從這批函電中發現了一個迄今為止不為人知的秘密——胡漢民曾幾次準備發動軍事起義，推翻以蔣介石為代表的南京政府。

　　楊天石也研究國共第一次合作，和吳文津研究興趣相同，二人相熟後楊還曾給吳提供了一些這方面的資料。楊曾經在一篇文章裡提到吳文津從蘇聯文獻發現蔣介石1923年到莫斯科訪問的詳情，這篇文章後來收入其學術專著，名為〈戰略上之分歧：民國十二年蔣中正先生赴俄報聘之研討〉。文章分析了1923年蔣介石受孫中山指派赴俄訪問的真實目的：當時英美支援北洋政府而不支持孫中山，所以國民黨需要的物資——尤其是軍火——想通過長江運輸阻礙良多，因此謀求與蘇聯合作，通過蘇聯向中國西北運送物資，但遭到了史達林的拒絕，理由是政治動員應在軍事行動之先。蘇聯的重要考慮還包括維護其在蒙古的利益，以及發展強大的中國共產黨運動，因此蔣的訪問原本就沒有成功的可能性。然而對於此次訪問的目的，外界無從知曉，胡佛研究所所藏《蔣介石日記》中也語焉不詳，而吳文津利用俄國方面的資料分析解答了這一問題，楊天石對此非常欣賞。

　　現任史丹佛大學圖書總館顧問的邵東方先生曾經告訴我，吳先生擔任館長期間，接待了無數來往的客人，促成的「學術姻緣」數不勝數，哈佛燕京圖書館因此也就成為學者們的「水陸碼頭」，他的老師劉家和教授從大陸到哈佛大學訪問時，吳文津請劉家和教授與楊聯陞教授一同吃飯，促成了兩人多年的學術往來，而劉家和教授對此十分感激，正是因為吳文津一直保持中國傳統待人接物的方式，令遠道而來的學者們都倍感親切。

第十章

「哈佛因你而成為一所更好的大學」

　　到了九〇年代，也是吳文津在哈佛的最後十年，學校開啟很大的募捐運動，圖書館也在其中。由於日本、台灣、南韓等國貨幣對美元升值，書價也相形水漲船高，其中日本書尤其貴。圖書館業務範圍擴大，例如製作微縮影片、推動電腦化、收集範圍擴及視聽資料等，人工費也高漲。很多圖書館買書的經費削減得厲害，買書預算原就不足，可以說是「截短補短」。吳文津作為館長頻繁地到日本、韓國、台灣、香港和美國本土各地出差募集款項，這是個很不容易的工作，募捐的人要誠懇、具有說服力，又不能違背學校關於募捐必須遵守的原則和犧牲個人形象：

　　哈佛當初請我去做館長，如果那時候告訴我說「你的任務之一是要去募捐」，我可能不會去。我的經驗是伸手去管別人要錢，是大部分中國人不願意做的事情。但既然已經去了哈佛，工作上有這個需要，非做不可，也是一個挑戰。

　　募款的對象往往是哈佛校友。費正清教授數次熱心地陪吳文津一起去募款，他慷慨激昂地對被訪問的人說：「一流的大學，必須有一流的圖書館！」有次吳文津陪哈佛校長德里克・巴克（Derek Bok）經夏威夷到亞洲募款，先由校長請吃晚飯，校長親自出面請客招待，飯後具體募款由手下人進行。

　　我們當時精心設計了一份介紹哈佛燕京圖書館的彩色小冊子，包括圖書館的歷史沿革，以及它如何支援哈佛大學和全美東亞研究和教學的工作。我們募款主要目的是設立圖書基金和支援圖書館一些特定的工作計畫，比如開展自動化工作和建立「天安門檔案」等。圖書基金則是永久性的，使用年息作採購的經費。

　　當時哈佛大學規定在圖書館建立一個命名的圖書基金需五千美元。吳文津前後設立一、二十個這樣的圖書基金，大多超過五千美元的最低要求，到吳文津退休時，圖書基金的總金額達到237萬美元，加上專用於非基金、用於短期特殊項目的費用，總共募得款550多萬美元。

　　吳文津出面為燕京圖書館募捐，按照他一貫行事為人的作風，向別人細緻地介紹圖書館正在做的項目，耐心闡明資金的重要性，不僅許多人因此而慷慨解囊，在此過程中還交到不少朋友，哈佛的「吳文津圖書基金」（Eugene Wen-

Chin Wu Book Fund）
就是他的一位朋友、
檀香山著名企業家何
清（Chinn Ho, 1904-
1987）捐贈的。當年
吳文津請何清為燕
京圖書館捐款20萬美
金，將一個閱覽室以
他的名字命名。兩個

吳文津夫婦與何清（Ho Chinn）1978年攝於
哈佛大學教員俱樂部。

人相熟以後，何清說：「我來捐一筆錢，以你的名字命名」，
1986年就捐款成立以吳文津命名的圖書基金。[1]

　　募款活動成績斐然，吳文津把自己的經驗做了個總結：

　　如果你想做好這項工作，先要考慮兩個主要問題：第
一，你要錢要做什麼？對整個東亞研究有什麼好處？有什麼
重要性？第二就是人的關係：別人是否喜歡或是信任你？覺
得你老實？這些是主要的問題。還有就是要有耐心，人與人

1　其他重要的圖書基金包括「日本研究所贈哈佛燕京圖書館基金」（Japan
　　Institute Harvard-Yenching Library Fund）、「韓國基金會合作採購基金」（Korea
　　Foundation Cooperative Acquisitions Grant）、蔣經國紀念基金（中華民國哈佛
　　校友會捐贈）、「香港哈佛大學校友會圖書基金」（Harvard Club of Hong Kong
　　Book Fund）、「Harvard-Yenching Library Endowment for Korean Publications」
　　（哈佛燕京圖書館韓文採購基金，哈佛燕京學社捐贈）、「查理，洛埃斯、史
　　密斯當代中國圖書採購基金」（Charles L. and Lois Smith Special Collection on
　　Contemporary China）等。

之間關係建立起來之後，我再去找人家，總是有求必應。

他還說募捐得到的資金要能按照自己的原則使用，不能為了募到錢，就被捐款人牽著鼻子走，更不能在募捐過程中卑躬屈膝。吳文津說話做事一向有理有節、不卑不亢，深受捐款人的敬重，他將這種不加矯飾總結為「做自己」：

> 還是要be your self（做自己），不能假裝，因為關係是長期的，不能為了一件事情出賣自己。

和吳先生的相處過程中，常常感到他的正直和誠懇，他非常注重事實的嚴謹和表述的精確，也許這是圖書館學家的特點，也許正是因為他這種一絲不苟和實事求是的性格，所以才特別適合圖書館工作。無論大事小事，工作與生活上的，他都絕不會刻意取悅別人。

有一件生活瑣事，很能體現他的處事風格：我的師母陳毓賢女士曾和吳太太同去一家理髮店，有次理髮師用的染髮劑使師母頭皮過敏了，後來吳太太問師母為何不再去那裡剪髮，師母就告訴了她，有一次理髮師問吳太太：「蘇珊（師母英文名）怎麼不來了？」吳太太怕理髮師知道了尷尬，就善意地告訴她蘇珊出門旅遊了，一天吳太太和師母聊起這件事，吳先生在旁邊聽到了，一直大聲反覆對吳太太說：「你應該跟她（指理髮師）說實話！」其實在美國這種「實話」

可能大多數人都不會直說，怕引起對方的不快，吳太太心地善良，不想讓理髮師覺得難堪或內疚，但吳先生就是一個實話實說而直來直往的人，在他看來，事實比什麼都重要。正是因為他的誠實有目共睹，才能積累如此高的威望。

「哈佛因你而成為一所更好的大學」

1990年吳文津接受台灣《遠見雜誌》雜誌採訪時，曾被問到「一流圖書館館長的任務為何」，他給出了既凝練而又詳細的回答：

一、一所大學的研究圖書館必須要有一批不但具圖書館專業知識，而且對於該館未來所想發展的每一學術領域（如本館的中日韓歷史文化）較有研究的菁英人才，從事館藏發展工作。因此館長的首要任務是羅致一流人才。

二、館長務必要辦好圖書館的公共服務、讀者服務與讀者諮詢工作。如果消費者無法有效的利用圖書館，就是圖書館未盡其責，雖然這種工作不容易做得好，但仍要以盡善盡美的心意去做。

三、館長應該把主要的時間花在策劃和解決問題上，把日常業務全權交由他人處理。

四、館長要與外界保持最大幅度的接觸，尤其應和學校的教授、行政人員保持融洽關係；明瞭其他學校的圖書館在

做什麼；並且要有遠見，掌握未來幾年學者的研究動向。所以我經常鼓勵本館的各部主任去聽演講、開學術會議。

五、館長和各部的負責人應盡可能的從事研究出版工作，因為不做研究，是很難明瞭「消費者」的需求。這種研究，不論專著或論文；也不管與圖書館專業有關與否，都能令人深切體會圖書館資訊服務的複雜化，從而得到許多改進圖書館的啟示。

六、私立大學的館長要額外擔負募款任務。

能夠身體力行這一切，不僅要有先進的理念，還要有堅定的意志和不屈不撓的精神。

九〇年代圖書館數位化已成為潮流，哈佛開始將各個圖書館的卡片目錄轉變成機讀格式，卻沒有把燕京圖書館包括在內，官方的解釋是費用太高，吳文津對此「很不以為然」，覺得哈佛大學的大學部圖書館（Harvard College Library，通稱Widener Library）「對我們有點歧視」。面對此種棘手情況，他並不想爭執，當時哈佛此項工作的費用分配辦法是由每個圖書館自己找一半錢，學校提供一半錢，便想把這項工先做個開頭，再積極尋找後續的資金：

我心想：「你們這麼對待我們，走著瞧吧！」我找「聯機電腦圖書館中心」（Online Computer Library Center，簡稱OCLC）詢問要把哈佛燕京圖書館的中日文卡片目錄轉

為機讀式需要多少錢，他們報價220萬美元，所以我們需要自己找110萬，再由校方提供110萬。我找到台灣《聯合報》的社長王惕吾，募到了25萬，到「韓國基金會」（Korea Foundation），募到10萬，拿到以後就跟「聯機電腦圖書館中心」簽約，做一個pilot project（試點專案），這樣我再去和哈佛燕京學社請求資金支援（彼時哈佛燕京圖書館已經從哈佛燕京學社中分出），說的時候就比較有利，因為專案已經開始了。

萬事開頭難，吳文津用最初募到的款項把四萬餘種中文資料目錄和1萬7千多種韓文資料目錄成功地轉換成機讀格式，1995年在文學院院長亨利・羅索夫斯基（Henry Rosovsky）和哈佛燕京學社社長韓南（Patrick Hanan, 1927-2014）教授的支持和協助下，哈佛燕京學社董事會同意撥款110萬美元，這樣再由校方支援剩下的110萬，就將燕京圖書館剩餘的三十多萬種資料目錄轉換成機讀格式了，可謂是水到渠成。

在大家的不懈努力下，哈佛燕京圖書館成為了當時唯一可以提供全部機讀格式卡片目錄的主要東亞圖書館。這一項工作不單是哈佛受益，其他較小的東亞圖書館都藉此不必再重複這項工作，因為哈佛燕京圖書館的館藏基數很大，差不多包括了其他較小的東亞圖書的藏書，他們可以利用哈佛燕京圖書館已經轉換成機讀格式的目錄了。此外，全世界的讀

者都可以輕而易舉地線上查詢哈佛燕京圖書館的目錄。為此「聯機電腦圖書館中心」（OCLC）為吳文津頒發了獎狀，感謝他為全世界圖書館目錄做出了貢獻。

吳文津退休前夕，發生了一件很不愉快的事情——居然有人想要強迫他辭職。這件事要從燕京圖書館歸屬的變動說起：哈佛燕京圖書館自1928年創立以來，哈佛燕京學社一直對其提供資金支持，隨著燕京學社和圖書館各自的開銷日益增大，燕京學社的資金已經無力支援圖書館的長遠發展，因此決定將管理權移交給哈佛的圖書館系統。1976年，圖書館從哈佛燕京學社分出，成為哈佛大學大學部圖書館（Harvard College Library，通稱Widener Library）的一部分，是其下屬的大小20個圖書館之一，隸屬於哈佛大學文理學院。[2]

1990年哈佛大學部圖書館新任館長就職，他曾經在該館任助理館長，與吳文津熟悉，1970年離職後，以宣導圖書館自動化著名，收穫了一些名聲。1990年回哈佛後卻一意孤行，多與同僚不和，以致有因他被迫離職者，吳文津認為他比往日判若兩人。其時哈佛燕京圖書館有一「諮詢委員會」（Advisory Committee），由一批教授、哈佛燕京學社社長以及哈佛大學部圖書館館長組成。1995年哈佛燕京圖書館卡片目錄轉換成機讀格式後的會議上，吳文津報告該項工作的進展過程，說跟「聯機電腦圖書館中心」（OCLC）的工

---

2 文理學院包括哈佛大學大學部（Harvard College）、研究院（Graduate School）和若干研究所，是哈佛大學各學院中的龍頭。

作關係非常愉快，準備和他們繼續合作，進一步發展圖書館自動化的工作。這位哈佛大學部圖書館館長說這是「不明智的決定」，哈佛燕京圖書館應該選擇與「研究圖書館團體」（Research Libraries Group，簡稱RLG）合作才對，因為RLG是專為研究圖書館設立，並且已經開始發展處理中日韓文的工作，「聯機電腦圖書館中心」（OCLC）服務的對象則是普通圖書館。吳文津說：「理應如此，不過自動化的工作是日新月異，需要充分的經費和足夠人才來發展的事，在這方面OCLC的成就有目共睹，有紀錄可查。」當天下午這位先生給吳文津電話，質問他為什麼要在會議上和他唱反調？並且說：「六個月以內OCLC的中日韓文的工作就會垮台。」在掛電話以前，他又對吳文津說：「我要你辭職！」吳文津平靜地問為什麼，他說：「我需要一個能夠跟我合作和聽話的人。」吳文津不緊不慢地答：「你讓我想一下吧。」面對這位先生如此無理的要求，他表現得不動聲色，但心裡卻起了一些波瀾：

　　我想他提這種無理要求應該是因為哈佛燕京圖書館是當時唯一沒有加入RLIN的主要東亞圖書館，我拒絕參加的立場讓這位先生在他RLG的同僚面前失去面子。所以他惱羞成怒，強迫我辭職來挽回顏面，並取得殺一儆百的效果。但是我在這裡這麼多年，費盡心血，做出的貢獻有目共睹，你卻無故讓我辭職，心裡很不服氣。我和哈佛研究院的副院長很

熟，就去問他：「這個人有沒有這個權力，強迫我辭職？」他說：「你讓我看一下。」過了一個星期，他打電話告訴我說：「我查了一下，他沒有權力強迫你走。而且你已經過了65歲，政府現在有禁止年齡歧視的法令，他說讓你走的理由不充分。如果他無故解雇你，你可以告他和哈佛年齡歧視。」

再過一個星期，那位要吳文津辭職的先生給他打電話請吃午飯，說：「你不必辭職。」吳文津說：「我已經知道了。」他後來跟同事說：「我已經73歲了，本來想要退休的，其實我辭職之後收入不用交社會福利稅（Social Security tax），反而可以賺得更多。但他要是強迫我辭職，我就偏偏要留在此地看誰先走。」之後，文理學院院長也約吳文津在辦公室談話，想知道那人逼吳文津辭職的詳情。

不到一年後這位不得人心的先生自己宣布辭職先走了，吳文津便坦蕩蕩地跟著退休。最諷刺的是，RLIN後來因為經費不足，2006年併入OCLC，時間證明吳文津的決策是正確的。吳文津說這件事是自己職業生涯中最不愉快的，但是結果很好，他笑稱：

美國是個有理就必須力爭的社會，針鋒相對的情況避免不了。中國人大多不喜歡正面衝突，吃了虧就在背後抱怨，不正面去解決問題，不敢爭取自己的權益，因此在美國常被人「半夜吃柿子——專揀軟的捏」。時間久了，累積了滿肚

子的委屈、焦慮與不平，精力都浪費在情緒問題上，也沒辦法再求進步。這種例子，我看過太多。要能夠建立人際關係、據理力爭，平心靜氣面對自己的處境，就能用節省下來的精力，改善情況。

吳太太在旁邊補充了一句英語：

「If life pushes you around, you need to push back.」（如果生活想要擺布你，你得反過來擺布它。）

聽他們講這一段往事，在我心中引起長時間的感慨。我很敬重吳先生沉著穩健，不失君子之風，既能堅持原則，絕不受人的欺負，而又剛柔並濟，對棘手的問題也能處置得宜。他常說做領導時，對上級不能諂媚，對下級不能獨裁，否則就是德行人品出了問題。

吳文津與雷頌平在吳文津的退休晚宴上。

做領導絕對不能道貌岸然、拒人千里，也不能夠百分之百堅持你的意見，要是下面的人有不同的意見，你應該有意願去傾聽，如果不同意對方的意見，應該做出解釋。你叫下面的人去做什麼事，他們也非做不可，但這樣不好，要

295

能夠集思廣益，不能嫉賢妒能。

吳文津退休之際，為他所舉辦的晚宴和招待會很多，圖書館同仁們還把他的文章精裝起來，幽默地命名為《吳文津選集》，因為當時《毛澤東選集》在西方很受歡迎。吳文津做館長心胸開闊、為人公允，一直很受愛戴，他的離開讓圖書館同仁們依依不捨，時任善本室主任的沈津依然記得，在鄭培凱教授主持的《九州學刊》為吳文津舉辦的歡送會上，他發表了一段講話，祝願吳先生離開波士頓以後，能夠享受加州的陽光海灘，含飴弄孫、身心愉快：

> 我講完之後回到座位上，吳先生就坐在我旁邊，他用手在桌子下握住我的手，捏了一下，我能感到他在用這種方式表達「謝謝你」的意思。吳先生不是一個習慣於當面用語言表達感情的人，但他的內心是感情細膩的。

在哈佛大學工作多年，吳文津很喜歡哈佛的治校理念——「Every tub on its own bottom」，直譯過來就是「每個桶都立在自己的底上」：

> 哈佛不是一個權力高度集中的學校，雖然有很多院系部門，但都很獨立，在不違背學校基本政策的大原則下，想做什麼事情都可以放手去做，主動權在自己手裡，但有什麼問

題和困難，也要自己去想辦法處理。哈佛為什麼這麼好，就是因為每個願意做事情的人，都可以發揮自己的才智，不必等有命令才做事。我在哈佛這麼多年，覺得這個治校理念是最好的。

我在哈佛燕京圖書館所做的一些事情是原本的預算無法支持的，比如為捐贈的款項建立圖書基金、收集對學術研究有價值的非書資料、將圖書館的編目作為可機讀的形式等，正因為我可以放手去進行這些工作，才讓哈佛燕京圖書館做得更好。我認為「每個桶都立在自己的底上」這個管理哲學，讓哈佛得以成為哈佛。

吳文津對世界圖書館事業的貢獻良多。他1968年在華盛頓美國研究圖書館協會下設立中國研究資料中心和1980年代初期宣導東亞圖書館

吳文津與家人、同事在退休晚宴上。後排（左到右）：吳章敏、哈佛大學東亞語言文化系系主任包弼德（Peter K. Bol）教授、哈佛燕京學社社長杜維明教授、杜維明夫人。前排（左到右）：包弼德夫人、哈佛學院圖書館館長南希‧柯萊恩（Nancy Cline）、吳文津、雷頌平、吳章玲。

自動化的工作已在上面提到。1991年他組織了「使用OCLC
的中日韓文圖書館團體協會」（OCLC CJK Users Group）作
為採用OCLC的東亞圖書館和OCLC的溝通橋梁。1969年他
曾在威斯康辛大學、芝加哥大學，1988年在華盛頓大學開
辦暑期東亞圖書館館員培訓班授課；在他的任內也曾先後
被聘為加州大學柏克萊分校、明尼蘇達大學、匹茲堡大學
和多倫多大學的東亞圖書館顧問。因為他的建樹，他的母
校華盛頓大學圖書館學校於1974年頒發給他「傑出校友獎
狀」（Distinguished Alumnus Award）。1988年他榮獲美國亞
洲學會（Association for Asian Studies）該年的「傑出服務獎」
（Distinguished Service Award），至今猶為獲此殊榮的僅有圖
書館工作者。獎狀中有下面的詞句：

　　三十年來，你一直是發展現代和當代中國研究資料的中
流砥柱，我們牢記中國的傳統價值，景仰你作為先驅在旁人
心中激起的雄心抱負、你有惠他人的成就、以及你無私分享
給他人的知識。本學會為能夠表彰你傑出的事業而感到無比
光榮。[3]

3　此段原文為：For three decades you have been the central dynamic force for the
　development of research sources for modern and contemporary Chinese studies.
　Remembering traditional Chinese values we admire you for the aspirations you
　inspire in others, for your achievements which benefit others, and your dissemination
　of knowledge shared with others. The Association honors itself in recognizing so
　distinguished a career.

在他1997年榮休之時，OCLC和CEAL（Council of East Asian Libraries，東亞圖書館協會）也分別頒贈給他「傑出服務獎」；2001年CALA（Chinese American Librarians Association 華人圖書館館員協會）頒贈了同樣的獎狀。哈佛大學校長魯登斯廷（Neil L. Rudenstine）在賀文中除了列舉吳文津對哈佛的貢獻外，更在末尾說：

> 我非常高興加上我個人以及哈佛全體同仁對他致謝。文津，你為哈佛做出了示範性的傑出貢獻，發揮了重要的作用，哈佛因之而是一所更好的大學。[4]

兩個人退休以後，因為兒女都在舊金山灣區工作，還有兩個年幼的孫女，因此決定離開東部，搬回曾經生活過的加州。

雷頌平和吳文津在史丹佛14年，在哈佛33年，回憶在東部的這一段時光，他們總結道：「在東部生活的時間長，朋友也很多，就是冬天冷了一點。」在這段日子裡，他們在各自的事業做出了不俗的成績，養育一雙兒女成人、陪伴親人和朋友，這一切都離不開相互的理解與支持。

4　"I am very pleased to add my own thanks and the thanks of all of us at Harvard for his exemplary and distinguished service to the Harvard community, Gene Wu, you have made an important difference, and Harvard is a better university because of it."

舊金山灣區的退休生活

　　九〇年代末雷頌平、吳文津先後退休，原本想搬到西雅圖。他們曾在西雅圖求學、相識、結婚，那裡對他們來說親切熟悉又充滿著美好回憶。雷家的麵廠歷經幾代傳承，在當地很有影響，雷頌平的親人大部分定居於此，因此他們想融入到大家族中安度晚年。

　　雷家的五個孩子都很有出息，雷頌平的大弟弟雷建德（Henry，亨利），在波音公司工作一段時間後就回到麵廠，朋友介紹了一位在香港托兒所工作的上海女孩，兩人通信後雷建德到香港旅遊一年，和這位「筆友」正式交往並結婚。結婚前雷父雷母並沒見過這位長媳，就首肯了婚事，足見雷家開明。雷父晚年就是和他們夫婦住在一起。雷建德現在也已經九十多歲高齡了，繼承家族麵廠的就是他的兒子雷基立。二弟雷麟德（Kenneth，肯尼），學習工業設計，曾自己開業，後亦返回麵廠協助管理工作。有趣的是他曾經有個台灣女朋友，她的媽媽到美國來，嫌雷家看上去「太窮」，婚事沒有成功，可見雷家雖是富商，也從不擺闊，如今二弟已

逝。三弟雷俊德（Joseph，約瑟夫）學習會計學，後受聘加入美國聯邦調查局（FBI）任調查員。雷頌平的妹妹雷淑貞（Bessie，貝西）學習生物學，和雷頌平一樣，曾任醫院化驗室化驗師，後改行行政，先後任洛杉磯道路通行權協會辦公室（Right of Way Association）主任及聚昌麵廠經理。雷家第三代的子孫一直密切地保持聯絡。

吳夫婦之所以沒有回西雅圖，是因為洋兒媳的一句話。他們退休的時候，兒子章敏和女兒章玲都在加利福尼亞州的舊金山灣區，也就是吳夫婦生活過的史丹佛大學附近。兒子章敏是典型的「矽谷人」，在著名的昇陽電腦（Sun Microsystems）做軟體工程師，已經有了兩個年幼的女兒，洋媳婦凱薩琳很愛他們，很希望他們晚年能夠有兒女陪伴在身旁，也希望他們能夠多和兩個年幼的孫女親近。她得知公婆想要搬到西雅圖居住，對婆婆說：「你一生中的大多數空閒時間都和你的父母、兄弟姐妹在一起，為什麼不花些時間和你的兒孫在一起呢？」這句話說動了雷頌平，也讓他們感到難以拒絕。相比於當年從美國西岸搬到東岸時的躊躇猶豫，這次從東岸搬到西岸的決定做得很痛快。

從住了33年的地方搬走是一個巨大的工程。吳文津退休時大部分公務信函等都留在哈佛大學存檔，但個人的書籍、信件、照片等仍然卷帙浩繁，轉移到家中蔚為壯觀，雷頌平至今仍記得無論自己花多少精力整理裝箱，吳文津都在不斷提醒她「頂樓上還有東西」，搬家兩週前，吳文津又用三輛

汽車從辦公室運回一大堆資料說：「這些也是要帶走的」，令她哭笑不得。僅僅是打包所有的資料文件，雷頌平就用了三個月，每天像上班一樣從早晨就開始，一直做到黃昏。傍晚吳文津結束一天的工作回到家說：「啊……今天好累啊」，同樣精疲力竭的雷頌平就話裡有話地回答：「是啊！我就不累，因為我一天什麼都沒幹。」33年的東西終於由她打點成400個滿滿當當的大紙箱，加上傢俱和其他的東西，包括兩部汽車，整整裝滿一輛最大型的運輸卡車。因為他們暫住在兒子家裡，運來的東西只好寄存在倉庫。購置新家以後還費些時候安頓，兩人的退休生活才漸漸步入正軌。

兒子媳婦找到一所很大的老房子，提前發了99張房子的照片給他們，邀他們同住。但吳文津和雷頌平還是覺得應該要有自己的空間，最後在帕羅奧圖北邊相鄰的門洛帕克市，離兒子家不遠處，買了一棟只有「愚公弄」約三分之一大的新住處，65萬成交，也就是他們今日的住宅。這座房子離史丹佛大學很近，兩層樓，三間臥室，兩個半洗手間（美國將沒有洗浴設備的洗手間計算為「半個」），有空調設備，麻雀雖小五臟俱全，好處是位置特別好，環境幽靜，卻離市中心很近，銀行、郵局、商店、餐館都可輕易步行到達，而且有個小小的院子可蒔花。吳文津就種了各色玫瑰、茶花、繡球花……不僅在自家院子裡，房門口的路邊，都被吳文津種上了美麗的玫瑰。有一次和鄰居陳毓賢在門外聊天，吳太太看到花兒開得正好就過去嗅了嗅，稱讚道：「好甜啊！」因

303

為英語裡說花香是「sweet」或者「fragrant」，都有「甜蜜」的意思，她的「美式中文」還被善意調侃了一番。

對於自己的退休生活，吳先生的形容是「comfortable」（舒適），從他們井然有序的生活、互相的默契、家庭的和諧來說，確實是這樣，他們的房子並不很大，沒有華麗的物件，穿衣吃飯上也從不追求昂貴，在看慣了一擲千金的矽谷，顯得清簡溫馨。吳太太烹飪聞名，家裡經常賓客滿座。鄰居陳毓賢常常稱讚吳太太不僅菜做得美味，而且「手很快」，他們搬到此地的第一天，吳夫婦體諒他們搬家辛苦，就請他在家「吃個便飯」，結果去了發現吳太太做了五道菜的豐盛晚餐！因為吳太太的好手藝，被吳家宴請是一件令人豔羨的事，不但菜肴精緻，桌面排設悅目，並且還有按場合專門設製帶菜單的座位卡。可惜近年因年紀關係，此種「盛況」已不復再。

「做孫女們的保姆」

吳夫婦常常戲稱回加州的主要目的是「做孫女們的保姆」。兩個孫女相差20個月，他們搬回加州的時候，姐姐蘿拉（Laura）不到兩歲，妹妹茱莉亞（Julia）還是個不足八個月的嬰兒。吳先生很喜歡小孩，他說因為「小孩很天真」，吳太太對吳先生此言的評價是「他也很天真。小孩玩什麼他也跟著玩，所以和小孩子特別合得來」。他們家的客廳裡現

在還掛著一張他陪孫女玩積木的照片。兩個孫女活潑可愛，常喜歡和祖父開些玩笑，比如依偎在他身邊，把他的頭髮左一絡右一絡地紮起來，有一次甚至「通力合作」，用包粽子的線給祖父來了一個「五花大綁」，吳先生從不生氣，祖孫三人玩得興致勃勃。

和兩個孫女（1999年）。

　　吳先生不失本真，很得小孩子的喜愛。教會裡的小朋友，都喜歡跑到吳先生身邊和他親暱，聽說有個小孩叫吳先生「耶誕老人」，這可是孩童對老人的最高評價。還有個很漂亮的女孩，性格非常內向，不願出門，也不愛和別人說話，師母陳毓賢女士試試請她和她母親來家裡吃飯，告訴她吳先生和吳太太也會來的，這女孩居然就答應來了。後來師母對我說，因為吳文津是一個很「放鬆」的人，對任何大人小孩都沒有成見，即使是小孩子，也能夠感覺到在他的身邊沒有壓力。這一點我深有感觸，在和吳先生密切的接觸中，我仍常常忘記他是一個「大人物」而只在心中把

305

吳文津陪兩個孫女玩積木。

他當作一位可愛慈祥的老爺爺，不僅因為他溫暖慈祥的笑容、風趣幽默的談吐，還因為他從不拐彎抹角的性格，他做事情投入起來像小孩一樣認真，在我們面前也會和吳太太鬥鬥嘴，

沒有絲毫「架子」。

　　吳文津能和小孩玩到一塊兒，細緻的照料工作則由雷頌平負責，早晨兒子把兩個孫女送到家裡，雷頌平已經做好早餐等她們來，照顧她們直到下午三、四點。一個是幼兒，一個是嬰兒，作息時間很不同，很多事常常是交替進行，一個吃了睡下，另一個醒了要吃。兩個孫女稍大後，午睡醒了就演戲給祖父祖母看，直到傍晚爸爸來接。吳文津和雷頌平一天的時間都被她們占滿了，有一次姐姐蘿拉問：「下午我們走了以後，你們要做什麼？」因為她們覺得爺爺奶奶做的事情都是圍繞著她們的，她們走了，爺爺奶奶就無事可做了。雷頌平回答：「事可多了。你們倆有時候放在地上的玩具我要撿起來，家裡沒打掃的地方要打掃乾淨。」孫女聽了以後若有所思。雷頌平心靈手巧，兩個孫女的毛衣都是她打的，因為特別漂亮，被別人稱為「時尚女孩」。兩個孫女白皮膚大眼睛，淺色的頭髮，和雷頌平看不出相像，她推著孩子走

在大街上，會有人湊過來問：「你做保姆賺多少錢？」雷頌平就笑著傲然回答：「你沒可能雇得起我。」照顧小孩是很忙碌瑣碎的工作，回憶起那段日子，雷頌平只感到快樂，不覺得勞累。孫女們的童言童趣常讓她感到很幸福：

有一次我聽她們討論「月亮上的外星人」。一個跑過來問我：「奶奶，你有沒有肚臍？」我逗她們說：「沒有。」姐姐蘿拉就偷偷和妹妹茉莉亞說：「奶奶不會說假話的，可能是真的沒有，那她是外星人嗎？」

另有一次雷頌平開玩笑地問孫女：「如果爺爺奶奶老到不能開車了怎麼辦？」孫女說：「那我們買雙人嬰兒車推著你們。」她還是個小孩，說的是英文裡「嬰兒車」（stroller）那個詞而不是「輪椅」（wheelchair），特別天真可愛。雷頌平告訴了弟媳，弟媳就也去問自己的孫女同樣的問題：「如果我們老了不能開車怎麼辦？」他們的孫女回答：「坐公共汽車。」她的弟媳大失所望！

姐姐蘿拉說話就像是小大人一樣，她有個比她大很多的表姐辛迪（Cindy），說自己和男朋友「一見鍾情」，那時候蘿拉才八歲，看到兩個人相處的情景，就對祖母說：「一見鍾情？我才不相信。如果他們結婚，我會去的，但我會告訴她：『辛迪姐姐你錯了！』」雷頌平問：「你為什麼不相信？」蘿拉見微知著地說：「第一，她不應該找他，因為他不是中

國人；第二，這個男生老搶話說，不讓辛迪姐姐說話。」雷頌平被逗笑了，趕忙告訴她：「你不能這麼說，你媽媽也不是中國人。」孫女卻不服氣。她們雖然長著洋娃娃一樣的面孔，也不會說中文，但因為天天和祖父祖母在一起，耳濡目染，張口閉口「中國人」如何如何，都覺得自己是中國人。吳文津的父親定下的字輩是「文章華國、禮讓傳家」，吳文津為大孫女蘿拉取中文名「愛華」，有「愛我中華」之意，也有「愛爾蘭」和「中華」結合之意，因為蘿拉的母親凱薩琳是愛爾蘭裔的美國人，還有就是從雷頌平母親伍蓮愛的名字中取出一個「愛」字。第二個孫女茉莉亞名淑華，從吳文津母親楊淑賢的名字當中取出一個「淑」字，外孫女阿莉莎（Alyssa）則名嘉華，意為真善美的美德。

雷頌平對待孫女和風細雨，從不訓斥她們，她告訴我：「年輕的父母不要打罵孩子，做好的稱讚，做不好的不要罵，就像是和成年人一樣說話，注意說話的方式。正如一句有名的話說的那樣：『重要的不是你說了什麼，而是你怎麼說的。』孩子知道大人不喜歡什麼事情，就不會去做。」兩個孫女小的時候，姐姐和妹妹吵架，雷頌平不得不說：「你們再這樣我就把你們分開，一個在這裡一個在車庫裡。」孫女們就有所收斂，後來蘿拉懂事地說：「我不是怕你懲罰我們，但是我不想讓你為了我們生氣。」現在孫女長大了，雷頌平如果對她們有什麼擔憂，孫女會鄭重其事地對她說：「你把我們養大，最了解我們，我們是你帶大的，絕不會做

你不喜歡的事。」

吳夫婦兩個人一直把孫女帶到她們初中畢業，上高中以後吳文津有時還開車接送，雷頌平曾說搬回加州以後的「最先15年每一天都是她們

吳文津、雷頌平和蘿拉（左一）、茱莉亞（右二）（2015年）。

的」，從世界著名的圖書館學家和中國城裡活躍的社會福利工作者，一下子變成兩個小寶寶的「保姆」，吳文津和雷頌平不但角色轉變迅速，而且勝任愉快。在美國很少有祖輩幫忙帶小孩的，而且一帶就是15年，一家三代人始終幸福和睦，沒有產生任何矛盾，可見他們的內心既是傳統中國的祖父母，又能在和後輩相處中體現涵養和耐心。雷頌平說，蘿拉和茱莉亞現在給她打電話還會說：「奶奶，我真的好想你啊！」

「收養的意義，就是給人以新的生命」

吳夫婦搬回加州的時候，女兒章玲在灣區做社會福利工作，數年後到東岸華盛頓的高立德大學（Gallaudet University）念了心理健康學碩士，接著又到加州專業心理學大學（California School of Professional Psychology）進修，獲

心理學博士。畢業後回高立德大學執教，這是美國唯一為聾生設立的四年制大學，由聯邦政府資助，學生中有90%是聾生。吳章玲任輔導系（Department of Counseling）教授，所有課程都用手語教授。她在台北市立啟聰學校任教時有一位很聰明的學生，後來在她的幫助輔導下申請到高立德大學入學，成績優異，特別在藝術方面很有特長，畢業後被美國的國家博物館系統，也是世界最大的頂尖博物館體系華盛頓史密森尼學會（Smithsonian Institution）聘任擔任展覽設計的工作，一直到現在。

吳夫婦八十多歲的時候，家裡有一件意義重大的事——雷頌平陪章玲從中國收養了一個三歲半的女孩，就是他們後來十分疼愛的外孫女吳嘉華，英文名阿莉莎。

領養的事由美國的專業機構和中國對等的部門合作處理。在申請時需要提供一些重要的個人資料，比如學歷、家庭狀況、工作職位、健康情形、收入多少，並且要說明想領養小孩的年齡等。章玲因為在教書無法照顧新生兒，因此申請領養一個年齡在兩歲左右的孩子，等了4年，才等來阿莉莎。申請書交上去以後，還有專門的社會工作人員來申請人的住處進行詳細的家庭訪問。被批准以後，所有的資料再送中國對等的機構審查備案，由他們做了選擇匹配（match）以後，再由美國的機構通知申請人，在兩個星期之內做決定是否要領養那個選定的小孩。中方發來的資料只有小孩的性別、年齡、簡單的身體檢查報告和照片，同時也註明什麼時

候和到什麼地方的孤兒院（現名「兒童社會福利院」）去領養小孩，旁的什麼信息都沒有。阿莉莎的一點點身世是吳章玲和雷頌平到南昌之後才知道的。

阿莉莎是江西人，出生一兩天後就被人放在孤兒院的門口，不知道父母是誰，當時她的臍帶還拖著一段沒有剪好。她屬於江西撫州的一家孤兒院，可以領養的時候雷頌平和女兒章玲一起去接她「回家」，同一架飛機有八個美國家庭都是去中國收養孤兒的，還有一位美國領養機構所派的小兒專科醫生作他們的諮詢者。一位美國先生認真地問雷頌平：「我怎麼用中文說I am your father，I love you？」雷頌平一字一字地教他：「我－是－你－的－爸－爸。我－很－愛－你。」那個人練了一路，雖然還沒見到孩子，但一直在心中假想著見到孩子時說這句話，說著說著眼淚都流出來了。他收養了一個剛剛接受手術的男孩子，經過在美國的繼續療養，現在已經非常健康。

孤兒院把小孩子們帶到南昌的一家旅館，領養家庭都在那裡等待，這樣可以避免直接從孤兒院帶走小孩，讓還沒有人領養的孩子傷心難過。雷頌平在美國已經看過南昌孤兒院寄給吳章玲的照片，所以一下就認出了一群小嬰兒中的阿莉莎，她是孩子中年紀最大的，也是唯一一個會走路的孩子，正在一級一級地跳上樓梯，小孩們到旅館大廳以後，一位孤兒院的工作人員就把阿莉莎帶到雷頌平母女面前，簡單地說：「這是你們的孩子。給她東西吃，她喜歡吃。」就轉身

離開了。雷頌平給她一個大擁抱，把帶去的一個布製的小熊貓玩具給她，就把阿莉莎交給吳章玲，對她說：「這是你的媽媽。」章玲就把她抱到她們樓上的房間了。

　　阿莉莎剛看到她們的時候怯怯地不願親近，上樓後她一直哭，大聲叫著：「我要回家！我要回家！」旁邊比她小的小孩也都哭起來，整層樓吵鬧得天翻地覆。一位送她們去旅館的孤兒院人員跑上樓給阿莉莎講了幾句話，大概是嚇她的話，之後阿莉莎就不哭了，旁的小孩們也就慢慢地不哭了。這位先生又對去領養小孩的父母說：「我們要去市政府登記，完成你們領養的手續。」於是大家坐上已經準備好的巴士，一直等到吃晚飯的時候才回來。因為阿莉莎整天沒有吃飯，她們帶她去吃晚飯時，看見桌上那些菜，她說：「這些都是給我的嗎？」也許從來沒有吃過這麼豐盛的一頓飯，於是她大吃一頓。但她還是恐懼和緊張，一直說：「我要回家，我要找姐姐！」原來她被收養之前住在一個寄養家庭，那家有個姐姐。她的恐懼和緊張很容易理解，因為不知道為什麼自己忽然又被「拋棄」，而跟陌生的人在一起，她熟悉的東西環境都不見了，一切都是未知數。那天晚上她不肯換衣服，也不脫鞋襪，坐在床上不想睡覺，雷頌平和章玲就也不睡，合衣陪她坐著。第二天她們一同出去逛街，給她買了一個小背包，跟她們一起去南昌的一位章玲幾十年的同僚好友南希（Nancy）又給阿莉莎買了8雙布鞋！她們對她的關懷讓阿莉莎知道吳章玲和雷頌平都不是壞人，才開始有些安全

感了，也不再叫要回家看姐姐了。她後來回憶說，當時她願意跟婆婆（外祖母）走，「因為她是老人，老人不大可能是壞人。」她們到廣州的美國領事館登記，三歲半的阿莉莎從領事館拿到美國國籍後，便一起回美國了。

　　吳章玲非常愛護這個女兒，阿莉莎也漸漸敞開心扉，把她當作自己的親生母親，如今母女關係好得不得了。她們並不避諱阿莉莎是領養的這個話題。有一天阿莉莎對章玲說：「媽媽你能不能把我變成一個小寶寶，到你的肚子裡再出來。」章玲說：「小寶寶有什麼好呀，又不會吃飯和說話。」阿莉莎抱著她說：「因為我要在你的肚子裡親親你。」吳文津和雷頌平完全把阿莉莎當成親外孫女一樣疼愛，章玲和阿莉莎雖然生活在東部，但時常和他們通電話，一有機會就會來看他們。阿莉莎因為有對眼（內斜視），眼科醫生說要戴眼罩，一禮拜換一個，雷頌平親手縫製了很多，比醫院裡10美元一個的還要好，醫生驚訝地說：「你為什麼不給我做，我可以幫你推銷。」現在她的對眼已經完全矯正，只需要戴眼鏡就行了。阿莉莎特別喜歡公公（外祖父）吳文津，她小的時候曾經認真地宣布：「我長大了要和公公結婚！」

吳文津為女兒章玲、外孫女阿莉莎和愛犬「寶寶」所拍的照片。

吳章玲、阿莉莎與她們所養的馬。

如今阿莉莎13歲了，已上初中，聰明又懂事，吳先生和吳太太給我們看過照片，是一個很有氣質的小女孩，她在學校的成績很好，也喜歡戶外活動，尤其喜歡踢足球和騎馬，曾經得到許多8-12歲組的賽馬冠軍。她和她媽媽養有一匹雪白的馬叫Marble（大理石）。除了體育活動，禮拜天下午她還上中文學校，以防她把中文完全忘記了。她的願望是以後到史丹佛大學讀書。吳太太告訴我，她的親戚收養了一個小孩，阿莉莎聽說了之後說：「收養的意義，就是給人以新的生命。」我想，只有在充滿愛的家庭裡長大、而又十分有思想的孩子，才能有這樣的體會。

有意思的是，吳夫婦兒女的趣事，大多都是吳太太告訴我的，吳先生插話並不很多，但是有關孫女的話題，他卻津津樂道。一來可能是他們自己的兒女小的時候，吳先生的工作很忙，陪孩子的時間很有限，深層的原因也許是他們對待兒女，還是有點中國傳統家庭裡「嚴父慈母」的影子，吳先生在兒女的面前，還是有些舊式家長的含蓄深沉，但他和孫輩一起卻完全放開了，祖孫之間則更偏向輕鬆快樂的美國式。吳太太任何時刻都那麼開朗熱情，是一個閒不住的慈祥

老奶奶，而吳先生則很明顯有著幽默放鬆的一面和莊重威嚴的一面，輕鬆的時候愛開玩笑，笑起來就像是孩子一樣，而嚴肅起來也令人望之儼然，我想和孫女、外孫女的相處很好地激發出了他內心柔軟快樂的部分。顯然，兩個孫女上高中以後他們都感到寂寞，因此很快就養了一隻可愛的小狗。

繼續支持圖書館事業

1989年吳文津還在哈佛做館長時，「韋棣華基金會」邀請他主持籌劃此項基金的用途，退休後他也一直負責此項工作直到2010年。韋棣華是在中國創辦圖書館專門學校的先驅。她在武漢創辦了中國第一所現代新型圖書館「文華公書林」和中國第一所圖書館和專科學校「文華圖書科」，包括哈佛燕京圖書館首任館長裘開明先生在內的許多圖書館界領導者都是這裡畢業的，她在美國募集了很多捐款，支持中國的圖書館事業，去世後朋友為她成立了「韋棣華基金」，這基金在五、六〇年代中國和美國沒有外交關係期間，無法繼續資助中國圖書館教育工作，年息姑且轉由處於紐約市的亞洲基督教高等教育聯合董事會（Unite Board for Christian Higher Education in Asia）支配。後來吳文津倡議並代表韋隸華基金會和中國大陸、台灣的圖書館界聯絡，成立「韋棣華基金會獎學金」，資助有志於圖書館事業的、成績優異和生活清苦的青年學生，所有行政事務完全由他們的圖書館協會

決策管理，迄今受惠者已逾千人。促成此事的往來信件，包括得獎人名單，已經捐給台灣國立中央圖書館（現改名國家圖書館）。

吳文津工作時全力以赴，退休後堅信「不在其位，就不該對後繼者的工作加以干預」，因此退得十分徹底，只有時受邀講座、也寫寫文章。2016年，吳文津把一生比較重要的文章和講稿整理成文集，題為《美國東亞圖書館發展史及其他》，由聯經出版公司出版，其中的〈美國東亞圖書館蒐藏中國典籍之緣起與現況〉、〈哈佛燕京圖書館簡史及其中國典籍收藏概況〉等對美國東亞圖書館的重要著述，都是在他退休之後完成的。著名學者余英時在序言中對這部文集給予了很高的評價：「我要鄭重指出，這部文集具有極高的史料價值，絕不可以一般個人的文字集結視之。無論我們是要認識20世紀中葉以來中國的歷史動向，還是想理解西方人怎樣研究這一動向，《美國東亞圖書館發展史及其他》都能給我們以親切的指引。」出版後有人寫書評，算出他已經95歲了，寫道：「看來作者頭腦仍十分清楚」，吳文津看了哈哈大笑。

吳先生在如此高齡依舊才思敏捷，與他對圖書館事業不變的熱忱密切相關。他把圖書館發展相關的事事都銘刻心中，方方面面如數家珍。我們在談話中，常常說些生活趣事，大家一片笑聲，但是只要話題轉到圖書館，吳先生就會馬上嚴肅認真起來，整個人轉換到正襟危坐的狀態。我想無

關年齡和歲月，圖書館事業永遠在他的生命中占有舉足輕重的地位。吳文津總說原來東亞圖書館好像是不在美國的「mainstream」（主流）內，而現在已經算納入美國圖書館的主流了，日後還能有更多的貢獻。

吳文津住在灣區，胡佛研究所的工作人員有時也來請教他。如今胡佛研究所的東亞語文書籍已分出來另闢為史丹佛東亞圖書館，成為史丹佛大學十多所如音樂、哲學、工程、法律等專科圖書館之一。而胡佛研究所亞洲館則專門收藏與近代史有關的各種文件、手稿、書信、照片等，以國民黨和共產黨檔案，以及政軍要人如蔣介石、宋子文、美軍將領魏德邁（Albert Coady Wedemeyer）等的日記和文書著稱。[5] 有一次史丹佛胡佛研究所東亞館藏的一位助理館長請吳文津喝咖啡，討教一些館藏建設方面的問題。吳文津總說館藏建設最為重要，雖然高科技可以助力很多事情，但不能替代人的努力，比如世間流散的許多珍貴資料，需要圖書館工作者不斷尋找和收集。他告訴這位助理館長，聽說國民黨將領白崇禧（1893-1966）將軍有一些重要的資料，在其子白先勇教授的手中，胡佛研究所可以考慮收藏；也就詢問自己的鄰居

---

5 根據 CEAL（Council on East Asian Libraries, Association for Asian Studies，亞洲學會東亞圖書館協會）的統計，美國總計東亞圖書館二戰後從 1950 年到 1980 年的數字如下：20（1950），50（1964），71（1970），90（1980）。如此可見發展之迅速。特別在 1980 年代為應用高科技東亞圖書館一致採用國會圖書館編目法以趨一致之後，東亞圖書館的線上編目卡遂被收入 OCLC 為全國以及全世界使用的線上目錄（online catalog；OCLC 稱 World Catalog）。

艾朗諾、陳毓賢夫婦是否與白先勇教授相熟。艾朗諾教授到史丹佛東亞系任職前，在加州大學聖塔芭芭拉分校和白先勇教授同事多年，兩人還有師生之誼，經他們牽線和胡佛研究所的努力，後來白先勇教授將自己保存的很多珍貴照片交由胡佛收藏。

　　吳文津退休前因為工作原因曾經頻繁往返台灣，從最元老的中央圖書館館長蔣復璁先生，到繼任的幾位館長都十分熟悉，近年該館邀請吳文津把他一些有歷史價值的文檔捐贈給該館。吳先生回覆說他大部分文檔都留給了哈佛，自己保存的大都是私人的東西，中央圖書館也很有興趣收藏。吳先生對這項捐贈工作非常認真，2018年到2019年間把自己多年儲存在家裡的紙箱子一個個打開，所有的文件都認真辨認，用吳太太的話說：「一張明信片也不放過。」從書信、文稿、人家送的書籍單行本、照片等選出具有收藏價值的，親自打包，紙箱子買來後嫌不牢固，又去重新買了一遍，最後總共用八、九個大紙箱子郵寄到台灣。其中比較珍貴的包括陳誠、羅家倫（1897-1969）等人寫給吳文津的信件。羅家倫曾任中央大學校長、到了台灣是國民黨黨史會主任委員，吳文津到黨史會查從未公開的資料，就是經過他的特許。至於和外國學者有關的，則包括他和哥倫比亞大學著名中國歷史學者韋慕庭（C. Martin Wilbur, 1908-1997），還有他的博士導師羅伯特‧諾斯的通信等。韋慕庭是著名的中國近現代史學者，曾經任教於哥倫比亞大學，他的代表作包括《孫

中山：壯志未酬的愛國者》（*Sun Yat-Sen: Frustrated Patriot*）等，而羅伯特‧諾斯則是政治學專家。

能夠捐獻這麼多有價值的資料，也來源於吳先生「敬惜字紙」的生活習慣。我曾求證吳太太，吳先生是不是一張過去的小便條也捨不得扔掉的人，她不假思索地點點頭。吳先生從東部搬到西部的東西中許多舊物並不具有經濟價值，他也不捨得處理掉，我想那些東西對他來說既有歷史意義，也有情感附加值。如今吳先生的資料，仍有大批保存在家裡車庫頂上，提起這些「寶貝」，他指指屋頂，笑稱自己「現在也爬不上去了，需要什麼還要找兒子來幫忙，找出來這個又找不到那個」。但多虧他這些年來的悉心保存和勤於整理，終於清理出不少珍貴的個人資料寄贈台灣中央圖書館，並為這本書提供翔實而豐富的素材，有時為了書中的幾句話，就需要吳先生翻箱倒櫃，搜尋過去的手札和照片，但他從未有過任何抱怨推辭，令我十分感激。

教會生活

吳夫婦退休後，教會是他們生活中很重要的一部分，也成了他們的第二個家庭。四〇年代在灣區居住時華人很少，就參加了帕羅奧圖市中心的白人長老會，後來參與組織在南郊植會，經過努力，終於成立「聖約長老會」（Covenant Presbyterian Church），那間教會到現在都還是很興旺。九〇

年代末再回加州，發現此地華人很多，起初找了一個講廣東話的教會，後來去了一個大家都說普通話的「基督之家」，離他們家很近，也多虧了這個教會，雷頌平的普通話講得愈來愈好了。「基督之家」於1969年在台北由寇世遠監督建立，1978年來舊金山灣區植會，在加州紅木城（Redwood City）聚會多年，1992年遷至吳夫婦現在所居住的城市門洛帕克，在此地購買了一所韓國人教會的會堂，房子很小，不敷使用，在外面還要搭帳篷，大家便決議建新堂。會友竭力支援，在三個月內200餘會友捐獻兩百餘萬美元。

會友們才華滿溢，各盡其力，由新堂之設計至施工之監督至預算控制，都由會友負責擔任。當時有三位辦事尤為熱心的男士，一個60歲、一個70歲、一個80歲，暱稱「三劍客」，吳文津就是80歲的那一位，教會文件的翻譯大多由他來做。雷頌平則開一個烘焙班，收的學費捐給教會，還義賣烘焙點心，募到了1,700美元。「基督之家」發展迅速旺盛，現在灣區共有7家「基督之家」教會。他們除每星期天去做禮拜外，還加入了每個月與其他長者餐聚的「長青會」團契和「愛家團契」的活動。雷頌平還參加每個月聚兩次的「姊妹查經班」，查經後分享各人自己做的好菜。我曾經去過一次「姊妹查經班」，雷頌平是其中年齡最大的，大家都爭著迎接和攙扶她，本來規定90歲以上就不用帶食物，但她每次都做了美味佳肴帶過去，此次帶了一大盤自己做的甜點，人人喜歡吃，卻都埋怨她又辛苦下廚，雷頌平說：「我不做，

反而一夜都會睡不著覺。做了之後，反而睡得特別好。」吳太太在查經過程中很安靜，不是專注地看著眼前的紙頁，就是靜靜地聆聽思索，和人交談時散發著一種仁愛的光輝。我每次見到吳太太，她總要和我拉拉手，拉手後還意味深長地攥攥我的手。我很喜歡和吳太太握著手，她慈祥的手雖然有年齡的痕跡，但依然可見年輕時的白皙纖秀，充滿著善意和溫柔。

教會有什麼慶典，吳文津便興致勃勃地替人拍照，晚睡的他往往該晚便把照片整理好傳出，與會人第二天一早便在網上看到。他興致來時還喜歡寫聖詩，教會裡有位名叫陳鳳嬌的女士懂得譜曲，是台灣原住民花蓮太魯閣族人，替吳文津寫的詞譜出來的歌富有中國古調風味，大家都喜歡唱。他寫的聖詩裡有一首我特別喜歡，題名〈神的恩典夠我用〉，裡面既有《聖經》中的句子，還有中國古代的詩歌，體現了作者中西合璧的思想——

不用憂、不用愁，神的恩典夠我用。

我們的弱點祂知道，我們的需要祂明瞭。

誠心禱告、順服信靠。

祂會給我們指引，祂會為我們開導。

「山重水複疑無路，柳暗花明又一村」

感謝神！祂的恩典夠我用！

今日怎？明日又？神的恩典夠我用。

歡樂憂傷祂都掌握，生命藍圖祂都規劃。

只需禱告，求祂帶領。

走向祂指引的路，信靠祂賜的應許。

「抽刀斷水水更流，舉杯消愁愁更愁」

信靠神！神的恩典夠我用。

　　這首聖詩合唱的視頻他放在YouTube上，已經被聽過兩千多次。

　　在我和吳夫婦的交往中，如果請教他們如何解決人生中的某些疑難，他們會誠懇地談起信仰的力量，也會告訴我基督教信仰如何將他們塑造成今天的樣子。我喜歡聽他們信手拈來《聖經》中那些充滿智慧的語句，也感動他們從未對

姊妹查經班演唱吳文津作詞、陳鳳嬌譜曲的〈神的恩典夠我用〉。

我「傳教」。在我這個局外人看來，吳先生和吳太太特別令
人佩服的地方，是他們的虔誠並不讓周圍的人感受到絲毫壓
力。在他們身上，我看到了信仰真正的意義——對周遭萬事
萬物的理解、尊重並與之和諧共處的能力。這種優雅的教養
實在比任何說教都令人尊敬和感動。

　　吳先生說基督教對生死、金錢、婚姻等問題都講得十分
透徹，其中許多思想和中國傳統文化有相通之處，比如「生
死有命、富貴在天」等等，他告訴我，人在遭遇困難的時
候，反而是最大的試煉，就像他在聖詩中引用了陸游和李白
的名句，人生的困苦、平順、歡樂、悲傷都只是一時的，逆
境可能帶來希望，順境可能帶來不滿，只有超脫眼前的得
失，才能得到永恆的安寧和解脫。吳夫婦二人都深受東西方
文化的影響，可貴的是兩種文化並沒有在他們身上鬥爭決
裂，反而融會貫通，成就了他們豁達圓融的人生哲學。

第十二章

文明新舊能相益，心理東西本自同

　　兩位老人雖然少年離鄉，已經在海外定居70餘年，但年近百歲的他們時常流露出對故鄉濃濃的眷戀。

　　九〇年代以後回國較為容易，吳夫婦2005年帶了兒子一家去了四川，不僅遊覽了青城山、都江堰、九寨溝，還到大熊貓訓育基地去看了大熊貓——「他們快樂死了。」其中洋媳婦是最享受的一個，她學過一點中文，對中國什麼事物都有興趣。雷頌平跟別人說蘿拉和茱莉亞是自己的孫女，大家都不相信，說兩個女孩像是「洋娃娃」。她們不會中文，吳文津家裡只有他哥哥的小女兒可以和她們講英文，但是很奇怪的是她們和所有人好像都沒有什麼隔閡。吳先生談到此事時對我說：「那可能是一種無言的默契罷？」兩年後（2017年）吳夫婦再回中國，在成都和親人共度85歲生日，孫女們很羨慕卻又不能同去，就抱怨說祖父祖母獨自回中國，真是「不公平」！

　　2005年吳文津回鄉之時，當地網站「四川在線」發表了一篇報導〈哈佛燕京圖書館長漂泊60載舉家回川探親〉，裡

面的許多細節讀之令人動容。吳文津在那次接受採訪時說：「孩子們一出生就在美國長大，這一次我帶她們回來，是想讓他們知道，自己的根在成都」、「我告訴她們要以中國人為榮。」吳文津那次回鄉，專門到寶光塔去祭拜了雙親，他幼年時父親早逝，而母親去世時他身在美國，毫無所知，1979年回國時想去祭拜，卻已經找不到兩位老人的安息之處了，那兩個在寶光塔的牌位是後來家裡補設的。吳文津的另一個遺憾是大慈寺正在重修，沒能到那裡重溫和母親在一起的時光，「以前母親喜歡帶我們去大慈寺燒香拜佛，所以那裡有關於我們全家生活的記憶。」

都知道吳先生退休之後的一大愛好是種花，我是讀了「四川在線」的文章，才知道這份愛好中也有一份厚重的鄉情：

雖然不能與故土長相廝守，在這位傳奇老人的血脈裡，故鄉卻幻化成庭院裡的一株幽蘭，與他朝夕相伴。「你看啊，這些全是我栽的花，有好多種！」吳文津翻開手裡緊緊攢著的一本相冊，每一頁照片都是他夢裡的牽掛，「這是茶花，這是燈籠辣椒，這是百合跟杜鵑。這些都是中國品種！」吳文津說，很想買些中國的黃桷蘭栽在家裡，「可惜，在美國沒有找到。」

我雖然只去過成都兩次，但卻對這座城市的黃桷蘭印象

非常深刻，和西式花店裡整齊排列的花束不同，黃桷蘭賣的是一朵朵待放的花苞，賣花的老婆婆用縫衣針把每兩朵花穿在線上，掛在一根光滑的竹竿上賣，從前一串只要幾角錢，現在漲到幾塊錢了，依然是本小利微，我在成都看到就忍不住要買，因為喜愛那沁人心脾的味道，也想讓走街串巷的老婆婆能早點回家。兩朵花掛在鈕釦上，一整天都被清新甜美的香氣包圍，乾了的花蕾變成絳紅色，聽說還可以泡水喝，那濃濃的人情味和市井氣，那故鄉山水草澤間的一縷幽香，就是吳先生所懷念的家鄉吧。

2019年夏天，我到了吳先生長大的地方——成都的東珠市街，昔日的老街巷已經被一棟棟高樓所替代，根據吳先生的回憶，自家房子和巴金家距離不遠，不過自家的大門對著東珠市街，而巴金家的大門是對著正通順街，其後門就開在東珠市街。我繞過一棟棟樓房，試圖尋找舊日的痕跡：這裡高層的居民樓很多，居民區裡的小販正在宰殺和清理鱔魚，腳下一盆盆清水裡還養著不少游來游去的活鱔，臨街的水果店外擺著許多又甜又脆的青李子，青翠欲滴，是這一時節成都的特色——這裡四處瀰漫著一種成都特有的生活氣息，只是沒有了《家》中所描寫的深宅大院。問水果店外一個瞇著眼乘涼的大叔，巴金故居在哪裡，他困惑地用成都話反問：「啥？」沿著街道走，找到一口雙眼井，是巴金家門口的古井，據說巴金1987年回成都老家，專門去看了雙眼井，說了一句話：「只要雙眼井在，我就可以找到童年的足跡。」雙

眼井旁邊路過一位當地的員警，趕忙詢問他是否知道巴金的家原來在哪裡，他彷彿隨便伸手一點，指著我身後說：「這！」我回頭一看，是一家賣成都燒鴨子的店，排隊買的人都用好奇的眼光看著我。一位搖著蒲扇的老爺爺坐在小區門口的籐椅上乘涼，身後有個「東珠市街」的牌子，問他可否在這裡拍張照，他很和善地站起來，請教他知不知道巴金老宅原來在哪兒，他回答說巴金故居「原先就在這一帶」，這是大家都知道的，「而具體是哪裡，很難說得清了。」

那天在東珠市街附近兜兜轉轉，從燒鴨子店再走半條街，看到一座門禁森嚴的部隊大院，門口的牆上雕刻著巴金的像和他的一句話：「講真話，把心交給讀者。」原來這就是巴金故居的遺址了。後來我回到北京查閱資料，得知在巴金離家幾年後的1927年，李家大院就已易主，後來此地蓋起高樓，原先的建築就徹底消失了。1960年巴金重返故地時寫道：「早晨經常散步到那條街，在一個部隊文工團的宿舍門前徘徊，據說這就是在我老家的廢墟上建造起來的。」既然李家大院已經不復存在，吳氏舊宅自然也蹤跡難尋，想起吳先生數度感慨，1979年第一次回到成都的時候，房子還在，只是門口的一對石獅子沒有了，而這種感慨，又與巴金是多麼的相似！1941年1月，巴金在離家18年以後首次回到成都，在他回憶舊居的文章〈愛爾克的燈光〉裡，巴金寫道：「巍峨的門牆代替了太平缸和石獅子，那一對常常做我們坐騎的背脊光滑的雄獅也不知逃進了哪座荒山。」同為在那條

街上長大的孩子，無論是已經作古的巴金，還是如今年近百歲的吳文津，都將自己孩童時天真活潑的記憶，融入到對自家門前石獅子的懷念中。

後來我回到美國，將自己那天的所見所聞向吳先生細細敘述，吳先生聽我說起東珠市街現在修有巴金的塑像，似乎很是寬慰，喃喃地彷彿放下心來似地說：「哦，有一座塑像！」但談起當年家門口的石獅子，又似乎略帶惆悵。吳太太調侃吳先生：「石獅子去了燕京圖書館啊！」因為吳先生雖然離家後再沒見到家門口的石獅子，但他後來工作的哈佛大學燕京圖書館門口，恰好也有這麼一對中國石獅子。吳先生認真地回答：「東珠市街的石獅子沒有燕京圖書館的那對

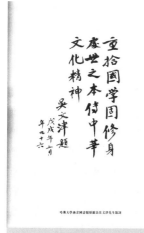

吳文津96歲高齡時為四川師範大學、四川省文史研究館所辦的雜誌《國學》題字。

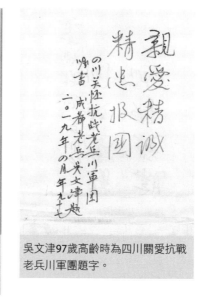

吳文津97歲高齡時為四川關愛抗戰老兵川軍團題字。

底座高，但是更大些。」我心想，多麼有意思的巧合。這兩對石獅子，代表著吳先生從故鄉的家園到精神的家園，代表著他從未遠離過的家國情懷。他的鄉情絕不囿於東珠市街的老巷，在大洋彼岸，在石獅子守護的燕京圖書館，他傾注了幾十年的光陰和心血，將故鄉的歷史文化發揚光大。

最初認識吳太太時，我就驚訝於她可以閉上眼睛，說出台山公益埠的老家有哪幾條街，每條街依照順序都是哪些商鋪人家，彷彿一切還歷歷在目。過去華僑在海外賺了錢，都要回到故鄉去建房子置產業，不在故鄉時房子就借給親戚住，親戚再給他們的親戚住，往往最後都不知道裡面住的到底是誰。雷頌平的父親後來在故鄉也造了一座房子，取名為「恩廬」，意為常記著家鄉的恩情，門前有一口井，算是城裡的中上人家。1992年雷頌平全家回台山探親的時候，祖父的老照片還掛在牆上，家裡的舊傢俱還在，就是房子已經是一家同鄉的親戚住了。多年後故地重遊的雷頌平還記得如何從井裡取水，只不過城裡變化很大，祖父洋服店的舊址也已經找不到了。最初我只讚嘆她的記憶力之強，但相處久了，才漸漸領略這種清晰的記憶背後揮之不去的鄉情。

雖然記憶中熟悉的一磚一瓦已經難以尋覓，但故鄉總是以其他形式留存在心底，對於現在的吳太太來說，故鄉就是她所創造的語言環境和家鄉味道，如今他們夫婦之間用作交談的是台山話，還可以和鄰居陳毓賢說廣東話，到了教會又可以和年輕些的朋友說普通話，就好像時時在中國一樣。她

的一手廣東菜做得極好，師承自她的父親，又經過自己的揣摩，這份美食情懷也傳給了子女。兒子章敏也是烹飪能手，對器材、原料等都非常講究，常和她討論東西怎樣做。有一次她告訴我，女兒章玲從小就很愛吃她做的「肚子」（這兩個字是用方言說的），前幾年女兒才問她，「肚子」到底是什麼，她說是滷豬肚，女兒沉默了，思想掙扎了一會兒（美國人和在美國長大的華人一般不吃豬的內臟），說：「我還是喜歡吃。」外孫女每次去看他們之前，都打電話問吳太太：「這次準備給我吃什麼？」然後就開始點菜，：「我要吃冬瓜湯、紅燒豆腐……」雖然他們的兒孫在語言和思想上都十分西化，但這種味覺的傳承，何嘗不是一種文化的傳承呢。

2020年，我受史丹佛大學中國學生學者聯合會（ACSSS）委託，為史丹佛中國春晚收集一段來自吳先生的祝福語，吳先生和吳太太不僅欣然出鏡，還分外認真準備。吳先生將起草的發言反覆斟酌修改，還在近百歲高齡之時將這段話完整地背了下來，錄製當天幾乎一次成功，這份認真投入令所有人感動，這段視頻不僅在當天晚會上引起熱烈反響，在網路上一經發布就獲得了數千點擊量，許多深受感動鼓舞的同學校友都轉發了吳先生祝福語中的一段話：

我知道有時候因為離鄉背井，適應新的學習環境，可能造成一些心理上的問題。不過就我自己個人的經驗，這些都

331

是暫時性的。最重要的是，珍惜諸位的所有，把握現在、全力以赴，將來許多問題都會迎刃而解。

從吳夫婦對後輩華人的關愛，可以感受到一種厚重的家國之情。

相濡以沫70年

我第一次見到吳夫婦，他們的小狗從門裡竄出來圍著我們跳來跳去，叫聲特別響亮，吳先生手裡的拐杖揮過去做驅趕狀，其實繞著小狗遠遠的，一根毫毛也碰不到，我就看出他表面呵斥，其實疼愛得不得了。這隻狗是孫女都上大學以後，兩個人覺得寂寞而收養的，是貴賓犬和約克夏的混血，取名叫Beau，順便就叫它「寶寶」。

吳文津起初並不想養寵物，雷頌平卻和兒子一起去收容流浪狗的地方看狗，這隻雪白的小狗模樣漂亮，原本被人收養了，但因為太喜歡吠，兩天後就被送回去了。小狗跑到雷頌平的身邊不走，她心動了，給吳文津打電話說：「也許我們會帶一隻小狗回家。」沒想到「寶寶」跟著他們坐車回到家，熟門熟路地從後門進到房子裡，彷彿認識一樣，令他們十分驚奇。因為狗是雷頌平要養的，所以她就負擔全部的工作，從遛狗到每週洗澡，都是她自己做，說到這裡，她朝旁邊吳先生的方向轉轉眼珠，拉著長聲說：「因為沒有人幫我

啊──」，吳先生說：「我有幫你啊，你給狗洗澡的時候，我幫你把狗拿過去，有時候幫你把吹風機送過去。」說著說著我們都笑了。

我曾問他們，結婚七十多年，有沒有過什麼矛盾，兩個人想了半天，才想出一件事，也是和小狗有關的──雷頌平生活嚴謹，注重健康，嚴格執行科學餵養，給「寶寶」吃的都是狗糧，她抱怨說吳文津吃飯菜總分給狗一點，以至於「吃飯時間寶寶就蹲在他腳邊討」。吳先生馬上為自己辯護說：「我知道什麼東西狗不能吃，比如巧克力，我從不給狗吃不能吃的東西。」吳太太利索地回道：「那當然，吃了巧克力她就會死。」還馬上舉一反三說：「我們的孩子小時候他也是這樣，小孩子管我要口香糖，我說：『你們現在還不能吃』，他們就去找他要，他馬上從口袋裡掏出來說：『喏，給。』因此吳太太總結道，在家裡總是自己做壞人，吳先生做好人。」

我很愛聽他們這麼鬥鬥嘴，近百歲的老人了，生活裡沒有什麼「苦大仇深」，都是些「雞毛蒜皮」，反而讓人覺得輕鬆快樂。兩個人雖然總愛互相開開玩笑，但都說一輩子沒有真正吵過架，這對於結婚70年的人來說，是多麼不易！並不只是我一個人對吳先生和吳太太幸福的秘訣感興趣，他們的教會在2007年就曾請吳先生做了一個講演，我將講稿摘錄了一段：

　　大概一兩個月前詹森給我說：「愛家團契想請你和娜丁阿姨給我們講講你們結婚幾十年的經驗。」我說：「我要問問她再給你回話。」我問娜丁，她說：「可以，但是我們恐怕沒有什麼可講的，也許我們可以跟他們來一個座談會。」接著，寶珠告訴我們說：「我們想知道你們結婚幾十年的秘密是什麼？」原來你們是要我們說，我們怎麼不吵架。這可是很簡單，現在我就把我們的秘密告訴你們。特別是弟兄們，要洗耳靜聽，這是一服萬靈丹。你們要好好地記在心上，肯定會保證你們的婚姻美滿。現在我把我們的秘密洩露給你們：

　　如果發現太太有錯，一定是我看錯。如果我沒有看錯，一定是我的錯，才害得太太犯錯。如果是太太的錯，只要她不認錯，她就沒錯。如果太太不認錯，我還堅持她有錯，那就是我的錯。如果太太實在有錯，那就要尊重她的錯，我才不會犯錯。總之「太太絕對不會錯」這句話肯定沒有錯。

　　這不是很簡單嗎？這些話雖然可笑，其中也有它的道理。那就是說夫妻要相容。中國話說：有容德乃大。容忍是個美德，無論是夫妻間、弟兄姊妹間、親朋好友間，容忍包涵總是人際關係的潤滑劑。《聖經》上也有很多地方提到這個……我們應該以輕鬆的充滿喜樂的心，來時時感謝神給我們的各種恩賜。「太太不會錯」這些話可以當作笑料，我

們在教會比較嚴肅，應該放鬆一些，講講笑話。美國話說：「笑是最好的良藥」（Laughter is the best medicine）就是這個意思。

接著，吳先生提出了五個重要的因素：一、宗教信仰；二、政治立場；三、錢財的管理；四、兒女的教導方式；五、空閒時間的利用。指出夫妻應該在這些方面達到共識，才能達到互敬、互助、互愛。

如果容我講一點自己的觀察：吳先生雖然發表了「太太絕對不會錯」的「宣言」，但在家是個很執拗的人，生活中吳太太似乎忍讓包容更多一些。有一次去吳家作客，吳先生一定要在低矮茶几上用一套很不容易固定的杯子杯托，結果滿滿一杯冒著熱氣的咖啡滑了手，把衣服和地毯都潑濕了，因為事先吳太太預言過用這套茶具容易滑手，吳先生就做出滿不在乎的姿態，像小孩一樣，堅持不去換衣服，表示自己完全沒事，吳太太也拿他沒有辦法。吳先生為人一絲不苟，加上聽力不是很好，有時候聲音大一點，搶白幾句，吳太太就淡淡一笑，也從不生氣。但我曾看過他們教會表演唱歌的錄像，台上唱的都是太太，鏡頭掃到在下面觀看的先生們，其他人只是尋常坐著，吳先生卻把脖子伸得長長的，專注的臉在人群中格外顯眼，像是年輕人在「追星」，聊天時講起吳太太的種種聰明能幹，他也讚不絕口，一臉驕傲的樣子。這種彼此的信任、欣賞、剛柔並濟，成就了他們的美滿婚

姻。

師母曾說，跟吳夫婦在一起會覺得他們的人生很「順」，但我想他們並不是得天獨厚的幸運兒，和那個時代的所有人一樣，

2020年1月作者和吳夫婦的合影。

他們的人生中曾經經歷過戰亂、骨肉分離、親人隔絕，經歷過背井離鄉、漂泊海外，經歷過打拚事業的艱苦、至愛親朋的離世，但他們的人生感悟，並不是「如何克服苦難」，這種「不覺得有什麼苦難」的豁達，才是最珍貴的人生智慧。他們的一生跌宕、簡樸、單純，從未期盼或享受過榮華富貴，能夠讓他們獲得心靈自由的是「知足」二字，他們曾經反覆對我說，有健康、有家庭、有足夠的積蓄就已經很幸運，要珍惜自己所有的，為此而感恩。

百歲人生

中國古代將百歲稱為「期頤之年」，是說人到了百歲，許多事情就不能自理，需要子女兒孫奉養，這一點在吳夫婦身上卻不盡然。他們雖然已近百歲，不僅生活諸事都事必躬

親，還熱心幫助別人，師母陳毓賢女士是他們的鄰居，她告訴我：

我們住的地方每星期一晚上必須把分類垃圾桶推到街邊，星期二市政府的垃圾車很早便來把垃圾帶走。朗諾總特意早點起床出去把那兩個又高又大的塑膠桶收回，不然九十多歲的吳太太清早便會把它們沿著相當長的車道推到我們車庫旁。吳太太得知後開玩笑說：「這只不過是舉手之勞，朗諾就是怕給小費。」

九十多歲以後吳夫婦仍看起來比實際年齡年輕許多，興趣愛好也和年輕人一樣──兩人都是資深球迷，大學和職業隊的籃球、足球和棒球比賽都愛看，唯一不看的是冰球，因為「打架的時候太多」。吳文津喜歡熬夜，常常看球到晚上，再看看新聞、查查郵件，到夜裡一點多才睡，第二天有時候要睡到中午，雷頌平則早睡早起，八點以前起床遛狗，中午十二點一定吃午飯，所以兩個人經常只有晚飯在一起吃。雷頌平對飲食健康特別注意，用她自己的話說：

五十歲以前我都不太注意，有時候有時間就吃飯，沒有時間就不吃，有時候一整天都不吃，現在注意了。很多人認為我為了健康節食太厲害，其實我沒有刻意節食，只是我本來就不需要吃得太多了。我看著他（指吳文津）還比看自己

厲害。他不聽話的，甜的他一定拚命吃。

　　吳文津反駁說自己很好，不用擔心，他的健康情況的確很好，只是腿腳和聽力不如雷頌平。他曾做了一個比較大的背部手術，之前常感到腿很疼痛，檢查的結果是背部有一根脊椎骨頭壓住了通腿的神經。史丹佛醫院的醫生說可以開刀把神經上那塊骨頭磨小，但是成功率只有80%。吳文津猶豫得很，雷頌平問醫生，如果你的父親也有這個問題，你會不會開刀，醫生說：「那我昨天就會開刀了。」於是吳文津接受了手術。雷頌平心中祈禱，將那20%交給了上帝，教會的長老也到醫院去陪伴他們。結果開了刀第二天回家就能上下樓梯了，雖然有點疼，但是以後拄拐能自如行走。這是吳文津自年輕時中彈接受手術後，第二次接受手術。除此之外，他的身體非常健康，九十多歲高齡才在兒子的勸服下停止自己開車，現在去教會、看醫生等都是兒子開車。雷頌平的身體更是健康，至今沒有做過任何手術，更令人驚羨的是96歲才第一次有蛀牙。章敏十分孝順，常在父母家裡出出入入，幫忙各種家務和置辦雜貨，既修理各種東西，也打理清掃院子，還替他們買菜，雷頌平總是抱怨兒子買太多了，而這種「抱怨」又是多麼幸福：「他只要看見我吃什麼東西，就以為我愛吃這樣東西，然後就買一大堆！」

　　退休後吳文津也有了更多的時間可以讀書看報、和昔日的老朋友們聯絡。吳夫婦親戚相當多，交遊廣，幾乎每星期

都有一兩個外州或外國的客人遠道來訪，而愈來愈多的是子孫輩的親戚或朋友的子孫。他們見吳夫婦精神矍鑠，又那麼有趣，往往忘了他們是近百歲的老人，一坐就是三、四個鐘頭。雷頌平以前總留客人吃便飯，家裡一張當年從東岸搬回來的中式大圓桌，就是這家主人熱情好客的見證。約十年前開始，到了吃飯時間，吳夫婦便請他們到外頭吃，飯後客人往往意猶未盡，又跟著他們回家吃茶繼續談。吳先生在這方面更加中國化，有人前來拜訪，總是不知疲倦地熱情相待；吳太太相對「西化」，比較注重個人空間，但客人盤桓不走，也堅持殷勤奉陪；然而早睡早起的她實在有點吃不消，偶爾訴苦，鄰居陳毓賢便「慫恿」他們要會下「逐客令」，他們夫婦兩人最近在外面吃完飯後就「勇敢地」對客人說：「好吧，你們送我們回家，下次再見！」果然有效。

對於年近百歲的老人，人生的「大限」是一個不可迴避的問題，但他們從未讓周圍的人對討論這個問題有所顧慮，並無任何諱莫如深，也沒有一絲懼怕或是避諱。國立中央圖書館請吳文津捐獻文檔時，還特意詢問吳先生可否順便捐贈一點自己的小物件，比如眼鏡和鋼筆，吳先生對此並未照辦，因為不願意日後讓別人把他當成「已故名人」崇拜，但並不忌諱，我們問起這件事，他笑說如果連生活用品也捐，「搞得好像我已經過世了一樣」，「以後那些就是我的『遺物』了！」說完又響起他標誌性的、爽朗洪亮的笑聲，令人印象深刻。吳先生現在每天還要喝幾杯咖啡，吃些甜食，提到

這個，他也笑呵呵地說：「都到我這個年齡了，還在意什麼呢！」與其說這是不在意，不如說是不自擾。

吳先生曾談到他的翻譯官好友、也是他的連襟范道釗前兩年去世。他比吳先生小一歲，服役結束後一起到西雅圖華盛頓大學念書，在雷頌平一家的影響下成為虔誠的基督徒，他攻讀航空工程，後來在波音和其他航空公司任高級職員。談起范道釗，吳夫婦就打趣他年輕時如何警告別的男同學不許碰貝西，因為他已中意她；范道釗很少講話，卻為了讀原文的《新約聖經》學古希臘文，企圖用數學方程式解釋聖經，卻沒有人聽得懂他那一套，但他的虔誠令人尊敬。在他去世的那一天，他曾對妻子、也就是吳太太的親妹妹貝西說：「我不怕死，因為我知道我要到何處去，對於基督徒來說沒什麼可怕，因為我們有來生的希望。」後來他去世的時候非常安詳。

信仰賦予了他們坦然的心態，正如《淮南子》中說：「視生如寄，視死如歸」，他們面對死亡的態度與其說是「勇敢」，不如說是「平和」，百年荏苒，他們已經不再與任何事物對抗，包括自己的壽數。我想一個人如果日日生活在對死亡的隱憂和恐懼中，即使在世也無法真正享受生活的快樂。這也不是說吳夫婦對生老病死完全無動於衷。朋友一個個老去，讓他們痛惜不已。數年前雷頌平回西雅圖參加一個盛大的宴會，見到了許多很久沒晤面的人。有個年輕時追她追得很起勁的人，坐著輪椅，認不得她是誰了，令她非常震

驚。吳先生曾說，一個人被過去束縛，就不能走向未來，這句話不但適用於走出戰爭的陰影，也適用於人生的一切苦痛和困境，近百年的人生讓他們充滿智慧，對一切都接納和包容。陶淵明曾說：「悟已往之不諫，知來者之可追」，過去的已經過去，無謂對錯，未來的還沒到來，無須刻意，這是他們所給我的人生哲理課。和吳夫婦成為朋友後，他們從來沒有按照年齡劃分，把我歸為不屬於他們群體的一個外來者，但我卻在和他們的接觸中，情不自禁地開始比較自己和他們的時代和品格。

吳文津和雷頌平，一個來自四川成都傳統禮教家庭，因日本侵略中國棄筆從戎，飛越喜馬拉雅、橫跨大西洋到達美國；一個來自廣東台山的基督教家庭，循著父老的足跡跨越太平洋；他們兩人文化背景迥異，起初只能用英語交談，但價值觀念，對人對事的態度，卻那麼相似，可說是「他鄉遇知己」。正如哈佛燕京圖書館中的那幅對聯：「文明新舊能相益，心理東西本自同。」經70年的磨合，他們的起居飲食融匯了南北中外的習俗，精神世界似乎也糅合了儒家和基督教的精髓。他們那麼幸福，當然有一部分是天賜的幸運，但必然和他們的智慧和胸懷有關。每當他們在談論著身邊每個親人朋友最新的消息、每一天報紙上的新聞、球賽的比分，我總覺得他們還在隨時擁抱著人生中的新變化、把每一個新鮮的日子，融入他們的生命。我每每看到他們紅潤的臉色、明亮的眼睛，聽著他們底氣十足的聲音，和他們拉著手時感

到一種讓人踏實的溫暖和力度。「問渠哪得清如許？為有源頭活水來。」為何將近百年的生命是如此純淨而輕盈？因為他們總能吐故納新，放下一切重負。

吳文津、雷頌平夫婦近照（當地報紙Palo Alto Daily記者Veronica Weber攝於2019年5月）。

附錄一

《美國東亞圖書館發展史及其他》序

余英時

　　吳文津先生和我相知已近半個世紀。現在為他的文集寫這篇序文，我實在感到無比的高興，因為這恰好給我提供了一個最適當的機會和方式，藉以表達對老友的敬意。讓我從我們友誼的始點——哈佛燕京圖書館——說起。

　　我初次接觸哈佛燕京圖書館，便得到一次很大的驚異，至今記憶猶新。1955年10月我以「哈佛燕京學社訪問學人」（Harvard-Yenching Visiting Scholar）的資格從香港到哈佛大學進修。那時我正在進行有關東漢士族大姓的專題研究，因此行裝安頓之後立即展開工作。我雖然早已聞哈燕社漢和圖書館之名，但是它藏書之完備還是遠遠超出我的預想之外。我在香港多年遍求不獲的書刊，在此一索即得。這是我受惠於哈佛燕京圖書館之始。第二年我進入研究院，它更成為我求知的一個最重要泉源了。

　　時間稍久，我終於認識到裘開明先生（1898-1977）作為第一任館長對於哈燕圖書館做出的重大貢獻。哈佛的中、日文藏書之所以在美國大學圖書館系統中長期居於領先的地

位，裘先生的功勞最大。[1]所以在哈佛從事中國或東亞研究的人，無論是本校人員或外來訪客，也無論是教授或研究生，多少都對裘先生抱有一種感激的意識。1964年費正清、賴世和與克雷格三位哈佛教授將他們合著的《東亞：現代的轉變》獻給裘先生，便清楚地表達了這一意識。[2]我還記得，1960年代初期，我們都非常關注一件大事：裘先生不久將退休了，誰來接替這一重要職位呢？

1966年我重回哈佛任教，裘先生已於上一年退休，繼任人則是吳文津先生，於1965年就職。吳文津先生前任史丹佛大學胡佛研究所的東亞圖書館館長，以收藏現代中、日資料獨步北美。由一位現代圖書館專家接替一位古籍權威為第二任館長，這是哈佛燕京圖書館的發展史上一件劃時代的大事。我這樣說絕沒有絲毫故甚其辭的意思。經過深思熟慮之後，我現在可以斷定：這件大事之所以具有劃時代的意義，是因為它象徵著美國的中國研究進入了一個嶄新的歷史階段。下面讓我試對這一論斷的根據略作說明，以求證於文津先生及一般讀者。

首先必須鄭重指出，1928年登記成立的哈佛燕京學社（Harvard-Yenching Institute）自始便以推動國際漢學（Sinology）為它的主要宗旨之一。因此哈燕社最早的一位諮

---

1 參看《美國東亞圖書館發展史及其他》所收〈裘開明與哈佛燕京圖書館〉。

2 John K. Fairbank, Edwin O. Reischauer, Albert M. Craig, *East Asia: The Modern Transformation*. Boston: Houghton Mifflin Co., 1965, p. ix.

詢人是法國漢學大師伯希和（Paul Pelliot）；他同時也是創社社長的內定人選。但是他最後不肯接受社長的聘約，轉而推薦葉理綏（Serge Elisséeff）作他的替身。葉氏出自帝俄世家。專治日本古典文學，畢業於東京大學。1917年革命後，他移居巴黎，在伯希和門下從事研究，並成為後者的學術信徒。在他的領導下，哈燕社的國際漢學取向便確定了下來。[3]不用說，漢和圖書館為了配合這一取向，書刊的收藏自然也以19世紀以前的傳統中國與日本為重心所在，而且特別注重精本與善本。在這一取向下，裘開明先生的許多特長，如精確的版本知識以及他與當時北平書肆和藏書家的深厚關係等，恰好都得到了最大程度的發揮。哈佛燕京圖書館終於成為西方漢學研究首屈一指的圖書館中心，絕不是倖致的。[4]

但是從20世紀中葉起，中國研究這一領域在美國開始了一個劃時代的轉向。這一轉向包含了兩個層次：第一，就研究的內涵說，專家們越來越重視中國的現狀及其形成的時代背景；相形之下，以往漢學家們所最感興趣的傳統中國就受到比較冷落的待遇。第二，就研究的取徑論，人文與社會科學各門的專業紀律獲得了普遍的尊重，而以往漢學傳統中的文獻考釋則退居次要的地位。

為什麼會有這一轉向呢？這當然是因為二戰後中國的

3　陳毓賢，《洪業傳》（北京：商務印書館，2013），頁 159-160。

4　參看《美國東亞圖書館發展史及其他》所收〈哈佛燕京圖書館簡史及其中國典籍收藏概況〉。

局勢發生了翻天覆地的大變化。美國在東亞的處境受到嚴重威脅，以致當時美國朝野都在爭辯「美國為什麼失掉了中國？」的問題。事實上，1949年8月美國政府頒布的關於中國的《白皮書》是國務院內外的中國專家集體編寫的，主要根據現代史及檔案來解答「為什麼失去中國」的問題。美國許多第一流大學在1950年代群起向現代中國研究的領域進軍，而且成績輝煌，顯然是因為受到了上述政治氛圍激勵。

我恰好見證了這一轉向在哈佛大學的展開過程。1955年費正清在福特基金會（The Ford Foundation）的大力支持下，創建了「東亞研究中心」（The Center For East Asian Studies）。我清楚地記得，當年這中心網羅了一批校內外的專家，從事長期或短期研究。他們的專題主要集中在近代和現代中國的範圍之內；其研究成果則往往以專著（Monograph）的形式出版，構成了著名的《哈佛東亞叢書》（Harvard East Asian Studies）。[5]

另一方面，由於政府和大學提供了較多的獎學金名額，哈佛研究院（graduate school）中以現代中國為研究對象的博士生與碩士生也人數激增。他們遍布在人文與社會科學各門之中，因而將中國研究和現代專業紀律有系統地結合了起來。

5　最早第一本書是 2013 年 4 月 27 日過世的費維凱（Albert Feuerwerker）的名著：*China's Early Industrialization: Sheng Hsuan-huai (1844-1916) and Mandarin Enterprise,* 1958.

　　相應於這一研究轉向，哈佛燕京圖書館的收藏重心也從傳統時期擴展到中國和東亞的現代了。這便是文津先生受聘為第二任館長的時代背景。但為什麼入選的是文津先生，而不是任何別人呢？這是我要接著說明的問題。

　　事實上，文津先生當時確是最理想的人選，因為在現代中國研究的領域中，胡佛研究所的資料收藏在美國，甚至整個西方，處於遙遙領先的地位，而文津先生的卓越領導則有口皆碑。

　　胡佛研究所最初以收藏歐洲當代與戰爭、革命與和平相關的資料著名。二戰以後範圍擴大到東亞，分別成立了中文部與日文部。收藏的範圍以20世紀為限。1948年芮瑪麗（Mary C. Wright, 1917-1970）受聘為首任中文部主任，直到1959年移講耶魯大學歷史系為止。她是費正清的大弟子，後來以深研同治中興和辛亥革命為史學界所一致推重。在她任內，現代中國的收藏已極為可觀。其中包括1946-47年她親自從延安搜集到的中共報刊、伊羅生（Harold R. Issacs）在二、三〇年代收羅的中共地下刊物、斯諾（Edgar Snow）夫婦所藏有關文獻等。[6]

　　但胡佛研究所的一切收藏最終匯為一個完備現代中國研究與日本研究的圖書中心，則顯然出於文津先生集大成之

6　吳文津，〈美國東亞圖書館蒐藏中國典籍之緣起與現況〉，收在淡江大學中國文學系主編，《書林攬勝》（台北：台灣學生書局，2003），頁33-35。此文已收在《美國東亞圖書館發展史及其他》中。

功。限於篇幅，他的輝煌業績在此無法充分展示。但邵東方
先生在2010年總結史丹佛大學東亞圖書館發展史，對文津先
生的貢獻有一段很扼要的概括，其文略曰：

> 作為美國華人圖書館長的先驅，吳文津對胡佛研究所的
> 中文收藏做出了巨大的貢獻。1951年首任中文藏書館長芮瑪
> 麗聘請他入館工作。1956年他已成為副館長。1959年芮加
> 入耶魯大學歷史系後，吳則繼任館長之職（按：「中文藏書
> 館長」也就是「中文部主任」。）1961年胡佛研究所決定將
> 中、日文部合成「東亞圖書館」（East Asian Collection），吳
> 則成為第一任館長。在他1967年11月就任哈佛燕京圖書館館
> 長時，吳已將「東亞藏書」轉變為美國收藏現代中、日資料
> 的一個主要中心了。（按：吳文津先生就職哈燕圖書館館長
> 時期為1965年10月。）就現代中國的資料而言，館中所藏之
> 富在中國大陸和台灣之外，更是屈指可數。[7]

　　這一概括既客觀又公允，不過僅僅呈現出文津先生在事
業方面的一個靜態輪廓。下面我要對他的動態精神略加介
紹。

7　Dongfang Shao in collaboration with Qi Qiu, "Growing Amid Challenges: Stanford
　　University's East Asian Library," in Peter X. Zhou, ed., *Collecting Asia: East Asian
　　Libraries in North America, 1868-2008,* Ann Arbor: Association for Asian Studies, 2010, p.
　　182. 邵先生寫此文時正在史丹佛大學東亞圖書館館長的任內。

　　自1959年繼任中文圖書館館長，獨當一面以來，文津先生搜求資料的精神才逐步透顯出來。這個精神我無以名之，祇有借用傅斯年先生的名言「上窮碧落下黃泉，動手動腳找東西」。事實上，無論是傅先生或文津先生，所發揚的都是中國史學的原始精神，即司馬遷最早揭出的所謂「網羅天下放失舊聞」。文津先生祇要聽說任何地方有中國現代研究所不可缺少的重要史料，他便不顧一切困難，全力以赴地去爭取。一個最著名的例子是1960年他在台北拍攝了全部「陳誠特藏」的檔案。所謂「陳誠特藏」是指「江西蘇維埃共和國」的原始資料，1930年代初由陳誠的部隊在江西瑞金地區俘獲得來；運到台北以後，陳把這批資料交給下屬蕭作樑等人整理和研究。1960年4月有兩位美國專家專程到台北，希望獲得閱覽的機會。蕭請示陳誠，得到的批示是：「反共的人士都可以參觀。」但這兩位專家一向有「左傾」的聲名，蕭感到為難，因此求教於當時深受陳誠敬重的胡適。最後胡的答覆是「不妨寬大些，讓他們看看」。[8]

　　此事發生在文津先生赴台北爭取「陳誠特藏」之前6個多月，二者之間有內在的聯繫。文津先生認識到這批原始資料的重要性曾受上面兩位專家越洋「取經」的影響，這是可以斷言的。不但如此，文津先生也同樣得到胡適的助力。他告訴我們：

8　胡頌平，《胡適之先生年譜長編初稿》（新北：聯經出版公司，1984），第9冊，頁3248-3249。

　　為此事1960年第一次來台灣。當時台灣的條件很差，據說攝製縮影微捲的機器只有兩部。一部在中央銀行，一部在中央研究院。那時胡適之先生任中央研究院院長，我去請他幫忙。他一口就答應了。把機器與操作人員都借給我使用。經過兩個多月的時間，把這批將近1,500多種的資料照成縮微膠捲帶回美國……[9]

　　但是我相信胡適的幫助並不僅僅限於技術方面。上面提到他關於「不妨寬大些」的主張必曾對陳誠有所啟發，因而無形中也為文津先生開闢了道路。

　　在爭取「陳誠特藏」的整個過程中，文津先生的基本精神特別體現在兩個方面：第一，他初知台北藏有江西蘇維埃資料，但不得其門而入。稍後偶遇史丹佛大學地質系教授申克（Hebert G. Schenk），曾在台灣負責美援工作，與陳誠相熟。他便毫不遲疑地請申克教授介紹，終於得到複印的許可。可見他在「網羅天下放失舊聞」中寓有一種「求道」的精神，不放過任何一點可能的機會。第二，他說爭取這一套極為珍貴的史料，最初是為了「加強胡佛對中共黨史的收藏」，這是忠於職守的自然表現。然而他對於研究資料卻抱著「天下為公」的態度，不存絲毫「山頭主義」的狹隘意識。因此他後來又取得陳誠的許可，「將這批資料再作拷貝

9　同注6《書林攬勝》，頁36。據上引胡頌平，《胡適之先生年譜》，文津先生初訪胡適在1960年11月7日。見第9冊，頁3357。

以成本供應美國各大學圖書館以作研究之用」。[10]他的職位在胡佛研究所，但是他同時也為全美所有東亞圖書館提供研究資料。

另外一個類似的例子是他在1960年代中期繼獲得江西蘇維埃資料後去爭取胡漢民1930年代未刊的來往信札事。早時，他得知胡木蘭女士存有她父親1930年代與中國各政要的私人手札。胡漢民為國民黨元老，且為華南地區舉足輕重之人物，這批資料的重要性不言而喻。但與「陳誠特藏」一樣，他不得其門而入。後多方打聽經友人介紹，得識胡木蘭女士及其夫婿。經數年之交往，來往美國與香港之間，得木蘭女士之信任，允考慮將胡漢民先生之信札寄存胡佛研究所，並開放研究學者使用，不能複印，而個案必須先得其批准。1964年文津先生受聘任哈佛燕京圖書館館長（1965年就職），胡女士得知後，頗為躊躇，因不知接任文津先生者為何人。乃建議將胡漢民先生之信札轉存哈佛燕京圖書館，由文津先生保管，使用條件依舊。文津先生喜出望外，欣然應允，因深信寄存地點無關緊要，至要者在於獲得此項資料。這批極為珍貴為研究民國史不可或缺的2,700餘種信件遂寄存哈佛燕京圖書館。後經陳紅民教授編注，並得胡木蘭女士家屬的許可，於2005年由廣西師範大學出版社出版名為《胡

---

10 同上，《書林攬勝》，頁36。參看《美國東亞圖書館發展史及其他》所收〈《江西蘇維埃共和國，1931-1934：陳誠特藏文件選輯解題書目》前言〉。

漢民未刊往來函電稿》15大冊，以惠士林。[11]

　　上述文津先生的基本精神稍後更得到一次大規模的發揮。1964年「美國學術團體協會」（American Council of Learned Societies）及「社會科學研究理事會」（Social Science Research Council）下面有一個「當代中國聯合委員會」（The Joint Committee on Contemporary China）因為感到美國所藏當代中國資料之不足，決定調查世界各國的收藏狀況，以為美國作為參考。由於文津先生在這領域中的卓異成就，這一重任終於落在他的肩上；1964-65年期間，他花了整整一年的時間在全世界進行調查工作。他對這一件事，作了下面一段簡報：

　　調查一年時間裡，通過走訪西歐、東歐、斯堪的納維亞、蘇聯、印度、日本、台灣，香港的重要中國研究和圖書中心，還有美國本土圖書館，我發現蘇聯和東歐的部分圖書館，可以通過我們沒有的途徑從中國獲取原始研究資料，西歐和日本也有，但相對較少。大多數這些圖書館都接受與美國進行交換。所以在呈交給JCCC（按：即「當代中國聯合委員會」簡稱）的報告中，我建議成立一個全國性的東亞圖書館服務中心來確定、獲取（通過館際互借和交換）以及複製分配那些無法獲取的當代中國書刊和只有少數美國圖書館才

11 吳文津口述。

能擁有的稀缺研究資料。[12]

這一次調查旅行，地區之廣大和查詢之詳細，真正不折不扣地可稱為「上窮碧落下黃泉，動手動腳找東西」。他的報告和建議都是為全美各大學的現代中國研究著想，所以特別強調研究資料必須向所有圖書館開放。更值得指出的是：「當代中國聯合委員會」接受了他的建議，終於在1968年成立了「中國研究資料中心」（Center for Chinese Research Materials）。這中心先後複製了無數難得的資料，不但遍及全美，而且流傳世界各地。正如文津先生所言，如果沒有這個資料中心，「各地圖書館現在是不可能擁有那麼多中文書刊的」。

總之，1964-65年文津先生的調查旅行不僅是他個人事業的不朽成就，而且也是美國現代中國研究史和東亞圖書館發展史上值得大書特書的事件。難怪美國「亞洲學會」（Association for Asian Studies）在1988年頒發每年一度的「傑出貢獻獎」（Distinguished Service Award）給文津先生時，獎狀中有下面的詞句：

30年來你是發展現代和當代中國研究資料的中心動

---

12 吳文津，〈北美東亞圖書館的發展〉，張寒露譯，《圖書情報知識》，2011 年第 2 期，頁 8。參看《美國東亞圖書館發展史及其他》所收〈當代中國研究在美國 的資料問題〉，原載《書林覽勝》，頁 87-89。

力……牢記中國的傳統價值，我們景仰你在旁人心中激起的抱負，你有惠他人的成就，以及傳播與他人共用知識。本學會表彰如此傑出的事業生涯也是為自己增光。[13]

　　以上舉文津先生在史丹佛大學時代的幾個重要活動為例，旨在透顯他的獨特精神。通過這幾個事例，哈佛燕京圖書館為什麼非請他繼任第二任館長不可，便無須再作任何解釋了。

　　文津先生到哈佛之後，雖然面對的具體問題與胡佛研究所不同，但他的精神則一仍舊貫。哈佛燕京藏書初以漢學取向，這一點前面已說過了。由於裘先生在這一領域已建立了規模，文津先生大體上蕭規曹隨，但始終維持著它的領先地位。我對此有親切的體會。因為漢學正是我的工作領域。我和文津先生共事10年，從來沒有感到研究資料方面有任何不足的地方。但在近代和現代中國的研究領域中，文津先生則將哈佛燕京的收藏帶到一個全新的境地。詳情不可能在此陳述，我祇想提一下他在收集「文革」資料方面所費去的時間

---

13 獎狀頒於 1988 年 3 月 26 日。此段原文為：“For three decades you have been the central dynamic force in the development of research sources for modern and contemporary Chinese studies . ... Remembering traditional Chinese values, we admire you for the aspirations you inspire in others, for your achievements which benefit others, and your dissemination of knowledge shared with others. The Association honors itself in recognizing so distinguished a career.” 至今吳文津先生仍為東亞圖書館界得此殊榮之唯一人物。

和精力比他走遍全世界調查現代中國資料更為艱巨，也更有成就。1965年他到哈佛的時候，正是文革前夕，但資料已極為難求，1966年文革起始後，中國出版界除《毛澤東選集》及《毛澤東語錄》等外，工作幾乎全部停頓。但各地紅衛兵小報遍起如雨後春筍，部分帶至香港經書商複印出售者為唯一可收購之資料，但供不應求，以致洛陽紙貴。當時美國國務院應學術界的要求，願意公開政府所收集的紅衛兵資料。於是上述的「當代中國聯合委員會」又邀請文津先生負起這一重任，到國務院閱讀一大批有代表性的資料。他認為其中紅衛兵小報和周恩來等人與紅衛兵代表的談話紀錄等都有極高的史料價值。因此建議國務院盡快公開於世。但1967年時「中國研究資料中心」尚在籌建中。於是哈佛燕京圖書館將最早從國務院收到的資料製成縮微膠捲，以成本計向各圖書館發行。這是他幾年前複製「陳誠特藏」的故智。直到1975年「中國研究資料中心」才出版了紅衛兵資料20卷，以後每隔幾年便續刊數十卷。我同意文津先生的話，這也許是「世界上最大的公開出版的紅衛兵資料集」。[14]最有趣的事是1980年5月考古學家夏鼐第一次訪問哈佛，也特別記下文津先生給他看的「紅衛兵各小報縮印本20餘冊」。[15]我猜想夏所見的必是1975年「中國研究資料中心」出版的20卷本。

---

14 同注12。參看《美國東亞圖書館發展史及其他》所收〈《新編紅衛兵資料》序〉。

15 《夏鼐日記》（上海：華東師範大學出版社，2011），卷8，頁426。按：夏氏當時還弄不清楚文津先生的姓名，只知道他是哈佛燕京圖書館館長，四川人。

　　文津先生的精神一以貫之，此其明證。具此精神動力，所以他的成就特多，而為各方所推崇。上面已提到美國亞洲學會的「傑出貢獻獎」。先生1997年榮休時，哈佛大學校長魯登斯廷（Neil L. Rudenstine）在他的賀文中列舉先生對哈佛的貢獻之外，在末尾說：

　　我非常高興加上我個人以及哈佛全體同仁對他為哈佛做出的示範性的傑出貢獻致謝。文津，你已經發揮了重要的作用，哈佛因之而是一所更好的大學。[16]

　　最後，我要鄭重指出，這部《吳文津文集》具有極高的史料價值，絕不可以一般個人的文字集結視之。無論我們是要認識20世紀中葉以來中國的歷史動向，還是想理解西方人怎樣研究這一動向，《吳文津文集》都能給我們以親切的指引。

余英時
2013.10.17於普林斯頓

---

16 魯登斯廷校長賀詞結語的原文是："I am very pleased to add my own thanks and the thanks of all of us at Harvard for his exemplary and distinguished service to the Harvard community. Gene Wu, you have made an important difference, and Harvard is a better university because of it."

　　2016年吳文津先生在聯經出版了學術專著《美國東亞圖書館發展史及其他》，余英時教授作序。吳文津夫婦合傳《書劍萬里緣》出版之際，余英時教授對此書在學術史上的價值予以充分肯定，並向合傳作者王婉迪女士建議將此序言收入本書作為附錄。——編者按

他山之石——記 1964-1965 年歐亞行
吳文津

歷史背景

　　1964年我任史丹佛大學胡佛研究所東亞圖書館館長時，經美國「當代中國研究聯合委員會」（Joint Committee on Contemporary China，簡稱JCCC）邀請赴歐亞中國研究中心調查各國當代中國研究及其資料收藏狀況。此行遍經西歐、東歐、北歐、蘇聯、東亞、南亞，歷時一整年。1960年代為美國學術界東亞研究轉型時期，在歐亞所見所聞，對之後美國當代中國研究之發展，稍有他山之石之助。特此將記憶所及，聊書一二，僅限於1960年代中期所見聞者，可以用為歷史腳注視之。

　　JCCC於1959年由「美國學術團體委員會」（American Council of Learned Societies，簡稱ACLS）及「社會科學研究委員會」（Social Science Research Council，簡稱SSRC）聯合組成，經費由福特基金會（Ford Foundation）提供。其目的為協調全美各校關於當代中國之教研工作，下屬若干專題小

359

組（中國社會、中國經濟、研究資料等），並設立獎學金及召開各式學術會議。JCCC之誕生與美國漢學轉型有直接的關係。二戰前美國關於中國的研究大都屬於歐洲漢學傳統，專注於語言、文學、文化、考證等範疇，牽涉之學府不多。二戰後，因太平洋戰爭、日本制憲、中華人民共和國成立，以及朝鮮戰爭等致使美國朝野提升對東亞，特別是中國的重視，因之美國各大學亦相繼加增關於中國之語文歷史課程，並借鏡二戰後研究蘇聯及東歐所謂「區域研究」的成果，積極由社會科學的角度發展對當代中國的研究。（「區域研究」的概念係由一個單獨的學科擴張到跨學科，如政治、社會、經濟等的視野，來對某一地區做全方面的探討。）由於各私人基金會，如福特基金會、洛克菲勒基金會等的慷慨資助，以及美國政府通過「國家人文科學基金會」（National Endowment for the Humanities）所提供的大量經費，各大學隨哈佛費正清教授（John King Fairbank, 1907-1991）1955年成立「東亞研究中心」（Center for East Asian Studies）（現名「費正清中國研究中心」- Fairbank Center for Chinese Studies）之後相繼成立「中國研究中心」以「區域研究」的方式研究當代中國問題。同時，由於獎學金的設置，研究當代中國的研究生的數量也與時俱增。在此有利環境的基礎上，60年後的今日，美國在當代中國的研究能執西方國家之牛耳，其來有自。

　　與此同時發展的就是東亞圖書館藏書建設工作。二戰

前，美國收藏中文資料的圖書館不多。除國會圖書館外，在大學中，僅限於哈佛、耶魯、哥倫比亞、普林斯頓、芝加哥、康乃爾、伯克萊加州各大學。且收集重點均係有關語言、文學、歷史、哲學方面研究漢學的典籍。二戰後，為支援教研的需要，上述各大學的東亞圖書館在藏書建設工作上亦有大幅度的調整，開始有系統地全面性地收集社會科學有關中國的書刊。除原有的東亞圖書館外，在其他大學新成立的東亞圖書館也步其後塵，包括1940年代末期建立的密西根大學亞洲圖書館，史丹佛大學胡佛研究所東亞圖書館，加州大學洛杉磯分校東亞圖書館。其後1960年代在伊利諾、印第安納及威斯康辛大學創立的東亞圖書館亦急起直追。在這種迅速發展的情況下，對研究當代中國資料的收集有迅速而顯著的發展。但這項工作並非一帆風順。由於研究資料的來源是中國大陸。但是因為彼時中美尚未建交，從美國採購大陸出版品不易。首先是無法與大陸書商直接交易，所有書刊僅能從香港及日本訂購，而所能購買的種類及數量有限。其時在美國對大陸出版界情況所知甚少，諸如《全國新書目》及《全國總書目》均無法購買，除全國性出版報刊如《人民日報》、《光明日報》、《歷史研究》、《經濟研究》等外，各省市地方報刊亦在禁止出口之列。其次，圖書館交換工作只能與北京圖書館進行，但北圖所供應書刊大都可自香港或日本購得，且所供應的種類與數量亦有其限度，諸如各大學出版的學報均不在交換之列。雖然如此，美國東亞圖書館在

1950-1960年代通過其他來源也收集到一些有助於研究當代中國的資料，後者包括香港、日本、台灣的研究機構，以及美國政府。

上述各種資料雖然對美國東亞圖書館的收藏以及當代中國的教研工作有所裨益，但仍有其限度，因來自各方的獨特資料為數不多；美國政府翻譯的資料亦大都依據易見的報刊，對滿足「區域研究」所需的各式資料還稍嫌不足。故JCCC在1963年有調查世界各國研究當代中國及其資料收藏狀況之議，以佐參考。其時，我任胡佛研究所東亞圖書館館長，接受JCCC的邀請，並得胡佛研究所批准，於1964年秋開始離職一年，赴歐亞擔任此項任務。

歐亞行

訪問的國家先是英國、法國、西德、東德，荷蘭、捷克斯拉夫，波蘭，瑞典、丹麥、莫斯科、列寧格勒，再轉印度、日本、南韓、香港、台灣，為時一年。簡單來說，當時各國有關當代中國的研究工作，在共產主義國家均由政府主辦。西歐、北歐及東亞各國除政府領導的研究工作外，高等學府及私立機構亦可進此項研究，但為數不多。當時大部分歐洲各國大學關於中國的研究尚未脫離傳統漢學的範圍。對當代中國的研究尚在發芽時代。除台灣外，我所訪問的國家均與中國有外交關係，採購大陸出版品較易，由交換管道所

得的書刊亦多過於北圖所供應美國圖書館者。但各國情形不同，茲簡述如下。

西歐與北歐

　　1960年代中期，西歐各國雖然在關於中國教研方面大都仍承轉傳統漢學的科目，但已開始有顯著的轉變。有些學校已開始設立現代中國的講座，專攻現代中國的研究生也逐漸增加。語文的教授也不僅專注於文言文。英國自這方面比較領先。比如說，1950年代末期在英國里茲大學（University of Leeds）設立的近代和當代中國的研究節目加速了在英國對20世紀中國的教研工作。1960年*China Quarterly*（中國季刊）在倫敦開始發行，專載有關當代中國以及共產運動在中國發展的學術論文，撰稿人包括世界各國中共問題專家，至今尚為西方世界最具權威的刊物。1965年英國學術界已在籌劃建立一領導及協調大不列顛關於當代中國的研究機構。其後1968年在倫敦大學亞非學院（School of Oriental and African Studies，簡稱SOAS）由佛特基金資助設立「當代中國研究所」（Contemporary China Institute）。除研究及出版工作外（該所成立後並負責*China Quarterly*的編輯出版工作），並擔任英國與世界各國研究當代中國學者與學術界的聯絡人。由此種種，英國在傳統漢學上發生了質方面的變化。但在1969年代中期，一切還是在開創時期。一位英國學者在1965年對

筆者說：「目前我們乾脆把對研究當代中國有興趣的學生送到美國去。」在圖書方面，倫敦大學亞非學院圖書館自1950年後所收集當代中國的書刊在英國最為豐富。除供英國學者使用外，該館亦為西歐各國研究當代中國學者必經之地。倫敦大英博物館收集1949年後出版的中國報紙最為豐富，其主要來源係英國外交部及美國政府。（大英博物館所收集1949年前出版的中國報紙不多，但有一批非常特別的收藏，從1920年代到1950年代在東南亞各國出版的中文報紙創刊號及其前幾期。）

　　法國當時研究近代中國的學者，例如巴黎大學著名教授 Jean Chesneaux（1922-2007）（謝諾，*The Chinese Labor Movement, 1919-1927*，中譯《中國勞工運動，1919-1927》等作者），差不多全是致力於1949年前的民國時期研究，對研究1949年後當代中國的寥寥無幾。法國圖書館所收藏有關當代中國的資料也無法與英國比美。巴黎的四大收集中文資料的圖書館，僅有Centre de Documentation（文獻中心）專門負責收集近代和當代中國的資料。但在1965年其已收集的數千本圖書其實無法支援真正的研究工作。其他三所圖書館——Bibliothèque Nationale（國家圖書館）、L'Institut des Haute Etudes Chinoises（漢學研究所圖書館）、L'École Nationale des Langues Orientale（國立東方語言學校圖書館）的收藏都注重於近代前的資料。在里昂（Lyon）中法協會（Chinese-French Association）有一批獨特而珍貴在1920

與1930年代出版的中文刊物，包括在法國勤工儉學時期中國學生的出版物。

西德在1960年代關於近代和當代中國的教研節目發展較為迅速，且多富創意。1962年開辦的魯爾波鴻大學（Ruhr-University of Bochum）於1965年招收第一屆學生，並成立東亞研究所（East Asian Institute）以跨學科的方式對東亞各國，特別是近代中國進行研究工作。大學部的學生，除專修漢學者外，也可兼修其他科目。比如說，可以主修中國文學，選修中國歷史。主修經濟學的研究生的第二語文要求，如是中文，亦可免修文言而以白話文代之。但當時波鴻大學尚未有專門研究當代中國的教研項目。專門研究當代中國的機構其時是在漢堡（Hamburg）由政府及其他基金會支持的亞洲研究所（Institut für Asienkende）。在西德，唯一有系統地收集中國大陸出版書刊的圖書館是Staatsbibliothek（國家圖書館）。該館當時在Marburg（瑪律堡）是西歐最大的東亞圖書館，為漢學家塞貝爾利克博士（Wolfgang Seuberlich, 1906-1985）數十年辛苦經營的成果。1965年我在瑪律堡訪問他時，西德政府正在計劃把該圖書館遷移到西柏林。他大不以為然，認為此舉純為政治考慮，而對研究學者無益，因為一般學者到瑪律堡比到西柏林要方便很多。圖書館後來還是搬去了。

荷蘭的最高學府萊頓大學（Leiden University）是荷蘭研究當代中國的學術中心。該校的漢學研究所（Sinological

Institute）於1960年代中期已在積極籌劃近代和當代中國的教研工作。其後1969年在該所成立「當代中國文獻及研究中心」（Center for Documentation and Research on Contemporary China）大量收集中國大陸出版品及有關當代中國的資料、主持各項教研項目，並與荷蘭媒體協作為荷蘭社會提供有關當代中國的資訊。

1960年代北歐各國最重要的研究近代和當代中國的機構是「斯堪地那維亞亞洲研究所（Scandinavian Institute of Asian Studies）。位於丹麥的哥本哈根（Copenhagen），該所是北歐各國聯合組織專門以社會科學的角度來擴張關於中國，包括近代和當代的研究工作，並召開學術會議及出版研究成果。其圖書館收藏近代及當代中國的資料也陸續不斷增加。如像西歐，在北歐各國也在其傳統悠久的漢學外加上以跨學科的方法研究近代及當代中國的教研工作。

東歐與蘇聯

在東歐僅有東德、波蘭、捷克斯拉夫有漢學的傳統。1960年中期東歐與蘇聯關於中國研究給人的印象是漢學仍舊是主流。一般來講，那些國家研究中國的學生還在繼續接受中國哲學，語文和歷史的訓練，雖然二戰後蘇聯的莫斯科大學及列寧格勒大學已經開始在各種學科的課程裡加上有關近代和當代中國的課目。1964-1965年間，波蘭的華沙大

學（University of Warsaw）已有6、7位有關中國的研究員，大部分是高級研究生，但其中僅有一位研究與中共有關的題目——中國共產黨創立人陳獨秀的傳記。在東柏林的科學研究院（Academy of Sciences）當時也無研究近代或當代中國的研究員。關於後者的研究工作在東德和波蘭完全由政府主持，不對外公開。

但在捷克斯拉夫的情形則大不相同。在布拉格（Prague）捷克科學院（Czech Academy of Sciences）的東方研究所（Oriental Institute）除已有研究現代中國文學的一支壯大的隊伍外，又增加了研究中國近代史和當代問題的研究員。但是由於該所所長雅羅斯拉夫・普實克教授（Jaroslav Prusek, 1906-1985）個人的研究興趣，以及該所的傳統，和長久以來該所「魯迅圖書館」收藏的書刊性質，中國現代文學可能繼續為該所研究的重點。

在蘇聯，莫斯科大學（University of Moscow）及列寧格勒大學（University of Leningrad）都設立有近代和當代中國的課程。列寧格勒大學中國近代史教授艾菲莫夫（G.V. Efimov）設有一門關於美國史學的研討班課，專為批判美國史學家如費正清（John K. Fairbank）、施華茲（Benjamin I. Schwartz）、費維愷（Albert Feuerwerker）和芮瑪麗（Mary C. Wright）等研究近代中國史的資本主義觀。在純粹研究方面，設立在莫斯科的蘇聯科學院亞洲人民研究所（Institute of the Peoples of Asia, Soviet Academy of Sciences）是蘇聯研究

近代和當代中國的中心。該所下屬的中國部門在1965年有25
位研究員，其中21位專門研究19世紀和20世紀的中國，雖然
有些個人研究，但是集體研究顯然是他們主要的方式，後者
正在進行中有兩項工作。其一是自清朝以來的中國近代史，
重點在後鴉片戰爭時期。另一項是自1917至1949年的中國勞
工運動史。該所並已出版已被平反的1920年代蘇聯駐華顧問
的回憶錄。在蘇聯和東歐國家進行中國研究人員的中國語文
程度很高。1960年前當中蘇關係友好期間，蘇聯和東歐的研
究中國人員在本國接受數年非常實在的中國語文訓練後，又
派到中國，通常是北大，接受長期語文訓練。但在中蘇關係
破裂後，這已復不可能。當時蘇聯和東歐的中國專家都渴望
中蘇文化交流工作能早日恢復。

　　在關於當代中國資料收集方面，蘇聯和東歐各國都在積
極進行，主要的管道是通過與中國各大學和其他研究機構交
換而來。在蘇聯，除大學圖書館外，主要的收集中心是位於
莫斯科的國立列寧圖書館（Lenin Library）、全國外國文學圖
書館（All Union State Library of Foreign Literature）和亞洲人民
研究所圖書館（Institute of the Peoples of Asia Library）。在列
寧格勒的有列寧格勒公共圖書館（Leningrad Public Library）
和亞洲人民研究所列寧格勒分所圖書館（Leningrad Branch of
the Institute of the Peoples of Asia Library）。在捷克，收集研究
當代中國資料的中心是上面已提到的布拉格捷克科學院東
方研究所的魯迅圖書館及該院的基本圖書館（Fundamental

Library of the Czech Academy of Sciences）。在東柏林的東德科學院圖書館（Deutsche Staatsbibliothek）差不多是東德唯一收集當代中國資料的機構。波蘭的圖書館收集類似的資料更是微乎其微。

如上所述，所有共產國家收集中國大陸書刊大都是由交換而來。主要交換的對象是國立北京圖書館和中國科學院圖書館。雖然在1960年後交換的種類和數量已經大幅減少，但是他們在1960年前所收集的很多出版品都是美國圖書館無法看到的，例如中國科學院下屬各研究所的出版品，大學學報，省出版社的書刊，以及在日本和香港書店無法購買的其他資料。在另外一方面，蘇聯和東歐各國對於20世紀上半期（1900-1949）中國書刊的收集，除布拉格的魯迅圖書館及莫斯科列寧圖書館所收藏的一些零星1920年代出版的刊物外，都相當微薄。

亞洲

亞洲和歐洲在中國研究方面有其異同。由於地緣和文化親和關係，日本和韓國幾世紀以來已建立其本身的漢學傳統，研究中國的歷史、哲學、語言、文學。與歐洲相異者，韓國及日本，特別是日本，一向對近代和當代中國都保持高度的興趣。所以當1949年中華人民共和國成立後，日本的學者自然而然地把他們的注意力轉向中國大陸。對他們來說這

種學術興趣的轉移是輕而易舉的事，因為那只是他們研究的
繼續。在1960年代中期，在日本的主要大學大都設立有關於
當代中國的課程，好些有名的教授也是中國問題專家。主要
圖書館收集當代中國的研究資料也非常豐富。其時日本在當
代中國教研方面，足可與美國相比。在收集中國大陸出版品
方面，日本國會圖書館、東洋文庫、東京大學的東洋文化研
究所和京都大學的人文科學研究所是幾個重點。其他如慶應
大學、一橋大學、愛知大學、亞細亞經濟研究所、中國研究
所，特別是後者，也在積極地收集中國的出版品。日本政府
機關如外務部都擁有大量的當代中國研究資料，但是這些資
料不像美國政府，並未向學術界公開。東京當時有三家書
店，專門供應中國大陸出版品：大安、極東、內三（後者為
魯迅好友內山丸造創辦，後由其子經營）。日本當時與中國
有外交關係，往來方便，不時有學者攜帶出版品回國。都由
這三家，特別是大安，複製出售，為官方出口的書刊外又加
上另一資料的來源。

　　韓國雖有悠久的漢學傳統，但對當代中國的研究遠不如
日本。韓國政府禁止學者閱讀或使用中國大陸出版品，因之
所有對中國近代史的研究都止於民國時期。唯一例外的是高
麗大學亞洲研究所。由於福特基金會的資助，已開始當代中
國的研究，但其範圍不大。該所數年前召開的一次國際會議
的主題還是亞洲各國現代化的問題。有關於當代中國的研究
差不多完全是由韓國政府主持。據說，其內容並非學術研究

性質。

　　台灣對中國大陸發展的密切注意是不言而喻的事。但是各大學並未因此而設立有大規模關於中國大陸的教研科目。1960年代以前，大陸問題的研究全部由政府執行，包括國防部、調查局、國民黨中央黨部以及其他有關部會。中央研究院及各大學均無研究中國大陸的工作。少數研究當代中國的學者都與政府主辦的國際研究所有關，中央圖書館以及各大學圖書館均不採購大陸出版書刊。政府的收藏亦不公開。自1960年代中期開始，政府的控制逐漸放鬆。少數政府機關關於中國大陸的出版物亦開始公開發行。政府也歡迎研究中國共產黨史的外國學者到台灣做研究工作，並提供調查局所收藏的原始資料。1968年政治大學設立東亞研究所，並設立專攻當代中國問題的碩士課程。台灣有其管道收集中共中央文件，此類文件當時經常轉載於中華民國國際關係研究所（後改為國立政治大學國際關係研究中心）出版之《問題與研究》及其英文版 Issues and Studies。政府機構出版之《匪情研究》及《匪情月報》（後改稱為《中共研究》與《中共月報》）亦經常轉載中共文件。

　　香港當時是西方學者研究當代中國的重鎮。雖然香港大學及成立不久的中文大學當時對當代中國的教研工作尚在發展中，香港的書店確是供應中國大陸出版物的主要來源。香港其他地方的研究資料亦頗為豐富，對研究學者有巨大的吸引力。美國駐香港的總領事館自1950年代開始即進行大規

模的翻譯工作。其主要出版物包括*Survey of China Mainland Press*（中國大陸報紙一覽）、*Selections from China Mainland Magazines*（中國大陸雜誌選輯）及*Current Background*（時事背景）。這些資料均在香港公開使用，並為美國各大學圖書館收藏。除這些美國總領事館翻譯的資料以外，香港還有一個更重要的資料來源，那就是友聯研究所。該所成立於1949年，專門研究中國大陸問題。因為他們近水樓台，收集大陸的出版品比較容易，並且還有從不同管道得到旁人無法獲得的報刊資料。該所利用其所有收藏的資料剪貼分類，建立了一個龐大的中文資料庫，同時出版兩種英文期刊，一種為*Union Research Service*，每期載自大陸報刊選出的資料的英文翻譯；另一種稱*Biographical Service*，為上者之副刊，每期登載一名或兩名中共中央中、高級幹部的傳略。友聯也利用其收藏中罕見的資料編輯和出版多種書籍，包括《劉少奇選集》、《彭德懷案件專輯》、《中共中央委員會檔：1956年9月-1969年4月》等。香港除這些珍貴的研究資料以外，還能提供研究學者另類的參考諮詢。當時偷渡香港的難民、返港記者或觀光旅客都是被訪問的對象。從他們的口述中得知不少親身見聞可供研究學者用來考證事實、傳聞，藉以修正他們研究中的假設。因此總總原因，香港當時遂成為西方研究當代中國學者的聖地。

　　印度並無漢學的傳統。以近代中國為主的中國研究還是最近的發展。1962年中印邊界衝突成為推動印度有系統地發

展近代及當代中國研究的助力。由於福特基金會的資助，德里大學（University of Delhi）成立了近代中國研究中心。洛克菲勒基金會也協助印度國際研究學院（Indian School of International Studies）成立了規模較小的近代中國研究項目。但因人才和資料的缺乏，發展尚需時日。自1949年以來，印度遣送大批學生到中國學習中文，其中歸國者有在印度外交部服務，有至美國進修，但鮮有在學術界執教者。資料的收集，亦非一蹴可幾的事。但此艱巨的任務已有良好的開始。將來德里大學肯定會成為印度研究當代中國的中心。

結語

歐亞之行結束後，在給JCCC的報告中，因為我所訪問的研究機構對於和美國圖書館交換資料都有高度的興趣，所以我建議在美國設立一全國性的組織來統籌辦理這件事。目的是代表全美大學圖書館與歐亞各國具有興趣的研究所或圖書館進行交換有關近代和當代中國的資料，特別是中國大陸出版的書刊，複印後，再行分售於美國及海外的圖書館。此外，該組織亦可借用罕見僅有在少數美國圖書館擁有的研究近代和當代中國的資料，進行同樣的複製和分發工作，用這兩種截長補短的方式，來增強美國圖書館的收藏，用以支援近代和當代中國的研究。JCCC接受這個建議後，遂開始籌備工作。1968年福特基金會捐助50萬美元在華盛頓美國「研

究圖書館協會」（Association of Research Libraries，簡稱ARL）下成立「中國研究資料中心」（Center of Chinese Research Materials，簡稱CCRM），並聘請香港大學歷史系教授余秉權（1925-1988）擔任資料中心主任。秉權先生在港大教授中國近代史，並負責香港頗負盛名專門複製資料的龍門書店。中心成立後，復得洛克菲勒基金會及美國國家人文科學基金會的資助，複印資料無數，一舉成名，有口皆碑。最為顯著的例子是其複製大部分由美國政府提供的文革時期各地方的紅衛兵小報及其他有關的資料，計13,000餘種，分印為132大冊，為當今世界最大一批能公開使用的紅衛兵資料。該中心已於十數年前脫離研究圖書館協會，在余秉權教授繼承人亓冰峰博士領導下在維吉尼亞州（Virginia）登記成立獨立出版機構，仍稱中國研究資料中心。

訪問花絮

在蘇聯、捷克、波蘭及東德有些經驗，當時甚感驚異，回想之際，亦不足以為奇。茲簡述如下藉以了解當時這些國家的社會環境。

抵莫斯科後住 National Hotel，為當時莫斯科招待外賓的旅館。該晚到該處餐廳用餐。進餐廳後，在門口等候招待人員領我入座。等候差不多半小時，無人理我。最後才恍然大悟，原來是到餐館用餐，不必等候帶領入座，看見有任何地

方有空位，自己入座就行了。

這種缺乏服務精神的例子在捷克也看到。當我到布拉格旅館（名字忘了）排隊登記的時候，前面只有一位旅客。差不多30分鐘以後才輪到我。我對那位服務員說：「你們大概是很忙的樣子。」她回答說：「我只有兩隻手！」

我在東柏林訪問的對象是東德科學院東亞研究所，由其所長接見。在他的辦公室我們開始談話的兩三分鐘以後，他桌上的電話響了。他拿起電話，用德文講了幾句話，回頭用英文跟我說：「工程師聽不見我們。」於是，我就大聲講話了！在波蘭，我訪問了華沙大學的漢學教授，中國邏輯權威，簡・赫梅萊夫斯基（Janusz Chmielewski, 1916-1998）。他請我到他家晚餐。餐後，他跟我說：「你今天晚上到我家吃飯，肯定有人報告。但是我不在乎，因為我很高興知道一些西方國家研究當代中國的情形。」

碰到比較嚴肅的事是在台灣和蔣經國先生的談話。有一天一位國際關係研究所的人告訴我說：「蔣經國先生想見你。」經國先生時任國防部長，但是見面的地點是安排在青年救國團。這是我第一次和他見面。見面時他說：「聽說你在做一項調查各國研究中國大陸的工作，並且還要到蘇聯去。你去蘇聯要到哪些地方，見什麼人？」我說：「主要是莫斯科和列寧格勒科學院的東方研究所和他們的圖書館。」他回頭又問：「我們台灣出版關於大陸的刊物在美國學術界有什麼樣的影響？」我坦白地告訴他：「影響不大。因為從

它們的名稱，如像《匪情研究》、《匪情月刊》大家都認為它們是宣傳品，而不是學術研究。」他的回答讓我非常驚異。他說：「這是不難想像的事。共產主義的弱點，我們知道的太多了，不用經常去大書特書。我們需要研究的是共產主義既然有這麼多缺點，為什麼它們的政權能夠在大陸繼續下去？那才是我們應該去研究探索的重點。」

這些瑣碎的見聞可以說是我1964-1965年歐亞行的另一種收穫。

附錄三

吳文津著作目錄

Publications:

Books:

Leaders of Twentieth-Century China: An Annotated Bibliography of Selected Chinese Biographical Works in the Hoover Library（Stanford: Stanford University Press, 1956）

Contemporary China: A Research Guide（with Peter Berton）.（Stanford: Hoover Institution, 1967）

The Secret Speeches of Chairman Mao, From the Hundred Flowers to the Great Leap Forward（with Roderick MacFarquhar and Timothy Cheek）,（Cambridge, MA: Harvard University, Council on East Asian Studies, 1989）

The Cultural Revolution: A Bibliography, 1966~1996（ed.）
compiled by Song Yongyi and Sun Dajin.（Cambridge,
MA: Harvard-Yenching Library, 1998）

書林攬勝：台灣與美國存藏中國典籍文獻概況——吳文津先
生講座演講錄（台北：台灣學生書局，2003）

美國東亞圖書館發展史及其他（新北：聯經出版公司，
2016）

Chapters and Parts of Books:

A supplementary bibliography（67 pp.）with Chun-tu Hsueh,
in *The Overseas Chinese: A Bibliography Essay Based on
the Resources of the Hoover Institution* by Naosaku Uchida.
（Stanford: Hoover Insitution, 1960）

.

"The Chinese Local Gazetteers Collection and Other Related
Materials at the Harvard- Yenching Library"（in Chinese）,
in *Proceedings of the International Conference on Chinese
Local Gazetteers,* a special issue of *Chinese Studies,* v.3,
no. 2（Dec., 1985）, 369-376.

"Contemporary China Studies: The Question of Sources," in *The Secret Speeches of Chairman Mao, From the Hundred Flowers to the Great Leap Forward,* edited by Roderick MacFarquhar, Timothy Cheek, and Eugene W. Wu.（Cambridge, MA: Council on East Asian Studies, Harvard University, 1989），59-73.

"The Politics of Coalition: An Analysis of the 1924 Kuomintang Constitution," in *Proceedings of the Conference on Eighty Years History of the Republic of China* [sic]*, 1912-1991, v. 1.* Taipei: 1991, 71-87.

"Library Resources for Contemporary China Studies," in *American Studies of Contemporary China,* Edited by David Shambaugh（Washington, D.C.: Woodrow Wilson Center Press, 1993），264- 280.

"Coping with Dissent: Early Anti-Communism in the Reorganized Kuomintang," in *Proceedings of the Centennial Symposium on Sun Yat-sen's Founding of the Kuomintang for Revolution, v. 2.*（Taipei: 1995），1-26.

"Organizing for East Asian Studies in the United States: The

Origin of the Council on East Asian Libraries, Association for Asian Studies," in *Proceedings of the Special Conference on the Evolving Research Library and East Asian Studies, in Conjunction with the 1996 IFLA Conference in* Beijing. (Beijing: International Academic Publishers, 1996), 14-27; also in *Journal of East Asian Libraries,* 110 (Oct. 1996), 1-14.

Articles:

"Studies of Contemporary China Outside the United States," *Harvard Library Bulletin,* XVIII, 2 (April, 1970), 141-154.

"Mary Clabaugh Wright: A Memorial," *China Quarterly,* 43 (July-Sept.1970), 134-135.

"Bibliographical Controls for Asian Studies: Present Status and Future Development in Chinese Studies," *Foreign Acquisitions Newsletter,* 32 (Oct., 1970), (Washington, D.C.: The Association of Research Libraries), 1-6.

"Studies of Mainland China in the United States," *Issues and*

Studies, VII, 4（Jan., 1971）, 21-34.

"Bibliographical Controls for Chinese Studies: Present Status and Future Developments"（rev.）*Harvard Library Bulletin,* XX, 1（Jan. 1972）, 38-48.

"Recent Developments in Chinese Publishing," *China Quarterly,* 53（Jan.-Mar., 1973）, 134-138.

Review of *Asian and African Collections in British Libraries: Problems and Prospects* in *College and Research Libraries,* v. 36, no.3（May 1975）, 242-243.

Review of *A Bibliography of Chinese Newspapers and Periodicals in European Libraries,* in *China Quarterly,* 68（Sept., 1976）, 866-868.

"The Politics of Coalition: A Note on the 1924 Kuomintang Reorganization and Constitution," *Chinese Republican Studies Newsletter,* v.2, no.2（Feb.1977）, 15-20.

"Yellow Flakes in East Asian Libraries – Some Reflections on a National Preservation Program of East Asian Publications," prepared for presentation at the panel on "Preservation: A Growing Concern of East Asian Library Collections, AAS 35th Annual Meeting, San Francisco, Mar. 25-27, 1983," *Committee on East Asian Libraries Bulletin*, 70/71（Feb./ June 1983）, 49-51.

"A. Kaiming Chiu and the Harvard-Yenching Library," *Committee on East Asian Libraries Bulletin,* 74（June, 1984）, 2-6.

"Divergence in Strategic Planning: Chiang Kai-shek's Mission to Moscow, *1923," Republican China,* XVI, 1（Nov., 1990）, 18-34.

A tribute to John King Fairbank, in *Fairbank Remembered,* comp.by Paul A. Cohen and Merle Goldman,（Cambridge, MA: John K. Fairbank Center for East Asian Research, Harvard University, 1992）, 159- 161.

"The Founding of the Harvard-Yenching Library," *Committee on East Asian Libraries Bulletin,* 101（Dec. 1993）, 65-69.（A special commemorative issue）

"Farewell," *Journal of East Asian Libraries,* 116（Oct., 1998）, 2-4.

"CEAL at the Dawn of the 21st Century," a featured presentation at the Plenary Session of the Council on East Asian Libraries, Association for Asian Studies, March 18, 2000, *Journal of East Asian Libraries* 121（June 2001）, 1-12.

"Du Ke: A Memorial", *Journal of East Asian Libraries*, 132（Feb., 2004）, 67-70.

"Beyond Technology," a talk delivered at the OCLC CJK Users Group meeting celebrating the 20th Anniversary of the OCLC CJK Service, April 8, 2006, San Francisco, in *Journal of East Asian Libraries*, 139（June 2006）, 7-9.

"Karl Lo: A Tribute," *Journal of East Asian Libraries*, 142（June 2007）, 9-10.

〈韋隸華與近代中國圖書館發展〉,《中華民國圖書館學會會訊》,卷15 1/2期（總號 144/145）（2007年6月）,頁4-6。

〈袁守和先生：中國圖書館的先達〉,國家圖書館編,《袁同

禮紀念文集》（北京：國家圖書館出版社，2011），頁
9-11。

〈著名圖書館學家吳文津：抗戰時期死裡逃生的故事〉，《澎
湃新聞》，2017年4月5日（原題〈抗戰時期一位軍事翻
譯員的回憶〉由《澎湃新聞》改為現名出版）。

〈西南聯大校友許芥煜〉，《澎湃新聞》2017年6月8日（原題
〈悼芥煜〉由《澎湃新聞》改為現名出版）。

"Some Reflections of a Student Library Assistant at UW on
the Occasion of the 80th Anniversary of UW's East Asian
Library," an unpublished keynote speech given on Nov. 3,
2017, 5 pages.

〈史丹佛大學胡佛研究所收藏中國共產黨早期檔案始末〉，
《澎湃新聞》2018年11月22日。

　　每個作者心中都有特定的讀者。在寫作本書時，我常常問自己，心中所期待的讀者是誰呢？

　　首先是傳主吳文津先生和雷頌平女士。寫他們的故事，就是將自己的人生與他們的連結在一起，我為能夠與他們的心靈如此貼近而感到榮幸。如果他們對這本合傳感到些許滿意，並認為本書較為真實生動地還原了他們的人生經歷，我將感到極大的欣慰。

　　同樣重要的還有書中所記的、我所景仰的老一代學者們。在上一世紀的巨大變遷中，他們見證了相同的歷史、經受過相似的考驗，但無論身在何處、境遇如何，中國文化都是永恆的精神家園。本書所提到的許多人物在網際網路誕生前就已辭世，在數位資訊時代很難搜尋到有關他們的隻言片語。他們在這眾聲喧譁中漸漸遠去，而我希望為他們多留下些痕跡和聲音，他們的親友也可感到些許安慰。

　　時時在我心中揮之不去的，還有千千萬萬個「我」──熱愛中國文化而又身處迷惘的年輕人。這是一個「販賣焦慮」的時代，鼓勵每個人和周遭的一切比較和鬥爭，心無旁騖的追求、歷久彌堅的感情、波瀾不驚的內心，似乎成為了

傳說和奢侈品。各種潮流衝擊之下的我們不知所措，而吳文津夫婦的人生則像是時代的浪潮中一脈難得的涓涓細流，清澈寧靜。希望讀這本書的年輕讀者都能和我一樣，不僅受到他們智慧的滋養，內心也感染了一份寶貴的平和從容。

最後，我還希望這本書可以彌補圖書館發展史的一些空白，書中紀錄了大量有關東亞圖書館、尤其是美國東亞圖書館發展的重要事件，也紀錄了吳文津如何從歷史的親歷者變為守護者，他所分享的知識和經驗，對有志於此的青年有重要的借鑑價值。

在此簡單談一談本書的寫作過程：

2019年春節過後，我經師母陳毓賢女士介紹而有幸結識吳文津夫婦，第一次見到他們是在師母家裡，談得很投機，猶記得我問起日後如何聯絡，吳先生認真地寫下了電話、郵箱、地址。他們告辭以後，不久吳太太又走回來，手裡拿著便箋本，要我寫下自己的聯繫方式，等我從師母家離開，路過他家還開著的門前，看到吳先生正坐在客廳沙發裡，認真地捧著我剛寫的那張紙片在看。這對可愛的老人雖然謙虛恬淡，但我想他們的心中，仍然希望有人能夠紀錄下他們的故事。

後來我們約定每週三下午在師母家裡見面採訪，回到家後，我即把當天錄像的內容敲進電腦裡，並按話題和時間進行整理，把前因後果不夠清晰的地方記下來，再將下次要聊的話題進行準備。我不會用問題把採訪塞得特別滿，因為隨

著思路的流動，有時一件事可以勾起許多想不到的有趣回憶，在採訪這一環節，師母對我的幫助特別大，她是位出色的作家，又是問問題的高手，很能夠把握談話中情緒和思緒的流動。師母告訴我，為人物作傳不是羅列事實，須把事件所涉及的感情、態度和價值觀念提煉出來，以細節表現。她建議我每次與吳先生對談之後寫下自己的體悟，這讓我受益匪淺。事後看採訪錄像的時候，我會反覆揣摩他們的語氣、神情，甚至細微的動作和微妙的談話氣氛。

2019年6月19日這一次見面後，我忽然感到淡淡的惆悵，因為密集的見面採訪已經告一段落，無須每週會面，而我已經習慣了邊喝茶邊聽他們暢談過去的故事，看到他們，我總感到親切溫暖，就像與親人在一起一樣。但後來的半年中我們也常常見面，並通過電子郵件聯絡，有時一天就要發上許多封，一直持續到2020年夏天本書全部完成。

吳先生頗有君子之風，不虛美，不隱惡，一切實事求是，但對自己的工作成績和個人生活只輕描淡寫，總說不可「老王賣瓜」，他的出身家庭和早年經歷頗具傳奇性，與許多風雲人物都有交集，但也從不過分強調，因此書中許多有關他的身世童年、成就貢獻和與同時代名人交往的內容，都是我從他那裡追問，或是從其學術專著、別人的文章和採訪中「搜刮」出來的。吳太太很會講故事，說起過去的生活細節活靈活現，引人入勝，為本書增加了許多幽默而活潑的情節。如果說我在寫這本書時有什麼遺憾，其一就是他們對

周圍人和事的評價，都採取非常認真審慎的態度，往往比較簡略；其二就是記憶變得模糊或是細節難以考證的內容，他們寧可不包括在書中，以至於要放棄一些頗有「看點」的內容，不過明代文學家李漁說得有理——史貴能缺、缺斯可信。

我寫出初稿後，師母熱心為我閱讀一遍，提出一些建議，再由吳先生和吳太太檢查訛誤，吳先生會將批註過的文稿用電子郵件發給我，而吳太太則是見面時遞給我幾張整齊的便條紙，上面有她娟秀的字跡，說明哪裡應當修改補充。隨著我們談話的進行，每個章節都逐漸「養胖」了。他們近百年的人生當然不可能在一本書中全部包含，但我希望盡量傳達他們的精神氣質，採取的方式是口述部分敲定以後，再把我的觀察、感悟和許多人和事所需要的歷史背景、前因後果等內容補充進去，最後進行整體的潤色和修改。

在我的理解中，傳記中作者的存在就像是背景音樂，旨趣和心思都是隱藏起來的，但卻是書中人物和讀者之間的重要橋梁。對於本書來講，需要特別注意兩位近百歲的傳主和讀者之間時代的鴻溝、特殊時期海外華人生活和經歷所帶來的陌生感、學術界和非學術界的不同語境，以及讀者和他們兩人專業認知的差異。

吳夫婦接受我的採訪有問必答，並不厭其煩地替我翻找舊日的資料或者聯繫相關的故人，閱讀書稿時也分外仔細。然而對於傳記內容的側重、取捨、文字的把握，他們都以我的處理為準，給予極大的信任和自由，只在個別地方提出修

改增刪意見。不過吳夫婦和師母的建議，我雖然充分尊重，但並未全部採用。由於年齡和生活背景的差異，我們的思維方式、用語習慣和行文風格不同，而一本書須保持一致性（consistency），另外，核實內容自然是作者的責任，所以本書記述和行文上的任何瑕疵，都屬於作者。

　能夠完成此書，首先要感謝我在史丹佛大學的恩師艾朗諾教授和師母陳毓賢女士，艾朗諾教授將我引入海外漢學的大門，我是在他的課上對吳先生其人和成就有了最初的了解，書稿完成後，他還為本書撰寫了推薦語。我要特別感謝師母陳毓賢女士費盡心血促成此事，並提供素材、陪我採訪、審閱前後幾版的書稿，對她的辛勞付出，我無以為報！

　感謝余英時院士在90歲高齡欣然為本書題簽，並勉勵我「為吳文津先生夫婦寫一翔實傳記，是一件極有意義的事，必將取得學術史上重要成績」。感謝史丹佛大學圖書總館顧問邵東方先生在百忙之中接受了我的採訪、為我提供各類資料、將書稿全部閱讀一遍後提出詳細意見，並精心撰寫推薦語。感謝創新工場董事長兼首席執行長李開復老師閱讀部分初稿後，將他的家人李開芸女士和李開敏女士介紹給我，耐心回答我的問題，為我提供了不少珍貴資料。感謝原哈佛燕京圖書館副館長賴永祥先生在近百歲高齡之際接受我的訪問並審閱書稿中有關哈佛燕京圖書館的部分，感謝原善本室主任沈津先生接受我的訪問，他生動的回憶和精采的敘述為本書增色不少。感謝加州大學聖塔芭芭拉分校台灣研究中心主

任杜國清教授以及圖書館陳垚老師的幫助。感謝史丹佛胡佛研究中心以及東亞圖書館、哈佛燕京圖書館、華盛頓大學東亞圖書館的老師們核實書中的一些重要細節。感謝我所有親人和朋友一直以來的關愛，特別感謝我先生陸霄雄對我從不動搖的支持，讓我得以心無旁鶩地專注於摯愛的事業，並且最大限度地將時間和精力投入到本書中。

本書即將由聯經出版之際，我的喜悅之情無以言表，許多我所崇敬喜愛的學者都在聯經出版自己的重要作品，能夠在30歲時附驥於聯經作者之林，我感到莫大的榮幸。感謝發行人林載爵先生、副總編輯陳逸華先生的大力支持，感謝本書主編沙淑芬女士的悉心編輯和親切幫助。

聆聽一段人生故事，總讓我們產生新的思考；不同的聆聽者，可以從同一個故事中捋出不一樣的思緒；一個好的故事，總有再度被闡釋的空間；一個好故事未必能建構一段歷史，但總能讓我們看到現有歷史的不足。而此時此刻，我只是在想，這些文字是否可以還原那樣的時光——吳文津先生、雷頌平女士、陳毓賢老師和我，圍坐在一張小小的餐桌邊，專注地投入往事中，站在人生不同的位置，跨越桑田滄海，一起回味觸摸一段段歷史。

王婉迪

2020年8月於加州山景城

書劍萬里緣：吳文津雷頌平合傳

2021年2月初版　　　　　　　　　　　　　　　　定價：新臺幣490元
有著作權・翻印必究
Printed in Taiwan.

著　　者	王	婉	迪
叢書主編	沙	淑	芬
校　　對	陳	佩	伶
內文排版	菩	薩	蠻
封面設計	沈	佳	德

出　版　者	聯經出版事業股份有限公司	副總編輯	陳	逸	華
地　　　址	新北市汐止區大同路一段369號1樓	總編輯	涂	豐	恩
叢書主編電話	(02)86925588轉5310	總經理	陳	芝	宇
台北聯經書房	台北市新生南路三段94號	社　長	羅	國	俊
電　　　話	(02)23620308	發行人	林	載	爵
台中分公司	台中市北區崇德路一段198號				
暨門市電話	(04)22312023				
台中電子信箱	e-mail：linking2@ms42.hinet.net				
郵政劃撥帳戶第0100559-3號					
郵撥電話	(02)23620308				
印　刷　者	世和印製企業有限公司				
總　經　銷	聯合發行股份有限公司				
發　行　所	新北市新店區寶橋路235巷6弄6號2樓				
電　　　話	(02)29178022				

行政院新聞局出版事業登記證局版臺業字第0130號

國家圖書館出版品預行編目資料

書劍萬里緣：吳文津雷頌平合傳/王婉迪著 . 初版 .
新北市 . 聯經 . 2021年2月 . 384面＋8面圖片頁 . 14.8×21公分
ISBN 978-957-08-5689-7（平裝）

1.吳文津　2.雷頌平　3.傳記　4.圖書館學家

782.887　　　　　　　　　　　　　　　109021568